佛藏經講義

——第六輯

平實導師　述著

ISBN 978-986-98891-3-1

佛法是具體可證的，三乘菩提也都是可以親證的義學，並非不可證的思想、玄學或哲學。而三乘菩提的實證，都要依第八識如來藏的實存及常住不壞性，才能成立；否則二乘無學聖者所證的無餘涅槃即不免成爲斷滅空，而大乘菩薩所證的佛菩提道即成爲不可實證之戲論。如來藏心常住於一切有情五蘊之中，光明顯耀而不曾有絲毫遮隱；但因無明遮障的緣故，所以無法證得；只要親隨眞善知識建立正知正見，並且習得參禪功夫以及努力修集福德以後，親證如來藏而發起實相般若勝妙智慧，是指日可待的事。古來中國禪宗祖師的勝妙智慧，全都藉由參禪證得第八識如來藏而發起；佛世迴心大乘的阿羅漢們能成爲實義菩薩，也都是緣於實證如來藏才能發起實相般若勝妙智慧。如今這種勝妙智慧的實證法門，已經重現於臺灣寶地，有大心的學佛人，當思自身是否願意空來人間一世而學無所成？或應奮起求證而成爲實義菩薩，頓超二乘無學及大乘凡夫之位？然後行所當爲，亦行於所不當爲，則不唐生一世也。

——平實導師

如聖教所言，成佛之道以親證阿賴耶識心體（如來藏）爲因，《華嚴經》亦說**證得阿賴耶識者獲得本覺智**，則可證實：證得阿賴耶識者方是大乘宗門之開悟者，方是大乘佛菩提之眞見道者。經中、論中又說：證得阿賴耶識而轉依**識上所顯真實性**、**如如性**，能安忍而不退失者即是**證真如**，即是大乘賢聖，在二乘法解脫道中至少爲初果聖人。由此聖教，當知親證阿賴耶識而確認不疑時即是開悟眞見道也；除此以外，別無大乘宗門之眞見道。若別以他法作爲大乘見道者，或堅執**離念靈知**亦是實相心者（堅持意識覺知心離念時亦可作爲明心見道者），則成爲實相般若之見道內涵有多種，則成爲實相有多種，則違**實相絕待**之聖教也！故知宗門之悟唯有一種：親證第八識如來藏而轉依如來藏所顯眞如性，除此別無悟處。此理正眞，放諸往世、後世亦皆準，無人能否定之，則堅持離念靈知意識心是眞心者，其言誠屬妄語也。

——平實導師

目次

自序

《佛藏經》之所以名爲「佛藏」者，所說主旨即以諸佛之寶藏爲要義。諸佛之寶藏即是萬法之本源——如來藏，《楞嚴經》中說之爲「如來藏妙眞如心」，《入楞伽經》卷七〈佛性品〉則說：「大慧！阿梨耶識者名如來藏，而與無明七識共俱，如大海波常不斷絕，身俱生故；離無常過，離於我過，自性清淨。餘七識者心，意、意識等念念不住，是生滅法。」大略解釋其義如下：

【所謂阿梨耶識（通譯阿賴耶識）又名如來藏，含藏著無明種子與七轉識種子，並與所生之無明及七轉識同時同處，和合相共運行而成爲一個五陰有情。七轉識與無明相應而從如來藏中出生，每日運行不斷；意根每天一早促使意識等六心生起之後相續運作，與意識等六心和合似一，看似常住而不斷之心，其實是從如來藏中種子流注才出現的心，就是一般凡夫大師說的「清清楚楚明明白白」的心，早上睡醒再次出生以後，就與處處作主的意根和合運作看似一心。這七識心的種子及其相應的無明種子，每天同時從如來藏中流注出來，猶如大海波一般「常不斷絕」，因爲是與色身共俱而出生的緣故。

如來藏離於無常的過失，是常住法，不曾剎那間斷過；無始而有，盡未來際永無中斷或壞滅之時。如來藏亦離三界我等無常過失，迴無我見我執或我所執；其自性是本來清淨而無染污，無始以來恆自清淨，不與貪等六根本煩惱及其餘隨煩惱相應。其餘七轉識都是心，即是意根、意識與眼等五識，即是面對六塵境界時清楚明白的前六識，以及處處作主的意根；這七識心與無明種子都是念念不住的，因爲是從如來藏中流注這七識心等種子於身中才有的，當色身出生以後，意根同時和合運作，意識等六識也就跟著現行而與色身同在一起，所以是與色身同時出生而存在的。而種子是剎那剎那生滅的，以此緣故說意根與意識等七個心是生滅法。若是證阿羅漢果而入無餘涅槃時，由於我見、我執、我所執的煩惱已經斷除的緣故，這七識心的種子便不再從如來藏流注出來，死時就不會有中陰身，不會再受生，便永遠消滅了，亦因此故是生滅法。】

在三種譯本的《楞伽經》中，都不說此如來藏心是第八識（第八識是通俗的說法），而是將此心與七轉識區分成二類，說如來藏一心是常住的，是出生「意」與「意識等」六識者，也說是出生色身者，不同於七識等心。所援引的上開經文，亦已明說如來藏「離無常過，離於我過，自性清淨」；從如來藏中出生的「餘七識者心，意、意識等」，都是「念念不住，是生滅法」。這已經很明確將如來藏的主要體性與七轉識的主要體性區分開來：一是能生，一是所生，能生與所生之間互相繫屬；能生者是常住的如來藏心，沒有三界我的無常過失，沒有我見我執等過失，自性是清淨的；所生的七識心，是念念生滅的，也是可滅的，有無常的過失，也有三界我的我見與我執等過失，是不清淨的，也是生滅法。

今此《佛藏經》中所說主旨即是說明此心如來藏的自性，名之爲「無名相法」或「無分別法」，仍不說之爲第八識，而是從各方面來說明此心；並且希望後世仍有業障而無法實證佛法的四眾弟子們，未來世中都能滅除業障而證得解脫及實相智慧。以此緣故，先從「諸法實相」的本質來說明如來藏，兼及實證此心者於實證前必須留意避免的過失，才能有實證的因緣；若墮邪見或誤導眾生，並有犯戒不淨等事者，將成就業障；於其業障未滅之前，縱使未來歷經無量無邊不可思議阿僧祇劫，奉侍供養隨學九十九億諸佛以後，仍無實證之可能。以此緣故，釋迦如來大發悲心，首先於〈諸法實相品〉廣釋實相心如來藏之各種自性，隨即教導學人如何了知惡知識與善知識之區別。善於選擇善知識者，於解脫及諸法實相之求證方有可能，是故以〈念佛品〉、〈念法品〉、〈念僧品〉中的法義教導，令學人以此爲據，得以判知何人爲善知識、何人爲惡知識，從而得以修學正確的佛法，然後得證解脫果及證入諸法實相，發起本來自性清淨涅槃智，久修之後亦得兼及二乘涅槃之實證，再發十無盡願而起惑潤生乃得以入地。

若未愼擇善知識，誤隨惡知識者（惡知識表相上都很像善知識），不免追隨惡知識於無心之中所犯過失，則未來歷經無數阿僧祇劫奉侍九十九億佛之後，於解脫道及實相了義正法仍無順忍之可能，欲求佛法之見道即不可得，遑論入地。以此緣故，世尊隨後又說〈淨戒品〉、〈淨法品〉等法，教導四眾弟子們如何清淨所受戒與所修法。又爲杜絕心疑不信者，隨即演說〈往古品〉，舉出過往無量無邊不可思議阿僧祇劫前 大莊嚴佛座下，苦岸比丘等四人爲惡知識，執著邪見而誤導眾生，成爲不淨說法者；以此緣故與諸眾生相率流轉生死，於人間及三惡道中往復流轉至今，反復經歷阿鼻地獄等尤重純苦及餓鬼、畜生、人間諸苦，終而復始、受苦無量之後，終於來到 釋迦如來座下精進修行，然而竟連順忍亦不可得，求證初果仍遙遙無期；至於求證諸法實相而入大乘見道，則無論矣！思之令人悲憐，設欲助其見道終無可能，對彼諸人助益無門，只能待其未來甚多阿僧祇劫受業滅罪之後始能助之。

如是警覺邪見者之後，世尊繼以〈淨見品〉、〈了戒品〉而作補救，期望以此二品能轉變諸人的邪見，勸勉諸人清淨往昔熏習所得的邪見，並了知清淨戒之所以施設的緣由而能清淨持戒，未來方有實證解脫果與佛菩提果的可能。如是教導之後，於〈囑累品〉中囑累阿難尊者等諸大弟子，當來之世以善方便攝受諸多弟子，得能清淨知見與戒行，滅除往昔所造謗法破戒所成之業障，而後方有實證之世到來。由此可見 世尊大慈大悲之心，藉著舍利弗尊者之因緣，在與舍利弗對答之時演說此實相法等，期望後世遺法弟子得能滅除業障而得證法。普察如今末法時代眾多遺法弟子，精進修行仍難遠離邪見與邪戒，求證解脫果及佛菩提果仍將難能可得，令人不覺悲切不已，是故將此經之講述錄音整理成書，流通天下，欲以利益佛門四眾。

佛子 **平實** 謹誌

於公元二〇一九年 夏初

《佛藏經》卷上

〈念佛品〉（延續上一輯未完部分）

先慰問諸位遠道而來，辛苦了！（大眾回答：不辛苦！）九樓以外的五樓、十樓跟二樓，以及地下室第五、第六講堂，我這邊都看得見，可以互動一下。我們上個週末乃至兩天前的週日，臺北的溫度還高達三十度，可能怕諸位來了不習慣，所以老天這兩天急降，讓諸位比較適應一點。今天是一個特別的日子，就因爲諸位來了，所以會裡下了一個指示：「**臺灣的所有同修今天不許來聽，全部讓給諸位。**」因此六個講堂諸位剛好坐滿，臺灣同修們得要改天看 DVD 了，所以今天六個講堂是諸位專有的。

那麼諸位今天來，我們剛好有件喜事向諸位宣布，就是在國務院的中國網有了一個視頻，從首頁進去以後點了「視頻」，然後就會看到有一個欄目，那個欄目寫著「文化大講堂──正覺有約」，點了進去就有我們很多老師們以前在臺灣宗教臺播放過的說法節目「三乘菩提」的系列。諸位受戒完了回去以後，可以點出來好好進修一下，或者說是觀賞也行。那麼如果有親朋好友學佛也可以介紹他們上中國網，那剛好是昨天才開播的。諸位昨天來，他們選在昨天開播，也眞是巧合，冥冥中自有定數，也許剛好慶祝諸位來到臺灣吧。

閒言表過，接著我們回到《佛藏經》來，我們已經講到〈念佛品〉，在第七頁〈念佛品〉開始的第三行。諸位沒辦法拿到經本，請看銀幕上的經文。請大眾放掌，這樣時間久了手會瘓。那麼這一段〈念佛品〉第一段應該先向大家作一個概略的介紹，否則恐怕諸位聽了見葉而不見樹，見樹而不見林；對這段的意思我得要先說明大意給諸位聽。

這第一段是舍利弗向 佛陀請問：「什麼樣的人是惡知識？什麼樣的人是善知識？」世尊開示說：「如果有一個比丘教導別的比丘說：『比丘們啊！你們應當念佛、念法、念僧，也要念戒、念施、念天。你們也應當要觀察這個色身，攝取這個色身，認識到這個色身是不清淨的。也應當要觀察一切有爲法全都無常的，應該要觀察一切法是空，實際上沒有我。比丘們！你們應當要攝取所緣的這個身相，以及一切法空無我的所緣相，把心綁在這個所緣的法相之中，專心憶念空的法相；也應當要樂於修學善法，應當要攝取種種不善的法相，瞭解種種不善的法相以後，爲了把這些不善法相斷除的緣故，應當要觀察，要憶念，要修學、熏習。也就是說，爲了要斷除貪欲而觀察色身的不淨相，爲了要斷除瞋恚心而要修學慈心觀，來觀察慈心的法相；爲了要斷除愚癡而應該要觀察因緣法。也應當常常憶念著清淨的戒法，深入攝取一切法空的法相，並且要殷勤地修行精進，目的是爲了證得第四禪，所以要專心的求道。觀察一切不善之法都是對自己的道業有所衰惱，要觀察一切善法最是安隱，應當一心修道，分別詳細地觀察善法與不善法；這樣正確地攝取諸法相之後，要一心專精的思惟，來觀察涅槃是安隱的，涅槃是絕對寂滅的，心中只能夠喜歡涅槃的畢竟清淨境界。』」

世尊接著又說：「像這樣教導的人叫作邪教導，雖然說這是正教，其實這是邪教。舍利弗！像這樣教導的人就稱爲惡知識，這個人是在誹謗我釋迦牟尼佛，在幫助外道，也是爲別人演說外道法，這些外道法是邪道。舍利弗！

像這樣的惡人，我甚至不允許他在佛門中受到別人一滴水的供養。但是我說的這個事情是說這樣子教導的人，不是指被這樣教導的人。舍利弗！在我的法中有非常多像這樣增上慢的教導。」

現在我們就回來這一段的前面幾句繼續說明。諸位剛剛聽到這段經文時有沒有覺得很驚訝？很驚訝喔？很震撼！是應該震撼，因爲明明這個比丘教導其他比丘所說的法，在現代佛門中幾乎是老生常談，也是一般學佛人追隨大師們學佛時常所聽聞的。可是爲什麼　世尊竟然說這樣教導的人是「邪教」？還特別說明這個「邪教」指的是教導的人，不是被教導的人。換句話說佛教徒這四、五十年來，被教導的—當然包括臺灣佛教徒、大陸佛教徒—所謂正統佛法，同樣是這個比丘所說的這一些邪法。這一些法在四大部《阿含經》二千餘部中到處看得見，而大師們也都這麼教的。

大家聽受這樣的教導已經幾十年，可是我選的這部《佛藏經》，很早就想講而不敢講，因爲佛教界的知見水平還不夠，我就不能講。我們正覺弘法二十年，我個人弘法到現在二十三年（編案：這是二〇一四年所說），現在《法華經》都已經講完，所以這部經可以講了。眞的現在才能講，如果十幾年前、二十幾年前就講這部經，大家要罵翻了，可能還有人會罵起來說：「這根本就是僞經。」其實這部經是最了義的經典。但世尊爲什麼如此說？在四阿含諸經中明明世尊也教導大家要修六念之法，就是「念佛、念法、念僧、念施、念戒、念天」，明明就是這麼教導的。也教大家修四念處觀：觀身不淨、觀受是苦、觀心無常、觀法無我，都是這樣觀的。可是爲什麼來到《佛藏經》中，卻說這樣教的人叫作「邪教」？很奇怪！

並且那比丘說：「應當樂於修善法，同時要『取不善法相』，要斷除惡法；爲了得四禪，要努力精進專心求道，……」等，還說應該「愛樂於涅槃」。結果世尊竟然說：「這個叫作邪教。」一般人讀了是百思不得其解的。甚至於大師們也是一樣不得其解。那麼問題出在哪裡？一定有個問題在，這個問題值得探究，而《佛藏經》要說的也正是這個問題。可是等你好好修學了義正法以後，乃至哪一天你實證了再來讀《佛藏經》時，你會說：「實相法界中本來就應該如此啊！所以那樣教導的人都是『邪教』。」好了！現在有個問題：你們如果接觸到俱舍宗的法師們，或者接觸到南洋佛教——或者叫作南傳佛教，他們教的也跟這位比丘所教的一樣，糟糕了！竟然他們都變成「邪教」了！那該怎麼辦呢？這個問題很大，要怎麼解決？大家都無解。

可是別擔心，來到正覺，這問題就能解決，這個問題不存在了。我先跟諸位講一個重點，就是說，二乘菩提或者南傳佛教，或者這幾十年來正統佛教——也就是沒有修學密宗假藏傳佛教的佛教，他們所教的都是類似《阿含經》所說，雖不相同，但畢竟仍是正統的佛法，問題在於那樣的教導是屬於二乘菩提的知見，而且是尚未能入二乘菩提的表相佛法知見。眞正的二乘菩提所觀行的對象全部都是現象界中的法，不涉及實相法界，現象法界中的法都是在三界中可以現前看到的。例如我們的這個色身、我們的覺知心受想行識，我們所見的六塵境界等，都是現前可以看到的；這些現象界中的諸法當然是無常，無常故苦，苦故無我，無我故空。可是佛陀來人間要送給大家的微妙法不會只是這麼淺的東西，而是要讓大家同時也能理解和現觀實相法界，不單是現象法界的內涵。

爲什麼是說實相法界呢？因爲這個法界函蓋了現象界，也就是函蓋了三界六道二十五有的境界，但是祂自身的境界完全不在現象界中。這樣子修學而實證了，就能懂得第二轉法輪般若諸經所講的內容，然後就會有實相法界的智慧出生，稱之爲實相般若，而《佛藏經》正好就是講實相般若之法。所以 世尊傳給我們實相般若以後，希望大家都依止於實相法界而住。可是從實相法界來看時，一切法非善非惡，而且一切法空，卻不是二乘人入無餘涅槃以後滅盡一切法的空，而是「妙法蓮華經」——或名「金剛經」，或者叫作如來藏——的空，《楞嚴經》裡面把祂叫作「妙眞如心」，這就是實相法界。這才是讓大家可以根據祂修行，最後能夠成佛的法；這才是究竟法，如來要給我們的就是這個最究竟、最勝妙的法。但轉依這個實相法界來看時卻又沒有這一些法，這位比丘所說的一切佛法全都不存在。要這樣子教導才是眞正的「正教」，才能夠符合 釋迦如來的妙法，才是不誹謗於 釋迦如來的人。

這樣子作一個概略的解釋之後，我們延續上一週所講的六念之中講到了前五念，接下來今晚要講「**念天**」。現在講「**念天**」到底是什麼意思？當然還是要依二乘菩提所說的六念來說，因爲這是次法。這個「**念天**」跟菩薩修道究竟有什麼關係？還是有的。「**念天**」是說菩薩修道的過程中，有時要憶念諸天的功德，讓自己的身口意行符合諸天的功德。那麼諸天有什麼功德？譬如欲界六天，他們六天的天人至少不像人間的人們心地不善良。人間善良的人當然是說諸位，諸位之中有不善良的嗎？沒有吧？我不相信有，若不善良就不會特地來受戒。願意受菩薩戒的人一定是善良的，而人間大多數的人類不善良；但是你到天界去看，欲界天的天人們都是以前在人間時持五戒、修十善，才能出生到欲界天去，所以他們心地都是善良的，而他們壽命也比我們人類長很多，都是超勝於人類的。

再來看色界天，色界天是離欲的，所以色界天人都是因為證得禪定，才能夠往生到色界天去。那麼在色界天中因為他們不吃飯，不貪飲食，他們不吃任何食物，他們也不貪香味，因為他們不飲食就不需要嗅香。最重要的一點是他們都是梵行者，梵行者是說他們是離欲的；換句話說，一定要證得初禪以上才能往生色界天。證得初禪的人都是離欲的人，不但遠離錢財之貪，也離開了男女欲而且離開了飲食的貪、香味的貪，所以他們從來不吃飯也不喝水。那他們怎麼生存？以禪悅為食——他們靠定力在色界天生存，以禪悅作為色身存在的滋養，所以他們是清淨的，是梵行者。

阿羅漢們自知證得阿羅漢果時去向 佛陀稟報說：「世尊！我某某人，『我生已盡、梵行已立、所作已辦、不受後有，知如真。』」「梵行已立」說的是他已發起禪定，此後不墮於欲界中了，進而斷了五下、五上分結，成爲阿羅漢「不受後有」，因此報告說「我生已盡、不受後有」，他是慧解脫阿羅漢。那麼發起禪定而可以生到色界天，就是梵行已經建立了——建立了清淨行，主要是不再貪著男女欲，這是阿羅漢必須要有的條件之一。那麼色界天是清淨的天界，菩薩應該想：「我也應該要得到這個清淨天的境界。」所以也要「念天」。如果達不到色界天的境界，心中要覺得不好意思而有慚愧；有慚愧時就會努力精進，不再傲視天下人，心就變得謙虛。

還有無色界天，無色界天的有情不叫作天人，因爲他們沒有形相、沒有色身了，所以不能叫作天人，只叫作無色界天。那無色界天是連色身的貪愛也捨了，所以他們不但有色界天的清淨梵行，而且連色界天對身行的執著也滅除了，這是菩薩也應該要實證的境界；但不是現在要實證，而是未來到達三地滿心之前要具足實證的。對於一個修學二乘法的人而言，得要修六念；對於菩薩而言，「念佛、念法、念僧」是必要的，「念戒、念施、念天」同樣也是必要的，但是不能把這個當作究竟法，否則就是 佛說的惡知識。

也就是說，這是一個修學佛菩提道想要實證的人應該要修的次法。次法的意思是相對於法而言，說它是次要的；雖然是次要的，卻是應該要先修的；先修了這些次法，幫助自己成就將來證道的資糧——這是一種法的實證以前應該要有的資糧。但是這正確的次法卻不應該說是究竟法，因爲究竟法是實相法界第一義諦，也就是如來藏妙眞如心的境界，就是「無名相法」——「金剛經」的境界、「妙法蓮華經」的境界，就是無餘涅槃的境界，這才是妙法。

接下來又說：「比丘！汝當觀身，取是身相，所謂不淨。」這位比丘教導別的比丘說：「你應當觀察色身，把你色身的各種法相全部都攝取，觀察清楚了，這個色身的本質是什麼呢？是不清淨的。」色身可以從眼、耳、鼻、舌、身五根一一加以觀察，觀察了以後發覺沒有一處清淨，爲什麼呢？因爲在人間每一個人都需要吃飯喝水，吃飯喝水以後過一段時間要幹什麼？就有廢物要排掉。有沒有人把排掉的東西再拿來吃的？沒有！可是有一種怪人會，他們奉行尿療法，早上醒來第一泡尿自己接了就喝掉；你喝得下去嗎？你們既然搖頭，就表示那不清淨。

也許有人說：「雖然那尿不清淨，可是我吃飯好香欸！」飯這麼香，但飯是怎麼來的？從泥土裡來。從泥土裡來的，飯也好、菜也好，大家總是會嫌東嫌西說：「唉呀！這個太老了不好吃，這菜一點葉肉都沒有，就只有菜梗，好像吃柴！」有沒有？對啊！有的菜種得老，或有的菜是水分不夠，有的菜是只有纖維而沒有葉肉。化學肥料用久了以後，那菜收成時瘦巴巴的，水分雖然夠卻只有水，不好吃；所以買菜時要買怎麼樣的？不但要大而且葉子要肥厚，吃起來才好吃。但是越好吃、越厚的、越嫩的，表示它的成分是什麼？天然肥料很多啊！如果用化學肥料就看起來清潔（五十年前在臺灣的美國人不吃臺灣種的蔬菜，因爲臺灣人以前都用糞尿去澆菜，他們指定要用化學肥料種的），可是化學肥料用久了以後，地不肥，菜就不好吃了。大家都想要吃好的菜，那菜要靠什麼才會長得好？現在稍微進步一點先做成肥料，把廚餘（餿水、餿菜、餿飯）、養豬蒐集的糞尿，跟一些木屑、穀皮和泥巴混一起，等發酵完了當肥料再來下肥；菜是吸收那些東西才會長得好，但那些肥料你喜歡吃嗎？都不喜歡啊！但是好菜就是吸收那種東西成長的，那麼到底菜清淨不清淨？

很多年輕的孩子，特別是冬天時肚子餓了會呼叫：「媽！飯煮好了沒有？」媽媽就說：「好了！」他就先趕快跑過去，把電鍋蓋翻開先嗅一下，先過個乾癮。然而那是什麼味道？飯香喔？不！你們的鼻根不清淨，據我所聞，那其實是糞的味道，只是你們無法把它歸類分析出來。我嗅起來時就是那個味道，所以我從來不開電鍋去聞；我都等它差不多涼了可以吃時，直接打開就盛了，不要嗅。你們以後小心注意去嗅嗅看，一定會嗅得出來，這個跟嗅覺敏銳無關，而是你有無智慧去把它分辨出來。

那麼身體本身是不淨的，所以連吃飯的嘴巴都不清淨，早上起床得要刷牙，不然你們幹嘛刷牙？顯然口腔就不淨了。那眼睛呢？早上起來該不該洗一下？你看這五官是大眾最重視的，都還不淨；所以觀身應當要細微一一去觀，渾身沒有一個地方是清淨的。

但是這樣子觀察以後目的要幹什麼？要捨棄對色身的貪愛。所以說你應當要觀察這個色身，把這個色身的每一部分都去加以觀察，觀察的結果就是所說的不清淨。我這樣講法對不對？對！可是 佛陀有說：「**如是教者名為『邪教』**。」這樣教導的人，就是作了錯誤偏邪的教導。這個偏邪的教導為什麼是偏邪的？從二乘菩提來看，在證涅槃之前這是應該要先學的，是四念處觀第一個「**觀身不淨**」。觀心無常是另外一回事，因為那是觀察六識心，六識心是識陰所攝，當然無常。現在這三句講的觀身，「**觀身不淨**」是四念處觀裡面的一部分，修學二乘涅槃的人要先作這個觀行；不但如此，修學大乘菩提的人想要證本來自性清淨涅槃，同樣也要修行這個法門。

可是，明明這是正確的觀行法門，爲什麼會說這樣叫作「邪教」？這是因爲 世尊要教給大家的、世尊來人間幫忙大家要證的不是最粗淺的二乘涅槃，而是要幫助大家證得大乘涅槃。大乘涅槃叫作「**本來自性清淨涅槃**」，其實就是實相法界的境界。那麼實相法界的境界其實就是第八識如來藏妙眞如心自身的境界，而祂自身的境界中迴無一法可得，是空、是無所有；但是卻跟二乘法講的空無所有不一樣，因爲二乘法的空無所有是捨棄了五陰等等一切諸法，叫作「**我生已盡**」；受生只到這一世爲止，以後不再出生於三界中了，所以「**不受後有**」。但是那只是二乘涅槃，是把五陰、十二處、十八界全部滅盡，六入已經不存在了。

但是這樣的阿羅漢永遠都不知道菩薩的智慧境界是什麼，也就是說阿羅漢不知道實相法界。那麼 佛陀要教給大家的是實相法界的境界，而這個比丘教給別的比丘們說：「**汝當觀身，取是身相，所謂不淨，**」說這就是佛法，那他就是謗佛，因爲這不是佛法，這只是二乘菩提或者實證大乘菩提的「前行」應該要修的「次法」，這不是眞正的佛法，只是幫大家實證佛法時的一個工具；所以不能夠說這就是佛法，因爲這只是次法。而實相法界之中沒有淨與不淨的差別，不淨的事情是不存在的，清淨的一邊也是不存在的，所以沒有所謂色身淨、不淨的問題，因此不能夠說這個觀身不淨之法就是佛法。如果說這就是佛法，那麼他就是誹謗 釋迦如來。

接著說：「當觀一切諸有爲法皆悉無常，觀一切法空無有我。」正統佛教裡面一向都這麼說，可是有一種所謂的佛教從來不這麼說，是什麼樣的佛教？就是達賴喇嘛率領的密宗假藏傳佛教四大派啊！他們自己稱爲藏傳佛教，其實他們不是佛教；眞正的藏傳佛教只有一派，就是弘揚「他空見」的覺囊巴那一派，才是眞正的藏傳佛教。其實也不該叫藏傳佛教，應該只稱它爲佛教，因爲佛教不該區分爲藏傳與漢傳，難道藏傳跟漢傳的法義不同嗎？若是不同，就只有一種可能——不是佛教；因爲 佛所教導的佛法是完全一樣的，並沒有兩種。也許諸位想：「那麼南傳佛教是不是佛教？」到底是不是？（有人答話，聽不清楚。）不是？這麼有把握？到底是不是？「不是。」

答得好，它得要依大乘佛法爲歸依，攝歸大乘佛法中而成爲佛法中的一部分，才能說它的法是佛教的法，否則只能叫作聲聞教；因爲它的法只能使人成爲阿羅漢，所以也不妨叫它作羅漢教。只有能使人成佛的教法才能叫佛教。

那麼現在的南傳佛教要是把它叫作羅漢教，也還是抬舉他們。也許你想說：「**蕭老師講話口氣這麼大**。」其實不大！只要是如實說，就不叫作口氣大；假使不如實說，誇大其辭，就是口氣大。這怎麼說呢？自從西元五世紀開始，南傳的佛法全部都依止於聲聞法中的覺音論師所寫的《清淨道論》在修行；十幾年前有人送了我一套精裝本、紅色書皮的《清淨道論》，總共有三冊；我正好有事去臺中，因爲有人開車載我，一上車我就開始讀，一目兩行讀過去，讀到臺中時全部讀完了，可是我沒看見它什麼地方講到我見的內容以及應該如何斷，也沒看見他講到證初果斷三縛結的內涵，也沒有說到要證初果前應該要有什麼條件。

就只是把四聖諦、十二因緣依文解義講一講，就是講四念處……等，可是怎麼樣證初果呢？沒講。初果的內涵也沒講，證初果應該要有的條件也沒講。那麼初果的內涵沒講，二果、三果、四果的內涵更沒講，很顯然覺音論師本人沒有斷我見，他沒有證初果，因爲他都教人家：「這個覺知心要清清楚楚、明明白白，要修得清清淨淨的。」縱使他修清淨了，那是什麼境界？還是識陰的境界。這證明他沒有斷我見，所以他不是初果人。那麼西元五世紀到現在多久了？一千五百多年；南洋那些自稱證得阿羅漢的所謂聖者的開示，也有人翻譯在臺灣流通，我把它翻閱過了以後，證明又是一個沒有斷我見的南洋阿羅漢。

這個奇怪了！爲什麼那些阿羅漢們都是凡夫？因爲他們只依著覺音論師的《清淨道論》修行。覺音論師那部論是無法使人斷我見的，他們自己好好去讀南傳《阿含經》——《尼科耶》倒也還好，偏偏不讀，去讀覺音論師的論著。我看清楚了這一點，而且我早知道阿羅漢不懂證得實相的菩薩智慧境界，所以我十幾年前書中就講了：「南洋縱使眞的有阿羅漢，來到正覺講堂，也沒有開口處。」世間有誰敢這麼講？膽子好大欸！可是我們就講了，因爲事實是如此。且不說他們那些阿羅漢都是假阿羅漢、都是凡夫，單說眞正的阿羅漢來了，問他說：「你捨壽之後不受後有，進入無餘涅槃了，那無餘涅槃裡面是什麼境界？說來聽聽。」他講得出口嗎？沒辦法。因爲他不知道無餘涅槃裡面是啥？諸位有沒有覺得奇怪？他明明證得有餘涅槃、無餘涅槃，爲什麼他不知道無餘涅槃裡面是什麼？因爲無餘涅槃是把五蘊、十八界全部放棄了，不再受生於三界中，那時其實就是他的如來藏單獨存在的境界。

可是問題來了，阿羅漢生前沒有證得如來藏，那是菩薩之所證；他生前不知道自己如來藏何在，死了以後是他離開了如來藏，他五蘊消失了，沒有覺知心在，又能有誰來知道自己的如來藏在哪裡？當然也不知道了；而他的如來藏不會反觀說：「**我在這裡啊。**」如來藏離見聞覺知。那麼你看，他生前都不知道自己的如來藏何在，死了以後他不存在了，又如何能知道如來藏在哪裡？既然不知道，那如來藏獨存的無餘涅槃境界他當然更不知道了。所以你們將來悟了以後，假使遇到有人說他是阿羅漢，你們甭客氣，伸手往他胸前一把抓住：「**我問你，你入了無餘涅槃以後，涅槃裡面是什麼境界？告訴我！**」他一定張口結舌，因爲大家對他都恭恭敬敬的啊，偏偏你這麼雄猛一把將他抓了過來逼問，一定嚇一跳；因爲他是假的阿羅漢，而且他沒有悟得般若，當然也不知道。

縱使他眞的是阿羅漢，你這麼一把抓過來逼問，他也答不出來的，因爲阿羅漢沒證得如來藏，怎麼會知道呢？你看他答不出來時，管他是不是阿羅漢，放手一把將他推開了說：「原來你不是阿羅漢！」他縱然是眞的阿羅漢，也莫可奈何。因爲一切法空的實證是阿羅漢之所證，但不是大乘法中說的一切法空，因爲前提不同；菩薩所證的一切法空是說，一切無常變異的五陰、十八界等法全部歸於空性如來藏，所以一切法空，如來藏是空，這不是阿羅漢之所能知。

所以我開口說：「縱使南洋的阿羅漢來到正覺講堂，也沒有開口處。」是不是說大話？不是囉！所以臺灣印順法師的徒孫們讀到我書中這一句話，心裡很不服氣；不服氣歸不服氣，但也無可奈何！因爲連他們的師公印順法師都不敢吭聲了，他們能講什麼？而我說的是實話，所以他們二十年來在我的書中找碴，不要說找到一兩茶，一片茶葉都沒有，只好自己心中生悶氣。這意思是說，觀察一切有爲法皆悉無常，在二乘菩提中是正法，因爲四聖諦裡面的苦聖諦就是要作這個觀行；可是雖然它是二乘菩提中的正法，不單單只是次法，但是在大乘菩提中這仍然要列作次法，因爲這是修學大乘菩提時很多種基礎之一。

那麼「一切有爲法」，什麼叫「有爲」？有爲跟無爲是相對的一對法相；有爲是說在三界中有所求、有所得、有所領受、有所作，因此產生了厭惡和執取，相對的就有所取捨，這都是有爲。在人間、在三界中要生存，都必須有所取捨，沒有誰是不必取捨的；然而凡是取捨就是有爲，譬如一個家庭是不是每天有人去買菜？是不是每天也要倒垃圾出去？所以有取就要有捨。不能每天把菜買進來都不倒垃圾，不能每天都吃飯不拉。對啊！就要有取有捨。

也許有人想：「到色界天不吃，有沒有取捨？」到底有沒有取捨？還是有。因爲如果他沒有取捨，根本生不了色界天，是由於取捨的心性而往生色界天的；那麼往生到色界天之後以禪悅爲食，就得每天抽個空打坐，繼續增長定力；定力如果退失了，他就得捨報，就是個早夭的色界天人。那他每天打坐增長定力是不是取捨？是啊！譬如修禪定的人在人間打坐發起初禪，那他想要往二禪進發時要不要取捨？要啊！初禪境界得要先捨，再修初禪後的未到地定——這是二禪前的未到地定，然後從未到地定很微細、很多種境界中去捨去取，找到一個認爲正確的境界安住下來，定力漸漸增長然後進入二禪，當然是要有捨也要有取。

又譬如到無色界要不要取捨？也是要啊！從空無邊處天一直取、一直捨，其實應該叫作捨、取，就是要捨了才能取；你兩手都拿滿了東西，有沒有辦法再拿？一定要捨了這個才能再去取那個。無色界天也是如此，要把這個捨了轉進另一個層次去，都在取捨的境界之中。到最後沒辦法取捨了，那叫作什麼？非想非非想處。在非想非非想處不知道要怎麼取，也不知道要怎麼捨，凡夫以為那樣就是涅槃，就那樣安住；他不取捨了，八萬大劫到時如來藏幫他取捨，於是他壽命終了又下墮人間，當毛毛蟲去最好，因為八萬大劫腦袋都不動。雖然沒有腦袋而說他覺知心意識都不動，當毛毛蟲恰好，特別是當蛹時。這一些都是有取捨的境界，就是有為。

從另一個層面來說，凡是有生滅的就是有為。一切有為法都是在生滅的變異過程中，所以不斷的生住異滅沒有停止過，這也是有為法的定義之一。再說人類，人類之中有凡夫也有聖者，聖者之中分為聲聞、緣覺、菩薩以及如來，這些聖者在人間出現要不要這個五蘊？要！如果有哪一個聖者在人間出現是沒有五蘊，你只能夠說「見鬼」了，對不對？聖者在人間出現本來就該有人類的五蘊，如果他在鬼道當聖者，那不就是鬼了？不能稱為聖人。事實上，不管是鬼神道或者人間或者天界其實都有菩薩；你們可別說鬼神道一定沒菩薩，不然。這題外話就不談它，因爲這是有根據的先不談它。聖者在人間出現時一定也要有五蘊（此時不叫作五陰，因爲他可以出離三界不再有陰蓋），那他的五蘊是不是有爲法？對！有智慧！是有爲法。爲何五蘊是有爲法？因爲五蘊存在時要面對六塵境界，一定有取捨、一定是生滅的，所以有爲的定義其實就是生滅，就是無常。

這個比丘的教導沒錯「當觀一切諸有爲法皆悉無常」，確實是無常。所以即使諸佛來人間示現，依舊有捨離五蘊而去時。因此 世尊宣布三個月後將入涅槃時，阿羅漢們大家哭慘了！你們可別說：「他們都證得阿羅漢，爲什麼還哭？」喔，誰規定阿羅漢不許哭？沒這規定啊！世尊與諸阿羅漢的關係、世尊與諸菩薩的關係，不叫作情同父子，當然更不叫作情同母女，是遠遠超過父子母女的關係。不要懷疑！父子母女的關係能維持幾世？你所知道的只有一世，我看到的也是一世，因爲有些同修回到會裡來了以後，我在打禪三時一看：「這是過去世的老爸，對我不太好，讓他自個兒參去。」（大眾笑…）對啊！「這是過去世的老婆，她跟我很好，拉拔拉拔。」「那您不偏心嗎？」對啊！心就是偏在左邊，哪能不偏？

世尊在世度眾生時亦復如是，其實都是往世的眷屬，各有各的本生因緣，這就無可奈何！因爲一世又一世在人間流轉生死中，不能避免這些事情，可是不管怎麼樣，親如父子母女也只是一世。所以看到往世的親屬中，有的是往世的愛徒，當然得在法上給一點幫忙，這是身爲菩薩必定會遇見的一個情況，而且一世一世都是如此。可是身爲菩薩追隨如來修學，是一世又一世不斷累積下來、不斷延續的，絕對不是只有一世的關係，這個情誼當然比父子母女的情誼更深重。所以世尊宣布：「卻後三月當般涅槃。」菩薩們比較好一點，但那也是八地、九地菩薩沒事，他們無所謂，因爲他們下一世又陪著釋迦如來到別的星球世界繼續示現八相成道，他們總是在一起，沒有所謂別離的問題。可是這些未到八地的地上菩薩們，特別是未滿三地以前還有胎昧時，菩薩們可就愁了；所以世尊示現涅槃那一天，證得阿羅漢果的三地以下菩薩們大家各個哭啊！死了老爹都沒哭那麼慘，眞的是哭，因爲那個情誼不同！但是尊貴如世尊，究竟解脫如世尊，宣布三個月後般涅槃，看見大家愁容滿面，也只得向這些阿羅漢（他們當然都已經成爲菩薩，大部分是入地了），也只能向他們安慰說：「人間無常，會必有離，無有不壞者。」也只能這樣安慰。

這也證明什麼呢？尊貴的　如來在人間示現的五蘊依舊是有爲法。然而這個有爲法是「無漏的有爲法」，因爲　如來已經斷盡二障了。譬如《法華經》中被授記的那一些大阿羅漢，他們當時都已經是入地的菩薩，他們在人間的五蘊身也是無漏的有爲法，爲什麼呢？因爲他們身口意行是無漏的，然而依然像凡夫俗人一樣：冷了也要穿衣，熱了要搖扇子，餓了得要去托鉢，乏了得要睡覺，渴了要喝水，與一般人沒有差別。看來是一樣的有爲法，但他們的有爲法卻是無漏的。爲什麼是無漏的？因爲他們已經可以入無餘涅槃，對這些有爲法是沒有貪愛的，所以他們是無漏的，但是畢竟還是有爲法；而一切有爲法全部都是無常的，所以應當要觀察「**一切法空無有我**」。

這雖然只是二乘菩提之法，然而菩薩得要先修證這個法，這是菩薩證道前所應當先修的。也就是說，在佛法中要證得實相法界如來藏之前，至少要有這種現觀，才能夠斷除我見證得聲聞初果，然後將來開悟明心時才不會退轉。所以如果把這個觀行的內涵放到佛菩提道來，放進佛法中來，才能叫作

「佛法」。如果單單這麼說時，不能叫作佛法；因為佛法講的是第一義諦，也就是第一無上的眞實義、不可改變的眞理，叫作第一義諦。第一義諦講的是從實相法界來函蓋現象法界，也就是以成佛之法來函蓋二乘菩提中能使人成為阿羅漢或成為緣覺的法。當這二乘菩提之法函蓋在佛菩提道中，才能說是佛法，若是獨立於大乘菩提之外，就不能說是佛法。如果有人單單把二乘菩提的實證之法、即使可以令人實證而說那就是佛法，那麼那個人就是謗佛。世尊會說「如是教者名為邪教，謂是正教而是邪教。」

世尊還附帶說：「舍利弗！如是教者名惡知識，是人名為誹謗於我，助於外道，」是幫助外道的人，專門在跟人家講邪道法，名為惡知識，也是謗佛的人。諸位今晚聽了這一席法，去檢查那些正統佛教大師們，他們是不是「惡知識」？（大眾回答：是！）糟糕了！都變成「惡知識」了。可是你們能講，我不能說他們是「惡知識」，不然他們又要氣我說：「你蕭平實怎麼說我們是惡知識？我們好歹也是僧寶欸！」可是他們如果遇到一個深入研究《佛藏經》的禪師，那禪師暗中拿了棍子冷不防給他一棒：「你這僧寶！僧你的頭！」禪師講話都很粗魯，也因為他們眞的不是僧寶，該挨禪師一棒。

依第一義諦來定義僧寶時，他們根本不是僧寶，合該挨那一棍痛棒。也就是說，觀察「**一切諸有爲法皆悉無常，觀一切法空無有我**」，從二乘菩提來說是正確的，然而依佛菩提道來說時，這不能叫作佛法，頂多只能說是二乘菩提，從佛菩提來說，這只是實證佛菩提的前行方便。

「**一切法空無有我**」，諸位有沒有想到說：法跟我之間到底有什麼關係？「我」到底是什麼叫作我？這下問倒了嗎？到底什麼叫作「我」？覺知心是不是？不是喔？既然不是我，爲什麼挨罵時會臉紅脖子粗？所以這也是個「我」，叫作世俗我；可是小孩子在外面被欺負了，跑回來哭訴：「**媽媽！媽媽！他打我。**」若以覺知心爲我，他有被打到嗎？他的覺知心有被打到嗎？沒有啊！那他是以什麼爲我？以色身爲我，這就是「我」。可是眾生所知的「我」，需不需要能夠領受的才叫作我？需不需要？如果被罵了，你領受不到；如果被打了，你領受不到，你要這個「我」嗎？不要。人間有這種「我」嗎？被罵了不知道，被打了也不知道，人間有這種「我」嗎？沒有。

所以一定要有領受的，譬如說：「**我吃飽了。**」到底是誰吃飽了？色身喔？覺知心沒有覺得飽？兩者都有了！所以兩者都有，對吧？合起來就說這個叫「我」。可是這個領受的到底要算什麼？領受的就不是「我」嗎？是了！所以不單要身體、要有覺知心，還要能夠領受，否則哪來的「我」？假使沒辦法領受，譬如一個人死了一天，什麼都不知道，你罵他時他不領受罵，你打他時他也不領受痛，那他是有我還是無我？無我。那他是證得阿羅漢果了嗎？（有人答話，聽不清楚）對了！他死了，他的覺知心斷滅了，所以他不能領受了，就沒有一個所謂的「我」存在了。

那好了，除了領受以外，需不需要一個了知的？對！譬如有時你沒有領受苦也沒有領受樂，但總是要有一個了知，這個了知就叫作「想陰」；「想亦是知」，世尊有開示過。想陰其實就是了知，有了知就會有語言文字的思惟等，也是想陰；你們要不要自己是無知的？當然不要，醒來就是要知道聲音、色塵……等；那麼「知」是不是「我」的一部分？是了。那我問你：「你有身體、有覺知心、能領受、也能了知，可是沒有過程，就好像幻燈片一樣永遠停格，都不變化所了知的境界，那會是你嗎？」換句話說，你只有一剎那，就算那一剎那一直延續好了，但是永遠都一樣，那會是你嗎？不會啊！那不可能是眞實的「自我」啊！所以你看，眾生所以爲的「我」，在人間領受、觀察境界時，所以為的「我」結果是什麼？是色、受、想、行、識這五個東西組合而成的。

可是當我們這樣說明時，你的我—自己這個「我」—以及你聽聞之後所了知的種種法，在這一些法裡面有沒有哪一個是眞實的「我」？就是組合而成的，而且不斷處在變異的過程之中。你繼續領受、繼續了知、繼續取捨，這樣就叫作「我」。這個「我」就是眾生我，這樣的眾生「我」伴隨著很多的法。

又譬如這個五蘊會產生六入——眼入，耳入，鼻入，舌、身、意入。這六入是「我」嗎？可以說是「我」嗎？六入如果是「我」，睡著無夢時「我」哪裡去了？悶絕時又哪裡去了？這也不是「我」。所以這六入之法都不是「我」。那麼再區分出來十二處時就是六根與六塵，六根與六塵等十二處有哪一個可以單獨稱為「我」？一個也不行。再加上六識總共十八界，有哪一界可以稱之為「我」？也沒有。有五蘊、六入、十二處、十八界就會有遍行心所法、別境心所法、善十一、六根本煩惱、二十個隨煩惱，還有其他的心所法等，這些法裡面有「我」嗎？都沒有。所以這個比丘教的也沒錯「觀一切法空無有我」，因爲這一切法都是生住異滅、剎那剎那變異而不能一時停住，所以「一切法空無有我」，應當如是觀。

但是如此作觀只是幫助你斷除我見，只是幫助你斷除三縛結，對於佛法有直接的關聯嗎？沒有。因爲縱使斷了三縛結，也還是不懂佛法。就算他進修成爲阿羅漢了，阿羅漢有幾種方便的區分，哪一種證量最高？三明六通大阿羅漢最高了，可是三明六通的大阿羅漢也不知道實相法界。因此所觀察到的這一些法都不算是佛法，只能說是二乘菩提，因此不能夠跟人家說這就是釋迦如來所說的「佛法」。如果有人這麼說，世尊說：「那個誹謗世尊的人叫作惡知識。」

我現在都在想：「我把《佛藏經》講完了，將來整理出版時，那些大師們怎麼辨？」他們不知道愁，我先替他們發愁，因爲根據這段經文解釋出來確實如此。「爲什麼我一生努力弘揚佛法度化眾生，結果我竟然變成惡知識了！」我替他們發愁，因爲他們一向都說：「佛法就是四聖諦、八正道，最多加上十二因緣。那修行的方法就是四念處等。」就講上那麼一堆，從來不曾及於第八識如來藏。可是世尊卻說：「他們講的這個不是佛法，雖然這樣教導叫作正教，其實還是邪教。」因為佛法教導的是可以使人成佛的法，他們教導的四聖諦、因緣法不能使人成佛，怎能說是佛法呢？所以如果有人說這樣叫作佛法，他就是誹謗 釋迦如來的人，他就是惡知識。

不幸的是，我出來弘法一向都依照 世尊的教導如實演繹、如實解說，可是我卻變成了一個惡人，諸方大師都討厭我。因為他們本來各個頭上都有一個光環，臉上都寫著四個字：「開悟聖者。」可是我剛出來弘法時都沒有說他們不對，但他們當年自己開始起了煩惱，因為今天某甲徒弟拿了蕭平實的書來問：「師父啊！蕭平實這麼說，看起來我們變成惡知識了；我們都沒有開悟，我們都變成大妄語了！可是他講的又在理，佛的聖教也這麼說，他舉證出來了，那我們怎麼辦？」師父只好默不作聲。第二天某乙徒弟也來問，後天某丙徒弟又來問，就這樣甲乙丙丁戊己庚辛……，你說大師們煩不煩？煩啊！而且那個煩，不是只有人家白天來問時煩，晚上睡覺便開始睡得不安生。「不安生」聽懂嗎？懂喔！在臺灣講這句話很多人聽不懂。然而他們能怪我嗎？可以嗎？不可以啊！只要他們不大妄語就沒事了，誰叫他們要大妄語。

這就是告訴我們說，佛法的定義是沒有第二種解釋的，只有一個解釋，就是這個法能使人作為依止、繼續修學而可以成佛，這才可以定義是佛法。如果用二乘菩提之法，或者不入流的連下流都談不上的密宗假藏傳佛教達賴他們四大派，他們那個無上瑜伽、樂空雙運是不入流，連下流都還談不上的，是在九流之外；他們那個法連人天善法都談不上，更不要說是解脫於三界的佛法。所以他們從來不講什麼「**觀一切諸有為法皆悉無常，觀一切法空無有我**」，他們從來不講。因為如果他們講了二乘菩提，只能關門大吉。他們唸咒打手印……等，也都是有為法，那也是「**一切法空無有我**」；他們最基本的法是什麼？雙身法。雙身法是人間的有為法，也是「**一切法空無有我**」，不值得關心。

他們有哪個法是眞實常住的？都沒有！可是偏偏宗喀巴狡辯說：「**這第四喜的樂觸是俱生樂！**」還說它永遠不壞。眞的不壞嗎？哪天他夢中來找我（我現在沒時間打坐，定中不可能見到他），哪天夢中來找我，敲他一記讓他悶絕了，等他醒過來再問他：「**俱生樂在哪裡？胡扯！**」我倒懷疑宗喀巴是胡人，才會講渾話，「胡扯」當然是胡人說的。所以他們從來不講二乘菩提，因為只要一講二乘菩提，他們最後只好關門大吉。可是縱使他們說的二乘菩提是正確的，依舊不是佛法，得要函蓋在大乘法中，成為大乘法中的前行時，才能說那個二乘菩提也是佛法；因為它是大乘菩提中的一個小部分，含攝在大乘法中，歸屬佛法裡，才能說是佛法。這意思是告訴我們說：除非是講第一義諦實相法界的事，否則不能說那是 佛講的。免得晚上睡覺時護法神來敲腦袋，因為謗佛！

接下來說：「**比丘！汝當取所緣相，繫心緣中，專念空相。**」「**當取所緣相**」是為什麼有所緣相？也就是說，這二乘菩提之法所觀行的都是有相法，可是佛法中實證的人所觀行的是無相法。菩薩證悟時所觀的是無相法，因為所觀的是如來藏「**無名相法**」第八識，祂在運行過程中有眞如法相，但眞如無相，所以不是有相法，沒辦法靠思惟研究經論去瞭解。有好多哲學系的教授研究佛學（他們把佛法叫作佛學），我說：「**也行！那你們搞這個學問吧！**」總之就叫作佛學，也就是作學問，甭想要實證；因為這是唯證乃知的，不是靠經典的研究、意識思惟在那邊整理歸納所能了知的。為什麼呢？因為這是「**無名相法**」——離分別、離名相，但他們研究來研究去，都是在有相法之中去研究，都是「取所緣相」而在努力用功；研究到最後的結果，好像有結果了，其實是沒結果。

在正覺開始弘揚佛法之前，他們作佛學研究很有成績，所以有很多寺院的法師都去跟他們學習，這些教授們都在佛學院教佛法，有的教阿含、有的教般若、有的教唯識；可是我這個從來不研究佛學的人，講了法、出了書讓他們去研究，研究到後來辭的辭、走的走，沒剩下多少人繼續在教佛學。所以現在臺灣的佛學院招生困難，以前臺灣佛學院有一個必修的課叫作《大乘廣五蘊論》；打從我們出版一本《識蘊眞義》以後，學生們讀過後，回去問，結果知道的人說：「這個東西你不能學，這是邪見。」所以有些佛學院不肯捨棄這個課程，就招不到學生了。因爲我也是個三寶弟子，所以有的地方也留下我這一生初學佛時的個人資料，他們卻沒料到那些佛弟子的資料中也有我，就會寄資料給我；寄來了，我一打開，是佛學院的招生公告，而且是一次寄三份來。臺灣的佛學院什麼時候變得這麼可憐？以前是人家報名考不進去，現在要廣發招生廣告。

可是他們沒奈何正覺啊！爲什麼？因爲他們一直都「有所緣相」；他們

觀行時都是「**取所緣相**」而作觀行。取什麼所緣相？五蘊、六入、十二處、十八界，並且他們還稀稀落落地遺落了好多法義都沒攝取、沒作觀行，直到我們寫了《阿含正義》出來，他們才開始比較有一點點系統。可是我們講的不但有二乘菩提「**取所緣相**」的觀行方法，我們最有名的是《公案拈提》，把祖師的公案拿來拈提以後，順便也拈一拈他們、提一提他們，最後我們再提示一個入處。但他們讀後就像一句俗話說的：「**丈二金剛**」的歇後語是什麼？對！摸不著頭腦。根本弄不清楚這蕭平實《公案拈提》到底在講什麼。於是氣得不得了，後來乾脆推翻算了：「**禪宗講的都是無頭公案。**」就這麼罵開來，因爲蕭平實不能罵，只好罵禪宗公案，禪宗公案又不會講她、又不會寫她，可沒想到她在香港講的，我在臺灣讀到了，活該她倒楣，所以我就指了出來，我說：「**禪宗的公案有頭有尾，還有四肢咧，哪裡叫作無頭公案？只是妳不懂。**」那她不懂的原因是因爲我們講的是無相法，沒有所緣相可取，所以他們就無可奈何了。

那麼二乘菩提中的修法都是要「**取所緣相**」，要取五蘊之相、六入之相、十二處之相、十八界之相，說這些都是苦、空、無我、無常。四聖諦的苦聖諦是取什麼相？取八苦之相、三苦之相，總歸而言就是「五陰熾盛」之相，也是有相。取這一些「所緣相」都落在有相法中，那些大學教授們用二乘菩提當作佛菩提來研究，都在相裡面，如何能夠瞭解正覺所弘揚的無相法？所以眞如無相又「無不相」，這可厲害！可是他們永遠弄不懂：「眞如無相，眞如到底是什麼？既然無相，你怎麼可能找到眞如，又說你可以證得眞如，又說你可以看見眞如，無相的怎麼可能看得見？」所以他們覺得說：「你正覺胡說八道吧？」可是要反駁又沒辦法，因此悶了一肚子氣。所以釋印順活了一百零一歲，終其一生不敢對正覺吭一聲，最後默默以終，一生不曾回應過我那麼多書中講他的法義錯處；就由著我說了，他的肚量也眞夠大。

因爲有相之法頂多是二乘菩提聲聞、緣覺法，不可以說是佛法。如果有人硬說它是佛法，那他就是惡知識，就是謗佛。好在我弘法二十來年，沒有把聲聞法、緣覺法說是佛法，都說第一義諦才是佛法。這樣說來，我是善知識、還是惡知識？（大眾大聲答：善知識！）啊！謝謝諸位！今天講到這裡。

傳戒法會圓滿，這回人數那麼多，辛苦各位同修們來護持，讓大陸同修們可以順利受戒，眞要謝謝所有參與的老師們、義工菩薩們！今天終於大家可以在週二晚上聽我講經，但因爲大陸同修留下來的也不少，幾乎要坐滿了這九樓，大家擠一擠吧。

《佛藏經》上回講到第八頁第一行最後一句「繫心緣中」，今天要講「專念空相」。「空相」主要是指依二乘菩提之所觀行，觀行的內涵都是屬於三界世俗法，也就是三界中所存在的身心五蘊、十八界等法，全部是無常、緣生緣滅。既然是無常、緣生緣滅，當然是無我性；而且即使證得二乘菩提入了無餘涅槃之後，一切蘊處界全部滅盡、永無後有，當然是空相；這就是二乘菩提觀行的內容。佛陀說：「如果有比丘教導其餘的比丘們應當取所緣的五蘊、十二處、十八界、六入等法的法相，把心專注的緣於這一些法，住在這些所緣諸法中專心觀察思惟理解，然後憶念所觀行的結果就是諸法的空相，如果有比丘這樣子的教導的話，」佛說：「如是教者名爲邪教，謂是正教而是邪教。」換句話說，這不是眞正的佛法，這些法得要歸入大乘佛法中，屬於佛法中的局部時才能叫作佛法，否則只能叫作羅漢法。

接著說「當樂善法，當取不善法相；取不善法相已，爲令斷故觀念修習；謂爲斷貪欲觀不淨相，爲斷瞋恚觀慈心相，爲斷愚癡觀因緣法；」先唸到這裡。這是說：「如果有比丘教導其餘的比丘們說，應當要喜愛善法，也應當要攝取不善的法相。」這意思就是說要修一切善，無一善法不修；同時要了知一切不善法，所有不善法都要遠離。這就是「當樂善法，當取不善法相」。為什麼要在喜樂善法的熏習修學時，必須要攝取種種不善法的法相呢？因為有時往往認識不清，往往把惡法當作善法，這種情形其實在佛法流傳的過程中一直都存在著；如果沒有好好把不善的法相弄清楚，很可能就把惡法當作是善法，所以應該要先具足取知不善法相，才能如實的修學善法。在二乘菩提之中或者在大乘菩提的非了義部分中，這其實也是應該學的，但不是在了義的究竟法中來說。

我們先從這兩句來瞭解一下。有時看見某一件事情，大家就群起而攻；為什麼群起而攻呢？因為大家只看見表相。例如，也許有一群人在追殺一條狗，大眾會出來一直罵那些人沒有慈悲心，圍殺那一條狗；但他們只看到事情的一半，他們沒看到那一條狗一天要咬十幾個人，而且已經咬死一個孩子；他們只看後半段就說：「你們這一群人這麼可惡，一個個拿著刀要去對付那一條狗。」他們以為把這件事情公開說出來而阻擋這一群人殺一條狗，就是行善；卻不知道這一群人共同想殺一條狗，其實是要救別的人不要再被咬傷，也是救更多的小孩子不會被咬死。他們只看到表相，所以努力去阻止那一群人時，發生了衝突、傷害了那一群人，他們其實是幹了惡事，但他們很堅定地以爲自己是在行善。也就是說他們對不善的法相沒有如實理解。

這種情形在佛門中也是一直存在的，例如在十幾年前或者十年前都還一直有這種現象存在；佛教界一直指名道姓在罵正覺，說正覺是邪魔外道，他們認爲是在護法、是在行善，特別是密宗假藏傳佛教的信徒；但他們不曉得的是，正覺的法才是善法，正覺所作的事正好在救他們；而他們不了知自己是落在水中不斷泅著無法上岸的落水狗，全然不自覺。那我們一直在告訴他們：「**那個境界是沉淪的境界，你們要趕快離開呀！**」但他們認爲我們是在誹謗正法，所以他們說我們是破法者。就像三百多年前，我們在西藏也被達賴五世指責是破法者一樣，但民眾不明就裡便被誤導了；可是經由我們二十三年努力地從各個層面深入說明以後，現在佛教界終於瞭解：原來正覺說的法才是正法。

那麼以前爲什麼他們會誤會呢？因爲正覺所說的法對他們而言是聞所

未聞之法。孤陋寡聞的緣故，也是被邪師誤導的緣故，對於了義而究竟的勝妙正法，由於聞所未聞，所以心生驚懼，就出來抵制正法，認為他們這樣的行為是在護持正法。一直到這七、八年來終於認清楚：原來正覺才是正法。所以有很多人開始寫信來懺悔，或者甚至於投入正覺以後才開始懺悔，所在多有。因此，「取不善法相」，從一個初學者來講確實很重要；因為如果不瞭解善與不善的實際，就無法真正修學善法。所以對於初學人來講，應當要鼓勵愛樂善法，也應當要鼓勵他們善取「不善法相」——善於了知種種不善法的法相；懂得各種不善法的法相以後就可以遠離。

當然，想要眞的遠離，一定要有一番過程努力去斷除。可是要斷除之前先得要「觀念修習」；「觀」就是要如實觀察：「為什麼這是不善的法相？」學佛時最怕的是知其然、不知其所以然，只知道要跟著學。但到底為什麼要學那些法？沒有人知道。諸位會那麼遠來到正覺，表示諸位有用心去探究，這就是我要找回來的人。比如說我這一世初學佛，到寺院裡去說要歸依，我是先瞭解：「我為什麼要歸依？歸依是歸依於什麼？」先去瞭解，瞭解之後我說：「應該去歸依。」歸依之後開始念佛時，我也要弄清楚：「為什麼我要念佛？念佛的目的是什麼？」總不能盲從吧。

有一天晚上參加念佛會共修前碰上一個法師，看見好多人跟他頂禮，我想他應該蠻有智慧吧，就上前請問（那位法師叫作果煜法師），我就問他：「請問師父：我們為什麼要念佛？」但他看我一眼，沒答腔，轉身走了。好在當時我還沒有學禪，不然大概要想說：「嗯？他怎麼跟我來一個『休去』？」因為禪師往往當人家來問「如何是佛？」「如何是法？」時，禪師隨即休去——走了。可是我後來學禪，知道他不是那塊料，只是懶得理我；大概是覺得我很麻煩：念佛就念佛，你問那麼多幹嘛！可是學佛的人目的是要學智慧，總不是要附庸風雅。如果要附庸風雅，不需要受三歸五戒，不需要受菩薩戒，綁手綁腳作繭自縛不是嗎？所以我要打破砂鍋問到底。

他既然不回答我，我自己開始找一些書籍閱讀，才弄清楚，原來念佛是為了求生極樂淨土，求生極樂淨土是因為在那裡有很多的好處。可是我這個人就是怪，從小人家就說我是個怪人；在念佛的過程中我也會自己演變，後來竟然變成無相念佛，就這樣一步一步演變出來。至於後來又聽到說有一個禪坐會，人家說：「那也不錯，你來試試看。」我說：「好！試試看。」參加以後才知道，原來是打坐，要學數息——數呼吸；學就學吧。後來我學了以後說：「這個我比較有興趣。」念佛就暫時先擺著。每天靜坐數息，數著、數著我又開始演變，演變到後來不到半年就一念不生入定了！我那個演變的過程，經過好幾年以後讀到智顗大師寫的《釋禪波羅蜜次第法門》，才知道我這個境界就是六妙門。可是當時也很憨、很直，就沒想說：「師父爲什麼不教這個六妙門？」

也就是說，爲了要達到那一個目標之前，一定要先弄清楚它的內涵到底是什麼？學佛也是一樣，學佛是爲了要得到什麼樣的境界，而你要學佛？當然學佛最主要的就是成佛，不然學佛幹嘛？學父母就好了。在內地要說什麼？學主席是不是？對啊！這是億萬人之上；要不然學羅漢也行，不必叫作學佛。可爲什麼要叫作「學佛」？因爲要學著成佛。至於要怎麼成佛，就得瞭解佛到底是什麼。同理，想要遠離不善的法相，就先要瞭解不善法相有哪些？究竟內涵有多少？不可能不知道什麼是不善法相而能斷不善法相。

爲了要使得自己可以斷除種種不善法的緣故，應該要有四個過程：觀、念、修、習。「觀」就是觀察，從各個層面來觀察，有一些法在人間是善法，可是有一些法從欲界天來看，人間這個法就不是善法；有一些法從欲界天來看是善法，可是從色界天來看就不是善法。所以善法與非善法有不同層次。如果不是善法，就表示它很有可能非善，爲什麼會是非善的，也得要觀察清楚，這就是觀察「**不善法相**」，取各種「**不善法相**」一一加以觀察爲何是不善；瞭解以後接著要憶要「念」，就是要記住有這麼多的不善法，一一不忘，這就是「念」；免得同樣的境界出現時又繼續犯，於是又成就了不善法，這就是要「念」。觀察之後要憶念，憶念之後要修——試著遠離，不斷嘗試遠離不善法就叫作「修」；而這個修不是一次便可以解決，是要一次又一次不斷地修，而不斷地修就叫作「習」；習就是一遍又一遍、一次又一次不斷地修，使自己可以遠離不善法。所以有時論中會說「串習」，好像一串一串那樣不斷地去經歷這個修的過程，才叫作串習。

這意思就是說，有很多不淨不善的法相是應該觀察的；可是歸納起來不淨不善的法相主要有這三種，就是貪、瞋、癡。這主要的三種貪、瞋、癡是不淨的法相，細分下來就有無量無邊的貪瞋癡；不論貪、瞋或者癡，其實都各有非常多的不善法。那麼貪主要就是不淨，不淨指的是欲界法；欲界中會使有情起貪的主要是五種法，一般社會人士都說是財、色、名、食、睡，在佛法中把它歸納爲色、聲、香、味、觸，就稱爲五欲。

貪財是世間人之所難免，所以對世間人而言，要叫他修菩薩道很困難，因爲修菩薩道如果不是嘴上說的修，而是身體力行的修，就是要修學六度波羅蜜。那麼六度波羅蜜第一度是什麼？是布施。一聽到布施，有人會趕快把口袋按緊。這不是笑話，大概十五年前吧，有一位香港的人士說他也是佛弟子，寫了明信片來，還不是用信封裝著；他說很努力學念佛，他只信夢參老和尚；不管哪個法師談到要布施，他怎麼說的：「**我就趕快把口袋按緊。**」當然我也簡單回了他的信，但我心裡面想：「**你也只合往生極樂世界，去寶池中的蓮花寶殿享福聽經。**」因爲他的菩薩性還沒有發起來，作爲中品中生或者中品下生的他，住在那裡很恰當、很合適，但是要他修菩薩道顯然不能。

雖然他已經讀到正覺的書了，也知道佛法原來是這樣修的（總共就是二道，一個解脫道、一個佛菩提道），但終究只是表示欽佩而不願意實修，那就表示他對財物很看重。所以人家爲他演說了念佛法門以後，他身爲佛弟子是應該對師父略作供養的，但他竟然說：「**我趕快把口袋按緊。**」就表示他對於財物的貪無法斷除。

對於人間的財物貪著，是一種很普遍的現象，不需要人教導，包括小孩子都一樣。譬如兩個小兒會坐了，也許剛剛才會走路，他們兩個人坐在一起，你拿了五片、六片餅乾放在面前給他們，可以觀察到兩個孩子的心性是不一樣的；如果把他們放在那裡不管，可能兩個人乖乖的一片一片慢慢吃，也可能其中一個乖乖的拿一片吃，另一個會把全部餅乾都掃過來據爲己有；也有可能你把它拿給其中一個孩子，他會分給另一個孩子，但也有可能他一片也不給；這就看得出來貪的程度差別各人不同。貪財、貪男女色也是正常的情形，所以有的人一天到晚花天酒地，專門要跑酒廊；跑去酒廊當然醉翁之意不在酒，有的人就是會喜歡一個又一個不斷的換，這也是貪；甚至於有的人覺得：「**如果不是一個月換一個女朋友，我就不算啥。**」認爲一個月換一個女朋友才是夠水準，其實也是一種貪。

有的人什麼都不沾，就像不沾鍋一樣，可有一點——求名，想要求得好名聲，就拿錢去買名聲，這還是好的；但有的人是背地裡繼續貪污，表面弄得好像很廉潔，他只是不公開收你的錢而已，但他背地裡廣開後門，然後讓人家以爲他完全不貪。其實這就是貪，他貪什麼？他不但貪財還貪名。所以有的人眞的不貪財，可就是貪名，你不能針對他的名譽有一點損害，否則他會跟你拼命，這是求名。有的人這些都不貪，重要的是有好東西可以吃，所以聽到哪一家餐廳新開幕，聽說那裡有什麼美食，幾百公里也開著車去，早上出門中午去吃一餐，晚上回到家他也願意，只爲了那個味道。但他不知道那個味道只是如來藏給他的內相分而已，他哪有吃到美味？所吃到的美味還是如來藏給的美味，因爲都是自己的內相分。可他就是願意，再辛苦也要去吃一頓，這就是貪食。

有的人卻不一樣——貪睡。貪睡是貪什麼？貪睡覺時的韻味，睡覺的韻味什麼時候最濃？中夜醒過來以後繼續睡到了黎明，當他半醒不醒時，而且也睡足了，在那時候去貪那個韻味，所以不論如何就是要再睡。人家是半夜醒來一次或者洗手或者翻個身，她老姊不是，她是天亮醒來以後還要再睡一覺；不管什麼時候，只要叫她修行她就要睡覺，念佛也睡覺、讀書也睡覺、唸經也睡覺、打坐更要睡覺；這個叫作睡眠蓋，她喜歡睡眠的韻味，這也是五欲的貪。

而這五欲的貪歸納起來不就是色、聲、香、味、觸嗎？對啊！就是這五法。但這五法爲什麼是不淨相？如果說男女欲（有人答話，聽不清楚），從佛法來說這叫作不淨相。那麼貪財有什麼不淨？有人說：「**也許是因爲鈔票很髒**。」聽說最髒的東西就是鈔票，細菌最多，可是大老闆也貪，只是他都不經手鈔票。大老闆都不用摸到錢，可是他貪的比所有職員更厲害；所以這一個月已經多賺了一百萬人民幣，他覺得不夠，應該要再多賺兩百萬人民幣，這叫什麼不淨——心地不淨。因爲他多賺來的錢不是要布施給眾生，是把它積聚在口袋裡面。可是他都沒想到：積聚很多錢財以後，死後也帶不走，只能留給兒子。他說：「**對啊！我本來就要留給兒子**。」他不知道的是那兒子可能是來討債的，本來就是他前世的債主，所以可能兒子繼承以後三、五年全部花光了。臺灣也有這種情形，我看很多了，不曉得內地這幾年有沒有開始看見這種情況？也有啊？那就是討債鬼。

這一些貪是心地的不淨，貪財、貪色、貪名其實也是一樣。「名」是一個虛幻的東西，存在於眾生心中，而眾生心是不淨的，所以如果他在眾生心中是有名望的，而且是求來的名，不是實至名歸，這樣求來的名會有一個表現——他希望不管去到什麼地方，都可以看見他寫的牌匾。他喜歡的是：「到了這裡就會有一個什麼東西刻著我的名字，到了另一個地方也一樣。」他就很希望大家都認得他，最好是有名字的地方就有一張他的人頭照；去到哪裡大家都稱呼：「某某大師！」這樣最好，求名！然而這個名是求來的，不是他在各種善事上面去造作、去爲別人謀福利，而由別人自然成就他的盛名，那就是求名，那叫作「心地不淨」。

這種「不淨相」其實沒有一個是無私無我的，所以財、色、名、食、睡都是貪。也許有人講：「那我吃飯、吃美食，又不礙著別人，爲什麼也叫不淨？」且不說所吃的美食都從泥土中長出來，飲食本身就不淨；單說他貪口腹之慾，吃美食主要是吃巧而不是吃飽，若要吃飽，一顆饅頭不夠、三顆給他吃也夠飽了吧！但他不是，他是要追求那個味覺；當他追求味覺時，天上飛的也要吃，地上跑的也想吃，泥土裡面鑽的也想吃，包括水底下游的更要吃，四處殺害眾生命，所以越是稀有的動物越要吃。因此如果現在還有人賣虎肉、賣獅肉，一定也會有富有的人願意嚐鮮，可是那得要殺害眾生的生命，當然是不淨。

就好像世俗人說：「信宗教都是修學善法啦，就是要行善，那我平常就在行善了，爲什麼還要學佛？我本來就是個好人，本來就是善人！」可是等到人家問起來說：「你每一餐吃的好不好？」「好啊！山珍海味。」他所謂的山珍、海味可不是我們講的山珍海味，我們說山珍是黃澄澄的薑，海味是鹽巴，這兩個味道很好，不管炒什麼，加上一些薑絲炒了氣味就不同，不腥不臭；如果不是很好吃的東西，加一點鹽下去變好吃了，當然要叫作山珍海味。可他老哥說的山珍海味跟我們定義不同，他希望的是山裡面捕來的稀有動物叫作山珍，所以有的人要吃白鼻心、穿山甲，說那很難得吃到，就是山珍；至於海味，非得要石斑魚不吃、非得要黑鯛。

可是問題來了，他這樣叫作善心嗎？一天到晚要吃眾生肉而殺害眾生，還說是善？所以他不瞭解什麼叫善與不善，只知道這是好味道，從來不曾警覺到這樣的心是不清淨的。所以他如果到了野外看見湖裡有天鵝，心裡就想：「這個肉不錯。」這不就起惡心了嗎？這種心還能叫作清淨、叫作善心喔？如果又到另一個湖，看見湖裡面有鴛鴦在那裡游著游著，他也想：「鴛鴦我還沒吃過。」又想吃人家的肉。這就是「不淨相」，所以貪欲財、色、名、食、睡都是不淨相，都應該有所了知。

也許有人說睡覺：「我睡我的，干你什麼事，你也說我不淨？」是啊！睡覺是他個人的事，可是人家會說：「這個人日上三竿，太陽都晒到屁股了還在睡。」那家人會說怎麼樣：「該做的工作你都不做，你老是睡。」兄弟姊妹們要抱怨，因爲他的工作都落在大家頭上。在所有的團體裡面也是一樣，睡本身就是一個「不淨相」，因爲如果他睡八個鐘頭、七個鐘頭足夠了，他身體不會有問題，就不應該睡更久；如果他的身體每天要睡十二個小時的，那他每天睡十二小時我不說他不淨，因爲他的體質就是那個樣子。所以有的人每天非得要睡滿十個鐘頭才算睡覺，可是有的人每天只要睡上六個鐘頭、七個鐘頭就夠了，體質不同。

但是在可以維持健康的狀況下，他不管什麼情況就是想睡覺：心情不好睡覺，快樂也要睡覺，下雨也要睡覺，大太陽也要睡覺。這爲什麼叫作不淨呢？因爲這是無明的表現。睡覺會有智慧嗎？不會！睡覺不會有智慧，睡覺本身是個無明的表現。然而人身不能不睡覺，因爲身體若要健康就必須每個晚上都睡覺，可是他是貪圖睡覺的韻味，就表示他的心住在愚昧中，不能往上提升，那就是不清淨的法相。

「**為斷貪欲觀不淨相**」，所以當這一些貪欲可以斷除，加上他本身有未到地定時，他必然就會發起初禪。初禪不是求來的，在近代佛教界的修行人中最大的誤會就是求。求初禪所以每天在他的山上茅棚裡努力打坐，希望得初禪、得二禪；可是禪定永遠不現前，問題在哪呢？問題在於他的五欲沒有斷除，五欲沒有斷除時初禪永遠不現起，這是絕對不能改變的定律。如果他把五欲的貪愛斷除了，是從心上去斷除而不是硬逼著自己說：「**老婆！我要跟妳分房睡了。**」不是這樣來的，而是他的心境上眞的斷除，初禪就現前了。

世尊甚至開示：有個五通仙人，每天飛進王宮接受國王供養，供養完了他往天上一飛就走了，因為他有禪定而有好神通。有一天國王說：「**我這個師父應該介紹給夫人認識。**」你們都知道，國王娶的夫人當然不會是醜八怪，於是供養完了，國王請夫人出來相見；古印度對於修道的人都很恭敬，所以用最恭敬的禮節來禮拜這個外道五通仙人，怎麼禮拜呢？叫作頭面接足禮，就是把額頭放在對方的腳盤上，然後雙手手掌輕輕靠在對方的腳後跟，這樣叫作頭面接足禮。這王后對那五通仙人行了頭面接足禮，那個五通仙人不知不覺起了欲心，因爲這王后太美了，以致他起了欲心；這時他知道自己沒辦法飛行了，因爲只要起了欲心，他的初禪就退轉了，這時神通也消失了！由於沒有神足通了，於是他就跟國王要一輛車子乘坐而離開了（典出《大智度論》、《經律異相》）。

佛陀講這個典故告訴我們什麼道理？諸位由這道理來判斷密宗假藏傳佛教喇嘛教，那些喇嘛們各個都很會吹噓：「我師父死時如何示現大神通。」你們要注意這一點，所有的喇嘛們生前都沒有神通，死了就被徒眾們宣稱有大神通。那麼他們一天到晚在修雙身法，而且是求雙身法的初喜、二喜、三喜，每天都要求得第四喜，就是要遍身受樂，是欲心最強烈的貪著，那麼請問他能不能有神通？不可能！所以他們說的神通都是騙人的。他們也說：「你們顯教講有初禪、二禪、三禪、四禪，我們也都有啊！」那請問他們能得初禪嗎？不能得，因爲他們都在修雙身法。等你後來弄清楚他們所謂的初禪、二禪、三禪、四禪時，你會嚇一跳；也許沒有嚇一跳，你會笑出來，因爲他們講的所謂的初禪到四禪，就是雙身法裡面的初喜到四喜的境界，根本與禪定無關，他們是張冠李戴；這樣說他們還是太客氣，應該說是牛頭逗馬嘴，亂逗一場。所以密宗假藏傳佛教那些人所謂的修行其實都不離貪欲相，他們也不懂那個叫作「**不淨相**」，因此他們的修行其實都跟佛法全然無關。

至於「**爲斷貪欲觀不淨相**」，他們會不會修？永遠不會修，因爲他們全都不想修。假使叫他們修不淨觀，他們修了以後是不是就要把密宗假藏傳佛教的教義全部換新？對啊！因爲修了不淨觀以後，男生見了女生就討厭，女生見了男生也討厭，還修什麼雙身法？他們就得要改教義了。可是他們死也不會改，因爲他們一旦改了以後就什麼都不是。所以他們很可憐，《狂密與眞密》寫出來到現在，他們不敢回應一個字，就只能繼續讓人家質疑法義，而他們全都裝著沒看見、沒聽見。這樣的表現倒有些像如來藏喔？如來藏就是這樣，如聾似啞而且又眼盲；這些喇嘛們很像這樣，上從達賴下至所有仁波切莫不如是；因爲他們現在其實也知道雙身法的境界都是不淨相，都是不淨之法，上不了檯面，所以才要保密，否則爲什麼要保密？

臺灣中部，臺中縣的神岡鄉，現在叫作臺中市的神岡區，有一個密宗假藏傳佛教蓋的壇場，蓋在山頂沒有人走到的地方。爲什麼要這樣？因爲他們修的就是要保密的雙身法。不像我們說如來藏妙義是清淨絕待的，但緣未熟者不該令悟，所以要保密，因爲這是宇宙中最大的祕密。他們卻是因爲羞於見人所以要保密，所以密宗假藏傳佛教的密是羞於見人的密，而不是宇宙的奧祕。那你要叫他們斷貪欲，門兒都沒有，從達賴開始，一直到所有仁波切、所有的喇嘛們；因爲如果斷貪欲，等於把密宗假藏傳佛教滅絕了，是可忍，孰不可忍？所以他們連二乘菩提都無法修學，更何況大乘菩提。然而二乘菩提這個「爲斷貪欲觀不淨相」，佛說：「如是教者名爲邪教，謂是正教而是邪教。」因爲這是次法而不是眞正的佛法，雖然只是次法而已，密宗假藏傳佛教喇嘛們都不可能修行，那不就是標準的外道嗎？

接著說「爲斷瞋恚觀慈心相」，也就是教導怎麼樣修慈心觀。回到上一句來說要觀不淨相，觀不淨相時就有不淨觀可修，但不淨觀，密宗假藏傳佛教是永遠排斥的。佛世修不淨觀時，佛陀都指定比丘們要到棄屍林去觀看屍體，有時 佛陀成立一個僧團時故意選在棄屍林不遠的地方，作爲僧眾住居的所在；佛陀剛開始弘揚聲聞法那十幾年，沒有什麼精舍可以住，就是山洞裡住、樹下坐，這樣過夜；你們沒經歷過那種日子，我是過過那種日子的，所以也蠻習慣。

那時有的比丘出家以後，一天到晚想著家裡的老婆，因爲印度人不是只有一個老婆，有三個是正常的，若是只有兩個就會被人家暗地裡笑他無能，若是有五個妻子就說他還不錯。那麼有些人出家以後還想著家裡那些妻子，佛陀就指定去棄屍林那邊觀看，看完了閉起眼來觀想那個屍體的影像；如果影像不清晰時，再張開眼睛繼續看；一整天坐在那邊，除了托缽以外，他們就坐在那邊看屍體，看上一個月；只要一個月，他就會想：「**我家裡那三、四個老婆死了也是像這樣，她們的身體是不清淨的。**」他的貪欲就斷了。於是接著叫他修四聖諦，不必幾天他就證得阿羅漢果，眞的很快。那你要叫密宗假藏傳佛教修不淨觀，豈不是要他們的命？因爲他們如果修成功了，密宗假藏傳佛教的雙身法就可以捨了，當然他們不可能這樣。

跟密宗假藏傳佛教有關的還有「**爲斷瞋恚觀慈心相**」，既然是想要得解脫就不該有貪欲、不該有瞋恚心；有瞋恚心的人，表示他的我所貪愛還沒有斷除，我所沒有斷除就無法得解脫。那怎麼樣叫作我所沒有斷除？一般人說的我所都是「**我所擁有的嬌妻美眷，錢財資產**」，以現在來講叫作銀行存款、名聲等，這就是我所；有一個問題是：痛恨一個人而永遠把他記住，所以他永遠記住那個仇人，那麼仇人是不是他的我所？（大眾答：是！）諸位有智慧，果然是我所！為什麼呢？因為他緊抱這個仇人不放，始終不肯丟掉，就成為他的我所。

因為這個我所，他就無法得初禪，當他無法得初禪時就沒有辦法證得出世四果，因為沒有不證初禪的三果人與阿羅漢，那他要怎麼樣出離三界？所以即使是聲聞菩提中仍然是要把這個瞋恚心丟掉。即使是瞋恚都還沒有到記恨、惱怒，就已經會障礙他出離欲界，那他想要出離三界就完全無門！所以斷瞋恚是一個求解脫道的人應該要修的法；如果不斷瞋恚，他就只能繼續流轉。那些密宗假藏傳佛教的喇嘛們，在他們的想像中：「這蕭平實每一次講到我們密宗假藏傳佛教時一定是齜牙咧嘴，氣得牙癢癢的。」眞應該讓他們來瞧瞧我講經的狀況，當我評論密宗假藏傳佛教時不帶一點點火氣，何況是起瞋，但他們不知道。這是因為一旦超過欲界境界時，就不可能有欲界相應的瞋了，有瞋的人不可能超越欲界而發起禪定。如果不能超越欲界境界，初禪絕對不能生起，那他想要證三果、四果都不可能。

所以依二乘菩提而言，一定要好好斷瞋恚。可是斷瞋恚相、斷瞋恚時最好的方法就是修「慈心觀」，也就是修「慈無量心」。瞋恚的情況其實有很多種，有的人是因爲身體不小心被人家撞了痛，就起瞋，這種瞋較好對治，趕快陪笑臉道歉，他就自認倒楣了，可是如果硬要狡辯說：「是你不對，你在我前進的路上，所以被我撞著了！」那麼雙方就可能要打一架。打上一架時瞋心就更多了，其實划不來。因爲瞋更多時，不但打架受傷的地方要死掉好多細胞，光是瞋就要死掉好多細胞，還會嚴重障道，眞的划不來；可是他們不知道，就會起瞋。有的人是因爲本來賺錢賺得好好的，突然間出了一家跟他賣同樣產品的店，所以他錢賺少了，起瞋。這類新聞事件，有時也會在電視報導中看到。

那佛門中修行人會不會起瞋？會啊！尤其是正覺出來弘法以後各個山頭都起瞋，因爲他們想：「本來咱們各大山頭所有大師頭上都有的光環，臉上都有四個大字、放光出來四個大字——開悟聖者，沒想到現在都沒了，於是名聞受損、利養受損、甚至於眷屬受損，都是因爲你們正覺。」所以各個起瞋，才會私下裡放話：「正覺是邪魔外道。」有個山頭說得較委婉：正覺不如法。不如法就是比較客氣的說法，因爲他們以爲：「我講不如法，又不是誹謗你正覺的法義。」希望藉此把徒眾鞏固著。所以他們各個對正覺起瞋，於是成立研究小組把正覺的書拿來研究找碴；他們各個大山頭早成立研究小組時，目的是爲了找碴。可是找了十年以後找不到一杯茶喝，最後就不是爲了找碴，而是爲了想要找出來：「**到底正覺書裡面講的佛法密意是什麼？**」但依舊研究不出來。假使可以讓他們研究出來，那我說法時也就說得太差了吧？就好像擬了燈謎要給人家猜謎，總得要有技巧一點吧？如果隨便個阿貓阿狗一猜就猜出來了，那還是勝妙的燈謎嗎？

所以佛門中起瞋的情況也很平常，可是對正覺起瞋最多的就是密宗假藏傳佛教，因此他們在網路上亂罵一通。常常有人來說密宗假藏傳佛教的人又罵了什麼，我說：「**你這些都不用告訴我，再難聽的話我都聽過，他們罵的不會比以前聽過的更難聽，所以不稀奇，已經司空見慣了。**」如果我們說法而不被密宗假藏傳佛教罵才怪，如果我們不被密宗假藏傳佛教罵，表示我們的法跟他們一樣是識陰境界。但我們跟他們全然不一樣，被罵才是正常的。因爲我們的如來藏「**無名相法**」，把他的女色之路、男色之路、發財之路全部都給斬了，當然他們要罵。所以不需要對他們那些無理的辱罵起瞋，否則我們不跟他們一樣了嗎？但是起瞋的狀況其實很多，我們就不必再講更多。

話說回來，學佛當然是要斷瞋恚之相，可是應該怎麼斷？當然你也可以說：「**用無生法忍來斷啊！**」太棒了！問題是無生法忍那麼容易得啊？很難欸！不然降低一點層次，說用無生忍來對治；也行啊！那你講的是大乘無生忍，還是二乘無生忍呢？如果是二乘無生忍，那是阿羅漢位的事，但阿羅漢位容易證嗎？很不容易證。如果是講大乘無生忍，那是開悟明心的境界，容不容易證？更難！你們看那《楞伽經》講**猶如木人機發像起，又如咒力起屍**，說這是菩薩證的人無我，好證嗎？很難哪！這部經典是達摩大師拿來為二祖慧可印證的經典，說好像一個木偶裝了機關，把那個機關開了，木偶站起來就走了；又有一種古時的趕屍，聽過沒有？聽說湘西以前很有名就是趕屍；如果有人死在外頭想要用棺材運回來，那運費太貴了，就請了趕屍人來，他打個手印、唸起咒來喝道：「起！」屍體就起來了，又喝：「**走！**」屍體就走了，就趕回家鄉安葬；聽說古印度也有這樣的事情，佛說這叫作大乘人無我。

「**什麼跟什麼嘛！這怎麼跟大乘人無我的實證有關？**」可是我告訴你，就是有關。但是末法時代那麼多大師沒有人讀懂，現代只有一個釋印順註解

《楞伽經》，可是註解以後人家把它整理成書，要幫他出版，請他寫個序，他還不想寫，爲什麼呢？因爲他知道自己是亂解釋的。可那個人白目，閩南話說「白目」，你們聽懂嗎？懂喔？就是不曉得看人家眼色。釋印順是不希望他出版才不肯爲他寫序，偏偏他還打字好了正式出版，結果裡面的註解可眞應了一句話：貽笑方家。你看這個大乘人無我，古來有多少人懂？很少啊！所以你想要用大乘人無我來對治瞋恚，眞的不容易。

因此在凡夫位該幹的是什麼？就是修慈心觀，否則如何對治瞋恚呢？這時也許有人想：「**欸！我只要趕快斷我見、證初果，就可以對治。**」可是我告訴你：「**證初果還不算是二乘的無生忍，因爲初果人還有來生啊。**」初果人，我們臺灣有一種汽水品牌叫作7UP，我們說初果人是喝這種汽水，那叫作初果汽水。7UP是什麼意思？就是七次人天往返。生天七次，不是正好7UP？對嘛！你們大陸可能沒有那種汽水，有喔？你在哪一省？對！就是七喜汽水，就是7UP，我開玩笑說那是給初果人喝的。可是問題來了，初果人能對治瞋恚嗎？不能。因爲連二果人都無法究竟對治，初果人還有一個名詞叫作見地，二果人有一個名詞叫作什麼地？就是薄地。爲什麼叫作薄地？因爲薄貪瞋癡，這也表示他還有瞋心。二果尚且如此，何況是初果人；所以初果人也沒有辦法把瞋恚斷盡，斷盡瞋恚現行的人，至少得要三果的證量。

所以看來凡夫要斷盡瞋恚只有一個辦法——修慈心觀。修慈心觀卻也不容易修好。慈心觀要怎麼修？打坐時要觀想，首先觀想自己覺得最重要的親人，也許觀想自己的父親、母親快樂的模樣，然後接著所有的家人一一都這樣觀想，要觀出他們受樂的影像。親人觀完了，觀不相干的人；隔壁鄰居加以觀想，觀想出他們都很快樂的影像。接著要觀一種人就不好觀了，要觀想自己的怨家，看誰是你最恨的人，就拿他來觀想，觀想他很快樂的模樣。這好像有一點要命，但慈心觀就這麼修的啊。那這樣就夠了嗎？還不夠，接著觀想一整個村落的親朋好友都很快樂，接著一直擴大到一個鄉、一個鎮、一個小城市、一個大城市，乃至觀察整個世界的有情都很快樂的模樣，這樣才算慈心觀圓滿成就。

那麼作慈心觀是什麼時候可以把瞋恚斷除呢？那是各人不相同，不是每一個人都一樣，那就看他觀想到最後是不是眞的斷了瞋恚。即使眞的斷了，這樣是不是叫作佛法？還不是，因爲這只是次法。換句話說，想要證得佛法之前，或者想要證二乘菩提之前，要有兩個基本的條件，就是他的心是與瞋與貪不相應的；這是最基本的兩個條件。那麼與愚癡相應的那些事情，則是要藉著修學佛法來斷除；如果他真的很愚癡，就要再給他另一個方便，就是叫他「觀因緣法」。這就屬於二乘菩提了，所以這些不屬於佛法，只是修學佛法之前應該要有的基本的行門，把自己的心性改變了，來符合二乘菩提所要的條件，進而符合大乘菩提所要的條件，所以為了斷瞋恚而作慈心觀。這一些法的實修，世尊說：「如是教者名為邪教，謂是正教而是邪教」。因為這不是佛法，這是次法或是二乘菩提，都是實證佛法的前行之道，是修學佛法之前應該要先具備這些條件。

談到這裡就要牽涉到經中的某一些典故，但有的人不瞭解那一些背景，因此開示佛法時就產生了偏差；因為經中有時記載 世尊教導某一位比丘去修不淨觀，把貪欲斷除了就成為阿羅漢；有時教導某一個比丘去修慈心觀，把瞋恚斷除了，他就成為阿羅漢。所以有的人想：「只要斷了瞋恚就夠了！」有的人又想：「只要斷除貪欲就夠了！」可是他們不知道那個時空背景。換句話說，有的比丘在各方面的條件都已經具足了，只差一個貪，這個貪欲他斷不了，所以他無法成爲阿羅漢；譬如難陀，難陀有三十種大人相，只是不分明而已；難陀也長得英俊，他家中的妻子很美，所以他出家以後一天到晚還在想著家裡的妻子，始終修不好，連證個初果都難，所以他一天到晚吵著要還俗；遇到了 世尊還吵著要還俗，也眞的夠笨，可是沒辦法，他的貪欲重，一天到晚掛念著家裡妻子。

於是 佛陀帶了他去忉利天遊一遊，到了一個宮殿：「欸！這五百天女都這麼漂亮，爲什麼沒有天子啊？」佛說：「你過去問吧。」他去問了，那五百天女告訴他：「我們在等著夫君。」「請問妳們夫君是誰？」「我們夫君現在還沒有往生過來，他還在人間，正在如來座下修行，他的名字叫作難陀。」然後 佛陀就帶他回來，他從此再也不想念老婆了。因爲那五百天女那麼漂亮：「我只要好好修行，死了去到那邊有五百天女等著我，各個都比我老婆漂亮好多倍。」唉呀！忘恩負義，就忘了他家的妻子，眞的是忘恩負義！

可是回來人間以後不想老婆也不求還俗了，一天到晚想著天上五百天女，貪欲不能斷，也是無法證果；看看這也不是辦法，佛陀又帶他去地獄，眞的去遊地獄；到了地獄一個地方，那個獄卒在那一口大鑊下面燒著柴火，那裡面的油都在滾沸，可是裡面沒有在炸著誰，他就覺得奇怪：「爲什麼每一口鑊裡面都有罪人被獄卒放進去油炸，炸完提出來死了，業風一吹又活過來，獄卒又把他放進去炸，爲什麼這一口鑊就是沒有罪人？」佛說：「你問那個獄卒吧。」他又去問，獄卒就說：「我這一口鑊現在該來的人還沒來。」難陀問他：「那爲什麼還沒來？」這獄卒說：「還要等一段時間。」「爲什麼要等一段時間呢？」他當然就問，獄卒就說：「因爲這個人會先在天上享樂，享樂完才會到我這裡來，可是這個人現在都還沒到天上，我當然要等很久。」他就問：「那個人是誰？」獄卒告訴他：「那個人現在還在釋迦牟尼佛座下，他叫作難陀。」

這回把他嚇死了，回來人間終於肯死心好好修行，所以沒幾天就證阿羅漢果。他什麼都好，就只是貪欲放不下，他就是貪；他這個貪欲很嚴重，還有別的典故，律部都有明文記載的，我們就先不談他。就是說他因爲貪欲的緣故，所以無法證果，但是不代表他在其他部分的條件不夠，所以 佛陀告訴他只要把貪欲斷了就可以證果，而他沒辦法斷；叫他修九想觀也沒辦法斷，只有從果報上面來讓他斷。所以 佛陀度他眞的也很辛苦。

可是有的人他沒有貪欲，其他的問題也都不存在，他只是一個瞋恚。因爲瞋成爲他的我所了，所以他在我所這個部分無法斷盡；一天到晚記掛著某某人，心想死後要怎麼樣化成惡鬼去報復；他很生氣，放不下就無法發起初禪。他的瞋把初禪障住了，沒有辦法超脫欲界，慧解脫就不可能實證。於是他不能證果，乃至連二乘菩提的法眼淨都得不到，因此 佛陀就說：「**你只要把瞋恚斷了，就可以證阿羅漢果。**」那他想要證果，這時取捨之下，理智會告訴他說：「應該要證果。」可是瞋恚放不下啊，該怎麼辦？佛陀便叫他修慈心觀，爲了達到解脫的目的，這個慈心觀得好好修。

剛開始他不可能觀想那個仇人受樂的模樣，所以先給他個方便，從家人開始觀起，最後終於可以觀那個仇人受樂之法相。他的這個慈心觀完成，能觀想出那個仇人很快樂的模樣，當然就不會恨，瞋也就不見了！於是接著爲他說四聖諦，馬上證阿羅漢果了。所以爲了斷瞋恚，修觀慈心之相是正確的。然而不能夠說爲斷瞋恚而觀慈心相，就是二乘菩提，也不能說那就是大乘菩提；因爲這只是對治法，眞正二乘菩提是四聖諦以及十因緣法、十二因緣法等，但眞正的佛法是講明心見性的事。所以「**爲斷瞋恚觀慈心相，……如是**

教者名爲邪教，謂是正教而是邪教」。不能說這就是二乘菩提，也不能說這就是大乘菩提，因爲這都屬於次法，還談不上法；如果說這樣就是修學佛法，主張這樣就是正教，其實還是邪教。

接著「爲斷愚癡觀因緣法」。愚癡不好斷除，這個愚癡之所以存在，都是因爲不瞭解因緣生、因緣滅的道理。可是如果沒有深入瞭解的人一談起佛法，都會跟你說：「因緣法，我知道啊！」於是他就唸給你聽：「無明緣行，行緣識，識緣名色……」一直唸到生老病死，每一個因緣支都不會漏掉，他認爲這樣他就是知道因緣法了。但是有個問題，既然大家都知道，爲什麼近代沒有人能證得辟支佛果？不說獨覺果，單說緣覺果就好，連緣覺都證不得。例如我把《阿含正義》寫出來那麼多年了，爲什麼還沒有人得緣覺果？假使有哪一個大師證緣覺果，不必二、三年我這邊一定會知道，因爲從他證得以後，說法就必定跟以前不同。當他說法不同以前時，有一句成語說「錐處囊中」，會怎麼樣呢？會刺出來而被人瞧見，一定會被人家發現。可是我到現在沒看見有哪一根錐子穿出布囊，顯然因緣法也不容易理解。

想要理解因緣法之前，得先要具足瞭解五陰、十八界、十二處、六入，

甚至有時　佛陀還故意開示「六大之法」，在《楞嚴經》中叫作六界。爲什麼要這樣講？因爲大家不知道什麼是因緣生、因緣滅的道理，所以得要一一詳細說明；從這個面向講過來一部分人聽懂了，但其他人體會不出來，只好從另一個面向再講過來，又有一部分人聽懂了，但還是有其他人依舊不懂，於是從另一個面向再講過來，就這樣從很多面向來說明。所以《阿含經》裡面講因緣法的方式有很多種。譬如說一個人是由六大來組成，或叫六界來組成，哪六界？界是世界的界，界在佛法中又叫功能差別。「六界」，佛說是地界、水界、火界、風界、空界加上識界（識陰的識）。

換句話說，一個人的組成是經由地、水、火、風加上空，爲什麼要有空？如果沒有空，你就不能呼吸、不能吃飯、不能排泄、不能循環⋯⋯等，所以你身體裡面要有許多空的地方，血液才能流通，淋巴液才能流通，才能喝水，才能呼吸，沒有這些空來組成還眞的不行。所以不是只有地、水、火、風，就算有了地、水、火、風，也有空，就能組成一個人嗎？還不成。如果死人不是人，爲什麼要叫死人？所以死人也算人，但他只能叫作屍體，所以就不把他歸類爲人，因此法律上就說他沒有人的格，沒有人的格就表示他不被法律所保護；所以你罵他不算侮辱，除非你把他毀損，叫作毀損屍體罪。問問庭長：「罵死人有沒有罪？」當面罵他不算侮辱喔？不算侮辱。所以你在郊外看見了死人，從世間法來看時，怎麼罵他都無罪，因爲他不是人，沒有侮辱罪；就算他要告也無法告，他都死了怎麼告，法律也不承認他是人，所以他沒有人權。就像美國有一個團體爲猩猩爭取人權，其實他們應該爲猩猩爭取「猩權」才對，怎麼能叫作人權，牠們又不是人，所以法院判決敗訴。

話說回來，地、水、火、風、空界還不能成其爲人，要加上識界，也就是還要加上六識配合著運作才能稱爲人，因爲地、水、火、風、空，活人有、死人也有，可是死人不叫人，不能叫作有情，因此人要有這六個東西來組成。既然人是由這六個東西來組成的，而這六個有一天會分散，一旦分散時人就不存在了，所以人不是眞實有我，因此叫作無我。這也是一種因緣法的說明，也就是說藉著這六個法來組成爲一個人，如果沒有這六個法來組成，人就不能存在，所以人是因緣所生法；那他就可以斷除一分的愚癡，這樣爲他解釋演說他就會懂。

但有的人需要繼續再爲他說明：人的組成有五個成分，有色陰，又因爲有識陰，然後才會有境界受，有境界受時才會了知境界，而了知境界時一定有過程，就是行陰；如果了知境界時只有一剎那，還能叫作人嗎？這是粗略的說明。但諸位可能還聽不太懂。色陰總共有幾個？十一個，也就是眼根、耳、鼻、舌、身根總共有五色根，這五色根加上六塵，六塵也是色法，總共十一個色法就是色陰；意根不是有色法，所以意根不歸屬色陰，這樣總共十一個色法。再加上六個識（意根不是大眾所知道的，所以只說六個識），加上識陰六個識，就有色陰也有識陰了。有色陰也有識陰才能夠領受境界，領受境界時就會去了知那個境界；知即是想，知就是想陰，所以離念靈知是想陰的境界，了了靈知也是想陰的境界，那就是想。

有想有知了，在完成想與知時需不需要一個過程？五秒鐘、十秒鐘、一分鐘、十分鐘，一定有個過程；如果「知」只有一剎那，算不算有情？算不算？弄不清楚了？知若是只有一剎那，算不算有情？算喔？所以你還要再學，小菩薩！知如果只有一剎那，這一剎那過去就不知了，這樣不能叫作有情。若已過去而都不知了，若不是悶絕就是死亡，你願意「我」是這樣子的嗎？不願意！那你去看一切有情，有情不可能是這樣的，一定要有運行的過程，這樣才叫作一個有情。所以色、識、受、想之後還要有「行」，是色等四法運行的過程。這樣看來欲界與色界有情是由這五個東西組合起來的，但這五個法能夠永保常住嗎？不能。因為不能，所以有情的這五個成分分析起來時沒有一個眞實我存在。用這樣來為他說，有情就是這五個東西因緣組合而成的，既然本無今有、因緣組合而成，將來有一天終究會散壞；藉這個因緣所成來為他說，也是因緣法的一種開示。

這樣他就稍微懂得：「原來我們人就是色、受、想、行、識五個法組合成的，這五法只要拆解了，有一天散壞了人就不存在，所以我不眞實、我是假的，所以叫作無我。」讓他瞭解人的成立、人的出生是因緣所生法，他就會知道：「原來我不應該執著五陰的我，我還是會死，最後還是會壞掉。」這也是「為斷愚癡觀因緣法」的一種。「為斷愚癡觀因緣法」也可以從六入、十二處、十八界再來講解，可是時間又到了，只好等候下回分解。

在我們講堂好像沒有感覺到寒流來，今年四季都是這麼溫暖。《佛藏經》上週講到第八頁第三行「為斷愚癡觀因緣法」。因緣法不是單單講十因緣、十二因緣，主要是說，由於這個法有的緣故，所以這件事情就生起了；由於這件事情生起的緣故，所以另外一件事情又跟著生起。這就是說法不孤起，也就是說除了實相以外，其他的法都是藉著另一個法作爲它出生的助因，然後它才可以生起。所以我們上週講了六界的組成，說這就是一個人間的有情；我們也講了五陰，也就是我們所謂的一個人，是由五個法來組成，都是藉著因緣而生起、而存在的，然後變化最後消滅。

同樣的道理，十二界也是因緣所生法，十二界通常叫作十二處，若再加上六界——就是識陰的六個識——才叫作十八界。十八界中的六根與六塵爲什麼要稱爲十二處？爲何通常不稱爲十二界？這是因爲這十二個法有它的處所，而十八界中的六個識依於六根與六塵各六個法所在的處所來出生以及存在，所以這六根與六塵有處所，就稱爲十二處。譬如六根中的五色根，眼根、耳鼻舌身根都有一個處所，所以大眾看到某一個人來了，就說：「某甲來了！」正當說明某甲來時，一定是以他的身體來到作爲主要的依據，所以說：「你來了！」看到某乙來了，那是另一個色身來到這裡，所以就說：「某乙也來了！」因爲這有一個所在的處所。

但意根是心，無形無色，怎麼會有處所呢？因爲在人間時，意根是和五色根同時同處而不會分離的，所以意根就跟著五色根同在一起，就有處所。所以當意根在下決定時，一定和你這個五色根同在一處來下決定，不會是你的五色根在臺北，而意根在臺南作決定；一定住在你的身上作決定，所以有「處」。那這六根中的五色根雖然和意根一樣是從「無名相法」如來藏中出生的，可是這五色根卻必須要依於意根和如來藏才能出生，因此就說如來藏這個法有的緣故，才會有意根這個法出生；接著就說因為意根這個法出生的緣故，另一個同樣是事相的法也就跟著出生，那就是五色根。

所以是「有是故是事有，是事有故是事起」，因緣法就是講這個道理，不單是指十二因緣法。這兩句剛好這一期電子報《涅槃》裡面有，諸位不必抄寫，從電子報去找出來就有了。也就是說，因為「無名相法」眞實有，所以意根這個事情就生起了；意根這個事情生起了，五色根這個事情也跟著生起。同樣的道理，因為六根生起的緣故，六塵也就跟著生起，所以「是事有故是事起」。這是告訴我們說，這十二處——六根與六塵——都是因緣法，藉著前一法為因、然後就出生了。這十二處被稱為「處」當然還有原因，因為這十二處的所在，也就是六識心生起的地方；六識心得要依於這十二處作為所依的處所才能生起，生起以後就以十二處作爲俱有依，因此這十二個法就是六識所依的處所，就稱爲十二處。

這十二處中的六塵絕對不是指外相分的六塵，這個道理前面我們已經解說過了，這裡就不再重複解說。經由這樣瞭解意根是從如來藏中生起的，意根如果沒有生起，五色根就無法生起；所以入母胎以後中陰身消失了，但消失以後並不是什麼都沒有，而是有如來藏以及意根存在；而如來藏是一個被動的心，祂不會想要怎麼樣，也不會故意不想怎麼樣，祂是隨緣任運，因此祂不會主動要造作什麼，是由意根想要重新再取得人身—取得人類五陰—的作意，如來藏才會執取受精卵而繼續製造這個色身。

所以根據如來藏這個特性，你可以很容易判定一個人是不是證悟了。例如來果禪師說眞實心時，他說：「這個心不在內、不在外、不在中間，」他是引用《金剛經》的說法，然後解釋說：「如果這個心在外面，你怎麼知道身體冷暖痛癢？這個心如果是在身體裡面久住，那你不會覺得很悶嗎？老是覺得被關在身體裡面，一定很悶，卻沒有很悶，所以也不在身體裡面。」他的意思就是這樣。所以你一聽就知道他講的眞實心是會想要作什麼，也會想不要作什麼的心，那就是意識。話說回來，這個眞實心「無名相法」本身是個被動性的心，祂不會想要入胎，可爲什麼竟然就入胎了？是因爲意根的作意啊！意根起了顚倒想所以如來藏就入胎了。那麼意根入胎之後還是繼續存在，這時依於意根想要重新取得人類五陰的作意，如來藏住胎時就開始製造這個身體出來，十月滿足出胎了就稱爲人。

那麼意根無始以來已從如來藏中出生，就是先有了，這就是一個事相；因爲意根不是眞實理，祂已經是個事相。「因緣」法之中說「有是故是事有」，或者說「是事有故是事起」；是說這一個屬於事相的法有了，所以另外這一個事相的法就跟著有，就是五色根跟在後面出生了。如果沒有前面「有是」——如果不是前面這個事相的法出生了，後面這個事相的法就不會出生。同樣的道理，「有是故是事有」可以一直沿用下去；因爲這六根有了，六塵就可以跟著有了，六塵也是事相的法，不是眞實理，是事而不是理。那麼六塵一定依於六根而存在，不能外於六根；外於六根，六塵就不可能出現；六塵當然是各人—每一個人—十八界中的六塵，就是內相分六塵依於六根而存在；也就是依於我們人身的五色根以及同時同處的意根而有六塵的生起；那麼六根與六塵存在時繼續套用「有是故是事有」，是說這六根六塵有的緣故，所以事相上的六識也就跟著有，你可以一直套用下去。

接著「是事有故是事起」，是指什麼呢？十八界有的緣故所以你就知道冷熱飢渴，然後就一直套用「是事有故是事起」；怎麼說呢？是因爲知道冷熱飢渴，就知道穿衣吃飯；因爲知道穿衣吃飯，就知道要去尋找食物；知道要尋找食物就可以生存；接著他知道要怎麼生存，他就會有各種謀生的技藝學習等。第一句話過了以後，第二句話「是事有故是事起」，你可以一直套用下去，無窮無盡，包括佛法都在這裡面。那麼這樣看來十二處是因緣所生法，十八界亦復如是；這樣觀察完了以後，就知道說：原來因爲有眼根、有色塵這兩個法存在，所以眼識出生了；因爲有耳根、有聲塵存在，所以耳識出生了；乃至因爲有意根與法塵存在，所以意識出生了。總而言之，還是因緣法「有是故是事有」。

那麼這樣看來，六根中恆審思量不曾間斷過的意根是如來藏所生，而五色根由於意根的作意，所以如來藏出生了五色根；然後有這五色根漸漸圓滿具足，於是如來藏可以藉這六根產生了六塵；當這六根、六塵具足了，如來藏就出生了六識，於是有了見聞覺知，這覺知心的背後有個意根處處作主。那麼這樣瞭解下來以後，如果還有人要認爲意識是不滅的，那也只能說他比石頭還笨。有沒有道理？你們都知道要點頭喔！爲什麼我說他比石頭笨呢？石頭至少聽了不跟你反對說：「不！意識是常住的，是不滅的。」那他豈不比石頭還笨？所以因緣法的瞭解可以使人斷除愚癡。只是沒有人爲他解釋，或者爲他解釋時說得不夠具足、不夠圓滿，因此他就弄不清楚，這是第一種人。那麼以臺灣佛教界來說，這第一種人是什麼人？就是各大山頭那些大師們，他們就是這第一種人。

第二種人是更聰明而其實更笨，他把經典讀了又讀，聽說他把經典讀到幾乎要爛了，因爲邊邊都起毛了；可是當他知道六識是藉著六根與六塵而出生的，顯然他知道六根、六塵、六識都是因緣生、因緣滅，可是他很聰明，把六識裡面的意識切割一部分出來稱爲細意識，說這個細意識是常住不壞的。那他到底是聰明還是笨？還眞難說喔？因爲如果不是聰明人，不會幹這種事；可是有一句說「聰明人專幹傻事」，他就幹了這件傻事。因爲意識既然是意根與法塵作因緣，才由如來藏出生這個意識，那他把意識切得很細，開玩笑說不論切成一條一條，甚至切成像芝麻那麼細，也還是從意識中切出來的，仍然是意識，因爲祂的本質是意識啊！不能說把意識切成很細時就不叫意識。

譬如有人去市場買了一塊豬肉，叫老闆說：「你幫我把肉絞碎。」絞碎了以後老闆跟他說：「我要加一倍價錢跟你收款。」這買的人說：「我跟你說好就是這個豬肉你幫我絞碎了才要買，我買的還是原來的豬肉。」他說：「不！這絞碎就不叫豬肉，就叫作碎豬肉，所以要加倍。」那請問碎豬肉是不是豬肉？整塊豬肉是不是豬肉？還是同樣的肉。今晚還眞腥，講到豬肉，（大眾笑！）因爲有了這個譬喻大家就懂了，才需要這樣講。所以他把一塊石頭拿來砸碎，碎成一千塊，或者更細幾乎變成小沙子一樣，能說它就不是石類的東西嗎？它還是石頭一類，石子的成分沒有改變啊！所以當你把意識切成細條時還是意識，剁成意識泥時還是叫作意識。先不要說細意識，即使是極極極細意識，也還是意識。所以我說這個人還眞是聰明反被聰明誤，那這個人是誰？諸位當然知道，我不必再講姓名。

這就是說，聰明人只要聽到說：意識這個法是由意根與法塵的接觸作爲前面的因緣，然後如來藏把意識出生在意根、法塵接觸的地方，以意爲根，所以才叫作意識；如果細意識不屬於意識，那細意識就不必叫意識，也不應該是藉意根觸法塵所生的因緣，而從如來藏中出生的，因爲意識一定要有別的法來作因緣才能出生。那麼不管由什麼法來出生意識，意識終究是被生的法，那還是因緣所生法，所以我說他們很笨。如今最笨的大頭走了，現在剩下的中頭、小頭也跟著笨；頭最大的人就是釋印順，他走了；現在中頭、小頭繼續跟進，再怎麼說明這個因緣的關聯他們就是聽不懂，所以連因緣法都無法對治他們的愚癡。因此各大山頭已經瞭解六識都是因緣所生法，可是印順的這一些直系門生或者徒弟們，依舊堅持細意識是常住的，卻不敢針對這個說法寫書來回應我們。

我們都說細意識也還是意識，世尊早就在前面講了那句話等著他們：「諸所有意識，彼一切皆意法因緣生故。」已經說「諸所有意識」，就是指全部的意識了，那細意識是不是歸納在「諸所有意識」之內？可是他們腦筋還是轉不過來！我說天下怎麼有人學佛學到變這麼沒有智慧，還眞的罕見！如來這意思是告訴我們說，對於愚癡的人，你用因緣法來告訴他，他就會懂：原來五陰十八界等法都是虛妄的。

可是也得要他的善根以及福德夠，否則聽了也不信。舉個最簡單的例子，對這一句經文，我們最後就略講十二個因緣好了，不必全部講。一開頭講無明緣行，行緣識，識緣名色：因爲有無明，以無明作爲因緣而產生了種種身口意行；有了種種的身口意行，害怕不再有未來世的身口意行，於是把身口意行中的覺知者、作主者當作是眞實的我，由於這個緣故，所以這個行、身口意行的因緣就會產生下一世的名色。同樣的道理，爲什麼會有這一世的名色？因爲往世有無明，無明的緣故產生了身口意行，有身口意行的緣故所以希望繼續保有身口意行，死後又入胎就有這一世的名色。所以名色之所以產生的原因是因爲無明，那名色的名，叫作受、想、行、識，名中的識陰有眼、耳、鼻、舌、身、意六個識；這六識中的一個識叫作意識，所以意識歸於「名」所含攝，不論名與色都是因爲前世的無明才有這一世的名色。

那不就很清楚告訴大家了嗎？意識是因爲無明作爲動力而有的；如果不是往世的無明，意根與如來藏不會有這一世的意識繼續出現。可是他們學十二因緣各個琅琅上口，眞的叫作倒背如流：無明緣行一直背到生老病死憂悲苦惱，倒過來生老病死憂悲苦惱是因爲有，有因爲有取……，他們也倒背如流啊！可就是不論怎麼說他們都聽不懂。所以 世尊說「爲斷愚癡觀因緣法」，顯然對他們不適用，爲斷他們的愚癡應當怎麼樣呢？叫他們在十信位中繼續好好修學熏習；所以我說那些人只能修十信法，因爲他們膽子太大而心不夠細。

十信位修習圓滿的人一定不敢謗佛謗法，而他們各個都敢，表示他們對於三寶的本質還沒有如實瞭解，於佛、於法、於勝義僧的信也都還不具足，所以他們可以隨意否定某一部經教，隨意否定而說釋迦如來入滅後灰飛煙滅了，對於勝義僧也敢隨意月旦；由這些證據來證實他們還沒有滿足十信位的功德。十信位還沒有修習滿足，叫他們來觀因緣法時他們觀不起來；你再努力爲他們教導，他們也聽不懂；就算少數幾個人聽懂了心中也不接受，不能生忍。所以「爲斷愚癡觀因緣法」，還得要他們先把十信位修習滿足才行，滿足了以後正式修學六度了，才好教他們好好修學布施；布施修過十百千生再教他們好好來持菩薩戒，得一步一步來，每一度都得讓他們修上十百千生。

那麼這一些人什麼時候能進正覺同修會？未來可以看見的時劫是沒因

緣的！因爲十百千生修學六度，且不說六度，單說前四度就好，如果每一度修一百世，他們得要再修四百世；四百世以後同修會還在不在？（大眾回答：在！）在啊？這麼有信心！不得了！我想背後　瞿曇老人家一定很歡喜，假使沒有被祂老人家刮鬍子，就會說：「吾心甚悅！」這就是說他們於法敢隨便否定，於勝義僧也敢隨意誣告或否定的，所以釋印順敢公開說：地獄實際上不存在，那是聖人施教施設的方便說，地獄不存在。這麼一來，六法界中的地獄界就要扣除掉，我猜想他心中可能認爲餓鬼道也不存在；他那個人是要眼見爲憑的，當他沒有陰眼而看不見餓鬼時就不會信有餓鬼道，只是還不敢講出來而已。

但是「爲斷愚癡觀因緣法」，這還只是二乘道的前方便而已，還沒有牽涉到二乘道，釋印順都已經無法修了；如果你告訴他說證無餘涅槃捨壽後入了涅槃是「不更受有」，他能接受嗎？他不會接受的。所以他認爲阿羅漢入無餘涅槃中，或者菩薩明心開悟，都是直覺的境界。直覺在他心中的想法就叫作細意識，結果還是不離識陰範疇。所以他還沒有因緣可以修因緣法，他想要開始修因緣法的因緣，要藉著去地獄、餓鬼、畜生的境界果報領受，痛徹心扉、長劫煎熬，然後願意痛改前非，重新再回來人間時才有因緣來斷愚癡。所以他修因緣法的因緣就是三惡道的果報作爲他的教訓，否則他學不乖的。

我們正是爲了救度追隨他的那一些印順基本教義派的門生或者僧眾，主要是比丘尼，我們才要寫這麼多的書、講這麼多的法，來說明一切意識都是因緣生。但是他們很堅固，就是「邪見堅固、鬥爭堅固」，他們只是不敢寫到文字上而已，口頭上還是繼續鬥爭正覺，這是不會改的。因此「爲斷愚癡觀因緣法」是對於信根具足、慧根具足，然後有了念根、定根，這些都具足了，當然他們就會精進修學，最後轉成五力，就是信、進、念、定、慧五力。這時你來告訴他們說：『爲斷愚癡觀因緣法』，所以你要好好修學因緣法。」因此把六界告訴他們，把五陰告訴他們，把十二處、十八界因緣所生的道理告訴他們，這時他們才終於懂：「原來我們這個五陰的我，十八界的我是虛妄的，都是因緣所生；而意識不論粗細，全都是五陰十八界所攝。」

爲他們設想好一些吧，說他們此世即使能這樣子，在捨報前願意信受了，也只是無根信，因爲他們以前謗佛、謗法、謗勝義僧的業還沒有消除，除非有極力懺悔。爲什麼說他們謗法？因爲他們把 佛說的最勝妙法否定了，特別是第一義諦的根本，也就是這部經中講的「無名相法」如來藏妙眞如性，全盤否定了就是謗法。他們也把否定以後的荒謬說法、以及曲解阿含道以後的說法，強行栽贓說那就是 佛說的，已經構成謗佛。謗佛、謗法難道能免於謗僧嗎？免不掉的；因爲他們有時候也會這麼說：「這是某某菩薩講的，這是某某阿羅漢講的。」但所舉證的菩薩或阿羅漢們明明不是像他們這樣講的，這樣就是謗僧啊！三寶具謗，這個惡業還沒有滅除，就算哪天他們眞的斷了我見，一樣證不了初果，因爲心中不得決定，終究只是個無根信。

話說回來，這樣子來觀因緣法就眞能斷愚癡嗎？還不見得。因爲大乘法中參禪的人常常誤解了佛性，就把見聞知覺性當作是佛性，殊不知這見聞知覺性正好是因緣法中的六入；眼入是能見之性，耳入是能聞之性，乃至意入是能知之性，這都不是眞正的佛性。如果硬要說這就是佛性，只能說這是凡夫所知道的佛性，因爲這全部都在六入中；當他們以六入作爲佛性，這時要告訴他們說這不是佛性，就得要用因緣法了。於是告訴他們說：「能見之性是由於有你的眼根以及色塵、意根在其中運作，意識陪伴著，所以眼識生起了，因此你才有這個能見之性，這叫作眼入。耳、鼻、舌、身、意入亦復如是，都不是佛性。」這樣講了，眞正聰明的參禪人就會懂：「喔！原來這個不是佛性，這還是因緣法。」於是他可以離開這個因緣所生法，另外再去尋找佛性，那他在六入上面這個因緣法的愚癡也就斷除了。

這樣說起來很快，二乘的愚癡斷除了，大乘的愚癡也斷除了，那麼這是不是佛法？世尊下了一個定義說：「如是教者名爲邪教，謂是正教而是邪教。」因爲這只是聲聞緣覺法，不是佛法，這只是想要修學佛法的人所應該具有的基礎。因爲佛法是第一義，凡非第一義即非佛法。只有第一義的實證才能使人成佛，斷了愚癡是藉由觀因緣法而得的，這都不是第一義；因爲爲斷愚癡而觀因緣法時，所觀的那一些因緣所生法全部都是事相法，都是有名相的法；然而佛法講的是出生這一些名相法的「無名相法」，就是「妙法蓮華經」，就是「金剛經」，就是如來藏。

假使有人說：「你應該要這樣修，爲斷愚癡而觀因緣法。這才是佛法。」那麼你聽了就該爲他掌嘴。現在這動作不叫掌嘴，叫作打臉，好粗俗。也就是說這還不是佛法，因爲這還只是次法；修這個因緣法時，不管是從六界、五蘊、六入、十二處、十八界來觀察或者修十二因緣觀，全都一樣都無法使人成佛，頂多使人成為緣覺，要談到成佛，還早呢！因為連菩薩的境界都不知道，想要當菩薩都還當不起呢！那麼諸位聽到這裡有沒有想到說：「**我是菩薩，因為我知道『無名相法』第一義。**」應該如此啊！雖然說，證得第一義而留在同修會中繼續進修，特別是到了增上班前後左右看一看，左鄰右舍瞧一瞧，「**他們都比我早來增上班**」，覺得自己好像沒什麼；然而你比較那一些八、九十歲連我見都還斷不了的大師們，他們更別提什麼第一義諦，那諸位就應該覺得說：「**我這一世沒有空來人間一趟。**」應該覺得很安慰才是。

所以「**如是教**」只能名為方便教，不是究竟教，不是了義教。雖然是二乘菩提中的「**正教**」，但依佛菩提來說，如果把這個教義當作是佛菩提法，那就是「**邪教**」。世尊說的比我嚴格，我弘法二十三年從來沒有講過二乘菩提是「**邪教**」，你們看 世尊比喻末法比丘說的這些都是二乘菩提的法，甚至於因緣法觀通了就是緣覺，世尊還說：如果把這樣的法說是佛法，這叫作邪教。所以如果要說「**我懂佛法**」，如果要說「**我講的是佛法**」，得要在腦袋裡先斟酌一下：「**說出來的這一些法，是否眞的可以讓人實證佛法，而不是只**

證得二乘菩提，更不是只證得人天善法，才能說我眞懂佛法，我講的就是佛法。」否則依照《佛藏經》與《阿含經》的定義，要說這樣的人叫作謗佛。謗什麼都還好，就是千萬別謗佛；因爲不管怎麼樣誹謗，罪永遠比不上謗佛的重。所以假使要說：「我剛才講的就是佛法。」這句話出口之前先要檢查一下，自己是不是眞的講了義法、究竟法。如果只是能夠讓人成爲阿羅漢的法，如果只是能夠讓人成爲辟支佛的法，就不能說「這是佛講的佛法」，因爲會變成謗佛。

接下來說「常念淨戒深取空相」，這也牽涉到佛菩提，這裡已經顯示出佛菩提與二乘菩提的差異。二乘菩提修證之前先要修學世間善法，修學世間善法的目的是爲了讓心不貪求，就不會去幹惡事。譬如世間人最愛的是錢財，爲了錢財可以作很多不好的事情，幹了那些惡事習慣以後要叫他受持淨戒，那可眞是困難；因爲一聽到要受戒，他會問：「受戒是戒什麼？」結果作這個也不行，作那個也不行，他想：「那我還能生活嗎？」一般人是這樣想的。

所以有人在社會上打滾很久也很有地位了，後來跟著大法師學佛十幾年，有一天大法師說：「你跟我學佛十幾年，也該受戒了吧！」他才一聽：「受什麼戒？」告訴他：「有五戒，也有八關齋戒，還有菩薩戒。如果出家了，要再加上比丘戒。」他想：「我不可能出家，哪有可能？我的事業還在作。」問清楚了，大法師就說：「不然你受五戒好了。」大和尚都說了，不能不受，可是他實在為難，因為他事業作得大，得要陪客戶應酬；在應酬時就有兩種酒得喝，一種是喝花酒，另一種是純喝酒；喝花酒你們聽懂，內地同修們可能聽不懂。喝酒就喝酒，為什麼加上花？不是酒瓶上有花，是喝酒的場合有花陪伴；什麼花？酒國之花，或者交際花一類的，那叫作喝花酒；換句話說，酒喝完了還有下文。

所以他說：「師父啊！這我沒辦法受啦！首先戒喝酒一事，我就沒辦法，因為客戶談事情是一定要乾杯的，這樣才會覺得爽快，我生意才作得成啊！」師父說：「不然你就不受酒戒。」他聽了說：「嗯！這也還好。可是還有一個戒，有時也沒有辦法避免哪！」師父說：「你還有什麼難處？」「因為我要喝花酒啊！能推就推，推不掉時我怎麼辦？」師父說：「那行！你受多分戒，不要受滿分戒。」那就教他一個妙招，正受五戒時：「不邪淫，能不能持？」

當大家都說：「能！」他就估計大家要答「能」之前先輕聲講一個：「不。」然後跟著大家大聲說：「能！」（大眾笑……）說到飲酒戒能不能遵守這個戒：「不——能。」就這樣，他那兩個戒沒有受。

這就是說，他學佛十幾年後還是覺得：「道業不重要，我繼續賺錢更重要。」所以你要他受持淨戒是很困難的，這就是世俗人的狀態。這樣的人當然還得要繼續修十信之法，因爲他沒辦法受菩薩戒，永遠進不了二住位。他只能在十信位繼續把資糧培集起來，等到他對大乘菩提具足信力時，表示他十信位圓滿了，這時他可以進入初住位了，才會開始想：「我想要好好行六度。」然後他就開始努力從布施修起，布施修慣了他一定會歡喜持戒的；也就是他深信布施的因果了，才有辦法持戒，這樣來持戒才會清淨。受持淨戒是修行的基礎，乃至於他受持久了以後會想：「我要開始眞正行菩薩道，要設法開始取證。」於是他努力在戒法上面用心，所以「常念淨戒」。

有一天終於受了菩薩戒，應酬時帶個祕書去，喝酒時由祕書代喝，要遞酒瓶過去時：「你伸手過來，幫我遞過去。」可是指揮久了：「你這麼笨，人家說要酒，還要我指示你！」爲什麼呢？因爲他想：「由我來叫他遞酒，這豈不是我的業？」這個祕書被罵了一次以後懂了，所以人家說：「我敬董事長。」祕書就趕快拿起來乾杯，就這樣學。這表示他已經在注意戒有沒有清淨的問題，雖然距離實證還很遙遠，總是一個進步，至少他受了菩薩戒，心中也「常念淨戒」。

但即使菩薩戒受持得很好，布施也很努力作，並且也能修忍，所以宴席中客戶向他揶揄：「你現在成佛了？好厲害！現在滴酒不沾。」他也能接受，也能忍；雖然忍得不是很好（因爲他接受、生忍，是看在孔方兄的面子上），但總算是忍了，這時也算是有一分的生忍。雖然那個生忍兩字背後翻過來叫錢忍，忍的是錢財，但他忍久了就會習慣；習慣以後「生忍」就會生起來，於是他開始可以學法。但他們學法一定是「深取空相」，你看這幾十年來的兩岸佛教界不都如此嗎？都是「深取空相」，最有名的釋印順講來講去就是緣起性空。可是緣起性空的這一些諸法是藉什麼緣而起，由什麼法而生起、所以其性本空？終其一生他都沒有弄清楚，所以他一直到死爲止，都沒有針對他的《妙雲集》、《華雨集》再作補充或更正。

所以印順這人還眞愚癡，他其實可以像提婆達多那樣成就功德，可爲了面子就愚昧到不會留下遺書寫清楚：「我《妙雲集》講的、《華雨集》講的不對，應該承認有如來藏才對，大家不要再信受我這些書。」這樣以自己這個行為來作證，把這個遺書寫上很多份，交給很多親信弟子，祕密告訴他們：「我死了以後別太早公布，等我後事辦好了再公布。」至少會有一、二個人把它公布出來，他的業很可能就滅盡。因為他等於作出一個示範，有慚有愧能大懺悔，佛教界有誰比他更行？沒有了。如果他已經公開懺悔了，那就是最好的示範，他的罪有可能滅盡；可惜他沒有這麼作，所以我說他愚癡。那麼你們看他一生所說《華雨集》、《妙雲集》，不管哪一集，全部都在講空相之法；講空相倒也罷了，偏偏他講的空相又留個尾巴變成有——細意識常住不壞，又不是真正的空。

所以釋印順講了「五色根是虛妄的」，留下一個尾巴——意根是腦神經；這成為一個尾巴，把實際存在的意根心法變成色法。那他講識陰是虛妄的，說六個識都是因緣生，是虛妄的，可是又留下一個尾巴——細意識常住。他這樣作，不是落入色法中，就是落入識陰中，所以「深取空相」的過失還輪不到他，因為他還沒有「深取空」。真正「深取空相」的人，是將五蘊、六入、十二處、十八界、六大全部否定，才能叫作「深取空相」，那是什麼人？至少是初果人，其實是阿羅漢。可是印順還有意識在——留下細意識不滅；他還有個意根在，他說意根叫作腦神經。都沒有機會問他說：「張某某，你上一世來投胎，死時有把腦神經帶來投胎嗎？」因爲意根是通三世的。假使你們有夢見他，記得要問他。那時別叫他釋印順，改叫張某某，因爲他沒有僧格，連 佛說的他都要公開否定，所以「深取空相」的道理他都學不好。

能「深取空相」的人，通常都要善知識爲他解說，否則很難「深取空相」。譬如說，假使今晚釋印順來你夢中向你求法：「聽說你是正覺的人，已在增上班，顯然你開悟明心，一定斷我見了，請你爲我開示，讓我斷我見。」你有機會就爲他開示，或許他聽了，明晚、後晚找那一些門生徒弟們一個一個去託夢：「錯了！我眞的錯了！你們趕快改！」否則的話他的我見終究斷不盡。因爲他縱使相信意根不是腦神經、意根是末那識，縱使相信細意識仍是意、法因緣生，但他也就知道這麼一點點；如果到了色界，色界那個境界中的意識就眞的是他所說的細意識了，問題是色界天的細意識是他所能知的嗎？他也不知道。因爲他的五蓋中有一個很嚴重的疑蓋，還有一個比較嚴重的掉悔蓋在遮障他，那他就不可能證得初禪。如果他能了知禪定中的細意識到底是怎麼回事，還得要你來爲他說明？

所以要談到「深取空相」還眞的不容易，眞正的「深取空相」至少是慧解脫阿羅漢。爲了讓弟子們取證慧解脫，世尊還特地講了三界的境界，叫作「世界悉檀」；世尊還特地講了七識住、二入，爲什麼要講這一些？也是因爲怕大家無法「深取空相」。不能「深取空相」就表示對三界我的內涵不如實理解，就無法取證慧解脫果。

可是話說回來，當他「常念淨戒深取空相」，就能叫作佛法嗎？還是不行，因爲那不是第一義諦，只是聲聞法。最遵守戒法的，佛世曾經有比丘怎麼遵守戒法？爲了不踏生草那個戒，所以賊人用生草把他綁了，他恐怕會把生草弄壞，寧可等到賊人回來被殺死，他也不犯戒；後來他被國王救走了，這個比丘值得讚歎吧？爲什麼你們都不點頭？因爲你們不是聲聞人。如果是菩薩就不像他那樣，因爲他那樣死了以後生忉利天享福去了，可是你對生天享福沒興趣，你要的是實證菩薩道。所以賊人說：「你是比丘，我把你綁了，你不能弄斷生草，否則你就犯戒，懂了嗎？」你就答：「懂！懂！懂！我不會弄斷。」等賊人走遠了，你一溜煙就跑了，管它斷不斷？回來以後再到佛前懺悔就好了：「**我要求菩薩道**，留著這個道器用爲修道的**工具**，要實證菩薩道，然後盡未來際利樂有情永無止盡。」這時候你來懺悔，世尊會告訴你說：「**無罪**。」因爲你發了菩薩大心！那個罪，在心裡面罵罵自己，只要罵一句就好了，叫作責心懺。

所以「**常念淨戒**」如此果報是生天享福，仍不是佛法，這不是「**正教**」。即使「**常念淨戒**」又證得解脫果，他眞的「**深取空相**」了：欲界有、色界有、無色界有全部因緣所生，全部虛妄，於是至少斷了我見；這時假使比丘依照這樣去教導別的比丘，而別的比丘也因爲這個教導所以「**常念淨戒**」而且「**深取空相**」，隨後證得初果；這眞不得了，度得一個人證初果，是比教導千萬人受五戒的功德更大。然而 佛陀下了註腳：「**如是教者名爲邪教**，謂是正教而是邪教。」因爲這不是 佛陀的眞正法教，佛陀眞正法教是「**無名相法**」如來藏妙心，經由實證這無分別心「**無分別法**」而發起實相般若，這才是「**正教**」。

接著又說「**勤行精進爲得四禪，專心求道；**」諸位想想看，在正覺同修會弘法之前，去到各個禪宗道場大家都很努力學禪，然而他們的禪到底是什麼？不管哪一個教禪的寺院都會有個禪坐會，那麼爲何要叫作「禪坐會」？因爲要打坐啊！所以沒有人叫作「禪會」，都叫「禪坐會」。他們還自稱是六祖傳下來的臨濟宗的第幾代，都還有法卷，一代一代寫下來：「**你看！我是這一代，四十幾代喔！**」可是問題來了，既然是禪宗的寺院，也有禪宗的傳承，爲什麼不想一想：上座爲人家講一遍《六祖壇經》時，六祖是怎麼說的？六祖有告訴你說修禪要打坐嗎？六祖還說「禪不在坐」咧！還說「**長坐拘身**」，那不是禪啊！六祖都破斥過了，那爲何你教禪時還叫人家一定要靜坐？而且規定一支香尚未燒完、還沒有敲引磬之前不許放腿；原來修禪就是鍛鍊腿功喔？

諸位聽了覺得好笑，以前還有個居士透過一位姓許的師兄來跟我講：「**你們正覺要關門才行，你們腿功都不夠，能懂什麼禪？**」他還號稱是廣欽老和尚的弟子，是一個在家人。殊不知禪宗祖師一代一代留下來有一句名言，不就是講了嗎：「**參禪不在腿，念佛不在嘴。**」都已經講了，他既然繼承了臨濟宗，有看過臨濟禪師教人家打坐嗎？沒有！臨濟禪師是人家一進門就大喝：「**出去！**」不然一見面，才剛開口要問佛問法時，一棒就打過去！何曾叫人家打坐？眞是辱沒了臨濟義玄啊！所以根本就不應該叫禪坐會，禪再加上一個坐，還眞累贅，讓人家看穿了手腳。因爲參禪不在腿！爲什麼要練腿功呢？

所以我聽過他轉來關門的勸告，先不答覆他，我那時正準備要寫《宗門法眼》，就把他隱名寫上去，他當然遲早會讀到：「嗄？**這蕭平實竟然把我寫進書上來。**」當年佛教界一天到晚努力學禪修禪，都是用的什麼方法呢？打坐。如果打坐能證得未到地定倒也好，他們偏又不能；每年辦禪七整整七天坐在大殿上要幹什麼呢？數呼吸啊：一、二、三……。數七天下來有沒有數到一心不亂？也沒有。又規定前五天不許散盤，敲了引磬才可以放腿，所以多數人前五天打坐時都在熬：「**爲什麼還不敲引磬？**」這樣還能得定啊？才怪！所以他們很普遍的體驗，都是偷偷放了腿，然後就聽到「鏗」一聲，心裡又想：「**早知道，再忍一下！**」爲什麼呢？因爲一直忍：「**再等一下，再等一下，快要敲了。**」結果等過一會兒還沒有敲，心想：「**再等、再等、再等一下，應該要敲了。**」又等，這樣等了五、六次都沒有敲，不管，放腿了！

卻是這一放腿就敲引磬了！（大眾笑…）這樣能得定啊？才怪。

所以教人家打坐數息時，從坐的方法要領，以及如何數息的方便善巧，都得要教人家才對啊！打坐時那種舊式的蒲團，不是像我們現在坐的這種蒲團，那種舊式的蒲團如果要打單盤，蒲團無妨高一點；如果要打雙盤，蒲團可得要低些。單盤時的蒲團可得要有一點斜坡，才不會一天到晚在跟腿痛對抗：「唉喲！腿好痛，這邊又好痠。」每天都在等著敲引磬換腿，心不得定。而且數息法，徒眾們問：「師父！我老是數不到十，怎麼辦？」因為如果數到五就被妄想拉跑了，那又要重新開始，又再一二三四五，永遠都是數到九以前就有妄想出現，沒辦法，一直數不到十，你說他們能得定嗎？

沒有教人家怎麼斷除我見等煩惱，至少也教人家數息的方便善巧吧！那就應該要講講「六妙門」，可是住持大師父自己也不懂「六妙門」，卻是每個星期日下午，禪坐會一開始大家都聚在大殿上，一個個道貌岸然，然後監香法師拿著一根香板巡堂，誰打瞌睡就往他肩膀上「啪！」這一打下去大家都醒過來，瞌睡蟲就跑光了。若不是見周公，就是被煩惱拉著跑，腦袋裡總是一堆妄想除不掉；然後還要有人守在大殿外面，只要有孩子在那邊玩，就趕快趕人；只要有鳥在那邊叫，也要儘快趕走，這還叫禪坐會啊？所以我們說那不叫作修禪，那要叫作修定。如果眞要勉強說是禪，應該叫作枯木禪，因爲一個個杵在那邊，一根一根的枯木，幹什麼呢？修定。這叫作以定爲禪，卻告訴人家說「不可以定爲禪」。人家教導的「勤行精進爲得四禪」，至少要教導人家如何修行禪定的道理，比如未到地定應該怎麼修才能成就？成就的情況是如何？未到地定成就很久以後想要發起初禪，應該怎麼修？初禪發起的原理是什麼？發起後的境界又是如何？發起以後還會有哪些演變？這些道理都要教，實修方法也要教啊！

至少要先修個未到地定，作爲斷我見時的依憑。哪一天能夠具足觀行五蘊的空相，由於這時已經是「常念淨戒」，已經是「深取空相」了，如果有這個未到地定支撐，初果可就揣在懷裡。可是他未到地定也修不好，把《阿含正義》讀爛也沒轍，永遠得不到初果！因爲無法跟初果的功德相應。那麼像這樣子不要說得四禪，連未到地定都不可得，所以「勤行精進」的結果終其一生還是在數息，而且絕大多數的時間數不到十，永遠是「一二三四五六七八」，多數人都是數不到九就被妄想牽著跑了，像這樣子每天打坐還能叫

「勤行精進」嗎？眞的難講。因爲你若要說他不勤行，他可是每天早上打坐、下午打坐，晚上也打坐，弄到晚上睡不著。他就這樣子努力，然而有定嗎？沒有定。

二十年後忍不住了就問師父：「師父！我這個數息都數不到十，該怎麼辦？」師父說：「你就得繼續數啊！」「那我要數到什麼時候？」「數到數而不數。」欸！後來他眞的很努力，努力很久以後，有一天有一些昏沉，因爲晚上沒睡好，但他突然間醒過來：「我剛才都沒有在數啊！對了！這就是數而不數！」哇！趕快去跟師父報告，師父好高興說：「你修得不錯！」卻不知道這是打瞌睡。那這個教人家數而不數的師父終其一生，他也沒修到數而不數的境界。六妙門是「數、隨、止、觀、還、淨」。什麼叫作「數而不數」？只有懂得六妙門、實修六妙門的人，才能「數而不數」！那就是先修「數、隨」，從數息修到隨息時，隨著呼吸上下，心中都沒有妄念，那才算是初步的數而不數。若要說眞的數而不數，至少也得要「止」，隨息以後覺得：「這定心跟隨著呼吸的事情也太囉嗦了。」就把心離開呼吸而不隨息，就這樣「止於一境」而無所緣，這叫作「制心一處」，這時才叫作定。至於「觀、還、淨」且不談它，我們以前也講過了。像這樣子修，煩惱漸漸少了，因爲五蓋都被定力降伏了，才終於能發起初禪啊！

發起了初禪以後想要證二禪，還得要善知識教導，沒那麼容易的事。光去讀古時大德寫的修禪定的書籍就能證得二禪嗎？辦不到！有的古德說他有四禪、有三禪、有二禪，我都不信；例如你去讀某一些古德的論著，讀完了以後，發覺自己要從初禪去證得二禪，依舊茫無頭緒，這都是很正常的現象，爲什麼呢？因爲那位古德的著作雖然已被收在《大藏經》裡面，可是他自己也沒有實證初禪，他也是依想像而寫的。在這種情況下，你想要依照他教導的知見去捨離初禪證入二禪，也還眞難啦！縱使眞的有大德證得第四禪了，你依照他的教導去實修，也證得第四禪了，這還不能叫作「專心求道」，因爲這是貪著境界。在正覺弘法以前，常常聽到有人宣稱：「我師父有四禪欸！」但問題是，既然有四禪，爲什麼他的錄音帶或者他的書籍從來不曾告訴大家禪定的實證道理呢？也沒有把禪定的境界告訴大眾。

曾經有人跑到同修會來炫耀：「你們同修會才講初禪、二禪，太粗淺了，我們是先證第四禪，再回來修初禪的。」喔？這六、七年來沒有人敢再來同修會耀武揚威了，爲什麼呢？因爲以前我們有的同修會告訴他：「你知道第四禪的境界是什麼嗎？」他洋洋得意說：「這還不簡單？就是捨念清淨定嘛！只要把妄念捨離了，心地清淨沒有煩惱，就是證第四禪。」原來他誤會了「捨念清淨定」。人家講的是「念清淨、捨清淨」，是包括捨心都要清淨才行！光有捨還不行。後來我們師兄就告訴他：「你錯會了，你是把欲界定當作第四禪，第四禪的境界之中息脈俱斷你懂不懂？」「什麼叫息脈俱斷？」喔！連這個名詞都不懂，還得解釋給他聽：「心跳停了，呼吸也停了，叫作息脈俱斷。那才是第四禪的境界，你回去問你們師父看看有沒有？」

可想而知，接下去那一段時間，他師父一定每天壓著呼吸，想要越壓越慢，想壓到停掉；可是他不懂四禪的成就是怎麼修的，永遠都沒辦法壓得住。壓上一、兩個月下來，他一定累得要死，搞不好還病了！所以那一些號稱證得禪定的人，不管有沒有被我拈提，後來都不敢再講了；因爲他們很小心讀我的書，讀了以後發覺說：「原來初禪是這樣，那我還沒有證得。」「原來二禪是這樣，我更沒有！」三禪、四禪更別講了，因爲他知道：「蕭平實書中早就講過了：要以初禪來證二禪，以二禪來證三禪。經中查起來也是如此，那我連初禪都沒有，其他就不用講了！」所以這幾年看不到誰還在宣稱自己證得三果、四果，下至證初果也沒有了。

海峽兩岸以前四處都有的那些阿羅漢全都消失了，都入無餘涅槃去了嗎？就這樣全部消失了。可是縱使他們眞正的「勤行精進」，就像我在將近二十年前跑到南投國姓鄉去(以前爲了找地蓋禪三道場，去國姓鄉山裡面看地)，那裡山中好多的茅棚（當然現在茅棚都用磚頭砌的），小的就像我們的小參室、辦公室那般大小；也有大一點的大概十坪（註：約三十平方米），有的蓋瓦，有的是用油毛氈做屋頂，都是出家人在那邊靜坐修行。我看了心裡覺得好笑，可是也不敢講；因爲人家介紹我去看，但她還不懂佛法，我講了又會害她造口業。那些出家人每天在那邊打坐，也許有的人甚至日中一食，可是那樣「勤行精進」的結果既不得初禪，也不懂禪宗的禪，「爲得四禪」也就甭提了。

不曉得現在那些出家人有沒有下山來讀正覺的書？如果繼續在那邊混，依舊不得四禪。因爲得禪定是要把煩惱降伏才能發起，不是靠著練腿功，也不是靠著數息等方法制伏自心，那樣修最多只得未到地定。然而縱使他們懂得「勤行精進」而且已經證得第四禪，這樣子而自稱爲「專心求道」，緊接著問題就出現了：「你是求什麼道？」當然要問這個！因爲道有很多種，世間道也是道，甚至於泡茶都還有茶道，連日本武士殺人都還講武士道，規定什麼人不許殺。老子《道德經》也講「道可道，非常道」，到底是什麼道？依舊是世間道啊！而且《道德經》講的只及於人間之法，還談不到欲界天之法，所以那個道應該叫「人間道」。好像電影有拍過「人間道」是不是？不曉得那個內容是怎麼樣。

如果是一貫道——一貫要竊盜人家的道。所以那要叫作竊盜之道。說到一貫道，其實我對他們沒有惡感，只是說他們的行爲不對。我們也有很多同修從一貫道過來，已經好多人開悟了！現在也有人當上助教了（編案：此書出版時，已有四人成爲親教師了）。一貫道所講的道，充其量不過是「天道」，而且是欲界忉利天以下的天道，就只有這個層次。也可以封它一個綽號叫作謊言之道，因爲他們用忉利天的世間法層次，竟然能把 釋迦牟尼佛收編當他們教主的兒子，這不叫作謊言之道嗎？這一些人所求之道，包括道家有修丹道等，那就不談它。如果是一神教，他們也說要行道，所以有時牧師、神父傳他們的人間道也叫作傳道；他們也說他們有在行道，所以有神父行道，也有牧師、修女行道，但他們修行的是什麼道？不過是四王天以下之人間道。那一些道，都談不上「正教」。

可是有的人說「常念淨戒深取空相」，再配合「勤行精進為得四禪」，這樣叫作「專心求道」，那麼經文這三句話表示什麼意思？是說：「他有守持淨戒，常常憶念著持戒要清淨，也已經深取空相，至少是斷了我見證得初果了，然後勤行精進為得四禪。」如此眞的可以叫作「求道」了吧？一定也是很「專心」，否則他怎麼可能證初果以後「勤行精進為得四禪」呢？可是像這樣子修行，如果比丘把這樣的法教導其他的比丘也斷了我見、證初果，也努力在求證初禪乃至四禪，如果他說這樣就是 佛陀的「正教」，對不起！那他又是謗佛謗法了，因為 佛說「如是教者名為邪教，謂是正教而是邪教」。

糟糕了！這樣看來，末法時代所有大小山頭一竹竿全打翻了，大家都得落水，因為全部都變成「邪教」了！你看海峽兩岸幾十年來大師們不都是這樣說法嗎？看來只有一個不必落水，叫作正覺，就是說諸位不必落水。所以法應該要依於佛菩提而說，凡非佛菩提之教，雖然經中也有教導、也是正教，但如果說它就是佛法時，佛陀定義說：「這個仍然是邪教。」今天講到這裡。

《佛藏經》上週講到第八頁第四行，今天要講「觀不善法皆是衰惱，觀於善法最是安隱」。「觀不善法皆是衰惱」大家都會同意，「觀於善法最是安隱」也沒有人會反對，因爲不善法或者今世利、後世不利，或者今世不利、後世也不利，所以都是衰惱。當然在世俗法中有它所定義的不善法，佛法也有佛法中所定義的不善法；那麼世俗法中的不善法，我們不必一一去列舉它，可是有一種看來好像是佛門的不善法，其實也同時是世俗法中的不善法，那就是密宗假藏傳佛教喇嘛教。他們看來好像是佛教，穿得好像是佛門的人，說的好像是佛法，總歸一句話：「都『好像是』，其實沒有一樣是佛教、佛門、佛法。」所以他們只能歸類在世間法裡面。

因爲從他們的教義、理論、行門、行爲，一直到修行最後的結果，都是世間法，卻騙人說那是佛法。而那些世間法的實修卻是今世不利、後世也不利，但他們自己卻無所了知。所以他們沒有智慧「觀不善法皆是衰惱」，他們智慧不夠，無法觀察，這當然是一個原因；另一個原因就是因爲迷信，被密宗假藏傳佛教的凡夫祖師寫的邪論唬住，被籠罩住了跳不出來，所以他們無法「觀不善法皆是衰惱」。佛門中也有不善法，只是他們不曉得那是不善法，全都以爲是善法；舉一個例子來說，譬如有一個臺灣的佛教團體，不論去參加書展或者什麼活動，特別是在大陸，他們的攤位都是最大的；他們的人去那邊參加展覽，在展覽什麼？展覽唱歌跳舞給大家看，就是在那邊唱頌讚歎：「我們上人如何如何……。」問題是人家來參加佛教書展是想要來尋寶，看有沒有什麼法寶可以得到；可是他們只在那邊唱歌跳舞，弄個上人的雕像在那邊拜，這樣算不算是不善法？（有人答話，聽不清楚。）

還不算！這樣還不算！但因爲立了個雕像在那邊，叫作「宇宙大覺者」，這可就是不善法了！這是天下第一號大妄語業，一群人在那邊歌頌朝拜跳舞的方式大加讚歎，就是眞正的不善法。可是他們知道那個叫作不善法嗎？都不知道，完全不曉得。又如每年五月浴佛，人家浴的是　悉達多太子的聖像，他們浴的是他們自己封的「宇宙大覺者」的「聖」像，何聖之有？但他們洋洋得意，自認爲勢力很大、人多勢眾。所以「觀不善法皆是衰惱」相，這並不是所有人都能瞭解的；主要是因爲佛法中的善與不善很難了知，而眾生都只能看表相，無法瞭解實際上的善與不善。

又例如釋印順一生看起來是持戒清淨，不貪不忮，這實在是一個清修的人，不像藏傳佛教的法王與喇嘛們那樣酒色財氣，看起來就是很清淨的；他也努力在弘法，寫了四十二本講「佛法」的書，就是《妙雲集》等四十一冊，加上臨終前幾年編輯了另一冊出來，總共四十二冊；他那些書講的看來也像是善法，因爲也在教導人家成佛之道等；可是他所說的那一些法卻是把三乘菩提連根挖掉——把三乘菩提的根本第八識如來藏否定，使三乘菩提成爲無根的浮萍。因此導致臺灣佛教界與學術界各人講各人的佛法，講出來的各不相同，然後大家互相讚歎，所以變成公說公有理，婆說婆有理，不說的也有理；凡是有說的都有理：「**各人弘各人的法，不必互相評論啊！**」可是他專門評論別人，一生都不許別人評論他。除了容許正覺評論他，他對正覺從來沒有提過異議，所以我認爲他是同意我們對他的評論，應該是默許的。

那麼在正覺出來弘法早期不曾評論他，在我們評論他之前，他究竟知不知道自己所說那些所謂的佛法全都是不善法？他眞的不知道。他自認爲說的對，打從正覺弘法以後，寫了一、二本書隱名遮姓說他的不是，他不回應；後來看到佛教界全然不知道我講的就是釋印順的錯誤，還在振振有辭支持他而援用他的書中所說來反對正覺，我們乾脆指名道姓，從《楞伽經詳講》第三輯開始說他，他也不回應。但我知道他讀了就知道自己錯了，可是也沒想要更正，因爲他看中那一張面皮。由於他不更正的緣故，他的信眾們就信以爲實，繼續認爲他說的是正確的，於是大家繼續信受奉行，死也不肯改。我說那一些人在「觀不善法皆是衰惱」的法上，同樣是愚癡人，因爲他們眞的不會觀察不善法，更不懂得「觀不善法皆是衰惱」，當然是愚癡人。

也因爲他們知道一些不善法，不是全無所知，但卻敢於否定正法、支持惡法；例如喇嘛教的雙身法教義，釋印順本身就不贊同，他們書裡面也有評論，說喇嘛教的中觀是可以的、正確的（註），但是即身成佛的法不可以，說那不是正法。至少釋印順等人還懂得這一部分的不善法，知道那是「衰惱」。可是口上說是「衰惱」，其實心裡不知道那是「衰惱」，因爲他們只認爲喇嘛教這個部分不是佛法而已，至於喇嘛們死後下不下地獄？他認爲喇嘛們不會下地獄，因爲他不承認有地獄，哪裡有地獄可以讓他們下？他說地獄只是聖人施教的方便施設而已。從他這一些主張，我說他「觀不善法」的範圍與層次太小、太低了。但是我們書中把他評論以後，一一列舉並且證明和講出了原因，也把聖教列舉出來，又作了說明，但他終究沒有改變。所以他對於否定如來藏、否定大乘的事情本質是「**不善法**」，這件事他並不瞭解，因此他在這部分沒有辦法「**觀不善法皆是衰惱**」。（其實喇嘛教的自續派、應成派中觀全部都落入想像而未曾實證中觀，都落在識陰境界中。）

由於他不相信有如來藏，就不會相信有一個持種的心如來藏，所以幹了惡業，萬一下一世下墮當畜生去，那是他倒楣，被邪見所害。他自以為佛法亂學一通，因緣湊巧剛好讓他成佛了，那是他運氣好，但事實上沒有這種可能。他認為　釋迦如來在人間成佛只是一個偶然，他的《妙雲集》裡面就這麼明白寫著；那麼佛菩提道中說菩薩道五十二個階位，三大阿僧祇劫的辛苦修行然後成佛，顯然他是不信的。由於不信，就表示他可以輕易把「此經」如來藏妙心否定，當他否定時便成就了最大的惡業，因為他幹的是一闡提的惡業。但他不認為這樣否定如來藏的言語講了、寫成書以後，將來死後會有什麼果報，因為沒有地獄可下——他認為地獄不存在。所以他對因果是不瞭解的，對現象法界中的三界六道也是不明白的，他當然不認為成佛的過程與內涵必然如是；所以我說他對於「**觀不善法皆是衰惱**」之相並不善觀，要他

「觀於善法最是安隱」也就變成不可能了。

他認爲的「佛法最吉祥」到底是什麼道理呢？他的書裡面講不出一個所以然，只是懵懵懂懂、含含糊糊語焉不詳，這就是《妙雲集》、《華雨集》等書的特色。我說這叫作「特色」，是因爲人家祖師寫書寫論言之有物，而且次第分明，但他寫的東西很雜亂，而且前後相違、自語背反；雖然看起來一本一本都有主題，其實裡面都沒有主題，講到最後都沒有具體內容，只是一堆佛法名相堆砌出來的。因此他主張說人只要一生一世不斷地去行菩薩行，沒有斷身見、沒有證悟明心也無所謂，用凡夫身行菩薩行，行到最後的凡夫身就會成佛。那麼請問：都不必開悟明心，只要凡夫身的菩薩行一直行、行到最後就成佛，那個佛叫什麼佛？凡夫佛！對啊！理上就是這樣，邏輯必然如此。他主張凡夫的人身菩薩行可以使人成佛，所以他對於什麼是善法，眞的不懂；他只懂得人天善法，而且只懂其中的一部分，因爲人天善法是要包括五戒十善的。如果是世出世間法中的善法，那就是菩薩戒，但菩薩戒這個善法禁止否定大乘法，他卻公然否定大乘的經典、律典，這還能說他懂得「觀於善法」嗎？

那麼他無法瞭解善法，所以三乘菩提——聲聞、緣覺、菩薩道——的安隱所在，他是完全無法瞭解的；在他的想法中阿羅漢入了無餘涅槃，無餘涅槃裡面究竟是什麼呢？他認爲是不可知的——所有實證涅槃的人都不能知。他的書中說涅槃不可知，所以涅槃是無法講的。可是我們簡簡單單一本《邪見與佛法》中短短幾段話就把無餘涅槃的境界講出來了，怎麼會講不出來呢！而他竟然認爲涅槃不可知、不可說。這表示「**二乘菩提聲聞、緣覺所證的無餘涅槃爲什麼是安隱的**」，他也無法理解。那麼菩薩行道生生世世在人間受眾生侮辱糟蹋、歷盡苦心終究不逃避，即使人家罵他、侮辱他，他也想要度對方，這看來好像是很不安隱底一條辛苦之道，可是菩薩們甘之如飴，所有實證的菩薩們依舊認爲這是最重要、最勝妙的善法，而這一條菩薩道最是「**安隱**」，卻遠非釋印順等人之所能知。

有時定中看見自己過去世被人家殺死，沒關係！這條菩薩道依舊「**安隱**」，可他無法想像爲什麼是「**安隱**」。有時被人家唾罵，有時被人家無根誹謗，有時候被人家殺、被人家打，這明明不安隱啊！爲何卻說這一條菩薩道「**最是安隱**」？他可不瞭解了。而菩薩道三大阿僧祇劫除非第三大阿僧祇劫開始，否則都不容易行，特別是三地滿心之前行菩薩道，那眞不是人走的路啊！可也別抱怨，因爲你不是人，你是菩薩，對不對？不是人走的路，人自然是無法走的；那你是菩薩，所以你能走，當然應該繼續走上去，因爲從實相來看，依舊是「**安隱**」。爲什麼「**安隱**」？因爲依止於眞如，空身幻有，壞掉就壞掉，再轉去來世拿一個新的來用不就得了？殺死了也沒眞殺死，再去拿一個新的來用就好了！大不了用二十年，飯添一添、湯灌一灌，二十年後還是會長大，重新再來就好了，何曾有死？所以看起來是「**安隱**」的。但從釋印順的眼光來看就不「**安隱**」了，因爲不相信有第八識和第七識，而意識是無法去到下一世的，等於相信死後成爲斷滅空，當然不信三大阿僧祇劫行菩薩道「**最是安隱**」。

諸位聽到這裡也許想說：「**糟糕了！我未來也是要走這一條路，這哪能叫作『安隱』？**」可是我告訴你，三地滿心以下的菩薩遊戲人間就是這麼玩的。就這樣遊戲人間，可不像四地菩薩神通變化沒有人會招惹你；可是四地以上菩薩哪個不是這樣走過來的？嗅？這時要想起儒家那句話：「**舜何人也？予何人也？有爲者亦若是。**」對啊！你就說：「**佛何人也？菩薩何人也？**

有爲的我亦若是！」要這樣去行道。諸佛往昔也是這樣走過來的，除非你不想成佛，想繼續輪轉生死那就沒話說。但是不管有沒有證悟實相，看不看見「安隱」的境界，遲早都要走這一條路，晚走不如早走。天魔波旬將來也要走上這一條路，耶和華、阿拉將來還是要走這一條路，因爲只有這條路才是究竟的。所以不管再流轉多久以後，依舊要走這一條路，遲走不如早走，早一點走就早一點到達，少了許多生死流轉的痛苦。然而這大乘菩提艱辛難行的菩薩道，背後卻是最「安隱」的，因爲它可以使你最後成佛，成佛才是最究竟、安隱境界。

而在成佛之前，你依止於眞如來看待三世的流轉，其實也是無生無死。既然無生無死，不就是最「安隱」的嗎？所以菩薩才是善於觀察「善法最是安隱」的人。但是如果有人說：「我懂了，你蕭老師這樣解釋我就知道了，所以『觀不善法皆是衰惱，觀於善法最是安隱』，我懂了、我懂了。」我卻說你這時候懂了要挨　佛陀的罵，佛陀說：「如是教者名爲邪教，謂是正教而是邪教。」爲什麼呢？因爲觀種種不善法時，種種不善法無非是現象界中的法；而現象界中的法都是生滅有爲。雖然他觀察所有不善法都是「衰惱」之相，「衰惱」之相也是現象界中的事，依舊是生滅有爲，然而實際理地「無名相法」如來藏的境界中，沒有「不善」法也沒有「衰惱」相，要這樣教導才眞的是「正教」。

那麼實際理地究竟是什麼？就是各人本有的本地風光，就是你的原鄉。人總是說老了以後要落葉歸根，所以出外奮鬥有成就了總是要回故鄉買塊地，將來榮歸故里返鄉安居，就說那叫作原鄉。可是一切有情的原鄉到底在哪裡？因爲一切有情都不會是只有一世，到底要以哪裡作爲原鄉？上一世在極樂世界，這一世來娑婆世界，說下一世要去東方琉璃光如來的世界；一世一世不斷流轉，到底哪裡才是故鄉？所以人們所謂的榮歸故里、所謂的故鄉，那是五陰的故鄉，就算他功成名就回到故鄉蓋了豪宅在那邊住，死後那個故鄉又不是他的故鄉了，因爲下一世不曉得要出生在哪裡。所以一切有情眞正的故鄉在自己心中，不在外面；因此禪師們有時說：「出門三千里，不離故鄉。」或者說：「出門三千里，不離舍宅。」依舊住在家中；這是因爲這故鄉一直都跟你在一起，又何必要回到那個五陰出生的假故鄉呢？眞故鄉就是你自己的「無名相法」如來藏。

弘法早期我並沒有想要建立道場，我計畫著有人接了法，就回鄉歸隱，所以在故鄉住宅區買一塊地一百多坪（註：約三百多平方米）；但是這兩腳越走下去泥淖越深，因為擔子越來越重抽不開腿。現在還是想要回故鄉，卻是回另一個故鄉，叫作如來藏。所以那塊地就拋荒著，左鄰右舍停車的停車、養雞的養雞、種菜的種菜，由他們去用，只要別跟我蓋房子就行。

這就是說，只有原鄉—也就是「本來面目」—才是安隱的。可是當你說到「觀於善法最是安隱」時，如果不懂得「無名相法」、「無分別法」如來藏的境界，依二乘菩提或者是依於表相的大乘佛法來解釋這句經文時，雖然主張這個是「正教」，其實依佛菩提道而言仍然是「邪教」；因為實際理地沒有真正的「善法」可說，也沒有真正的「安隱」可說。「善法」是不是法？是法；「安隱」是不是法？也是法；然而「無名相法」、「無分別法」的境界中沒有一法可得，如何能說這一句「觀於善法最是安隱」就是佛的「正教」？所以必須要依於實際理地，也就是有情各自都有的原鄉如來藏作為依止，現觀其中無一切法可得；在這個無所得法之中，又不妨有無量無邊萬法起起滅滅，而不妨礙這個原鄉本來已經存在的「安隱」境界，這樣才能說「最是安隱」，才能說是佛菩提道的「正教」。

可是等你說個如此如此「最是安隱」時，已經不「安隱」了，因為已經是五陰的事；所以這兩句話—比丘好心腸、眞的是菩薩心腸—悲心特重，或者別的比丘不斷的開示「觀不善法皆是衰惱，觀於善法最是安隱」，可都只在事相上說明，也都只在事相上來修行，無法涉及佛菩提道第一義諦，所以佛陀說它「如是教者名為邪教，謂是正教而是邪教」。

現在有個問題來了，依據這兩句佛陀給的定論，來觀察近代善知識們對佛法的演繹和著作，他們這樣教導人家是不是「正教」？（有人答：不是。）怎麼不是？是「正教」啊！跟《阿含經》相符合，也跟大乘經典相符合啊！你們可別把 佛的話取一半來講，佛已經說了「謂是正教」，那你怎麼說不是「正教」？但是諸位請看，佛陀講話首尾相照：「謂是正教」，是「自稱這就是正教」，你不能直接說它不是「正教」，因為 世尊都已經說「這個是正教」，然而又說「而是邪教」，因為這樣的教導在二乘菩提中是「正教」，同時也是「邪教」，因為佛菩提道不是這樣修學、這樣實證的。從初機學佛人來看，它是「正教」，從剛開始信受三寶的人來看，以及從剛進入修行階段的人來看，這當然是「正教」，或者從二乘菩提來看這眞的是「正教」；然而從第一義諦的境界來看時，這就是「邪教」了。

所以禪師們度人，有一天心血來潮勘驗徒弟，例如丹霞子淳勘驗天童宏智正覺（就是默照禪的祖師），叫他說：「你會了，講一句我看看。」他的文學底子不錯，就說：「井底蝦蟆吞卻月。」下一句是什麼？「三更不借夜明簾。」我先依文解義吧：井底有一隻癩蝦蟆把天上那麼大的一顆月亮吞到肚子裡，肚子不就被撐大、變得很飽了；明月在肚皮裡面光明往外照，是不是井裡就一片光明？要懂那個言外之意：「井底蝦蟆吞卻月。」然後又說夜暗的房子裡面再也不必去跟人家借夜明珠串起來的珠簾來掛。三更無月之夜，你不點燈火，就得要掛起夜明簾；那夜明珠一顆一顆多到可以串成很多串，製成門簾掛在房門，不就全室都亮嗎？對不對？這是什麼意思？就是「內明」啊！這也不懂！「井底蝦蟆吞卻月」也是內明，三更時屋裡掛起夜明簾也是內明。但是，天童意思是「我已經懂了，所以不必再跟人家借夜明簾來掛」，所以說「三更不借夜明簾」。但是當時丹霞禪師說：「未在，更道！」被他的師父丹霞子淳禪師指稱還沒眞悟，要求他再講清楚，這時他還想著怎樣再開口，丹霞突然打了他一拂子說：「**還說不借！**」他這時領會了，才是眞的悟入。丹霞怕他又悟錯了，就說：「**你爲何不再講一句給我看看。**」這時他說：「**某甲今日失錢遭罪。**」說我今天晚上被人家偷了錢還要被人加上罪名，丹霞禪師這才放他過關。

這公案中，丹霞子淳罵他一句：「**又道不借。**」意思是：「**還說你沒有借夜明簾？你明明就借了。**」就跟這兩句經文一樣，這樣有沒有連結起來？現在學佛人最大的問題是什麼？就是禪歸禪，般若歸般若，種智歸種智；然後提到種智時就說：唯識歸唯識，法相歸法相。不曉得唯識就是種智，不曉得一切法相都攝歸眞心第八識才叫作唯識；也不曉得禪就是般若，近代的佛門眞是可殤。也就是說，當你證得「**無名相法**」轉依「**無名相法**」時，其中沒有一法可得，哪還有什麼內明、外明可說呢？所以他說什麼「**井底蝦蟆吞卻月**」，眞的該打。可是他後面講的大家聽不懂，丹霞子淳卻印可他了；他說：「**我某甲今日失了錢還遭罪。**」失錢還招來罪名，眞有這回事？假使你丟了錢去衙門報案，縣老爺打你三十大板，因爲你丟了錢就是罪。有沒有這回事？沒有這回事嘛！那不懂的人就說：「**因爲天下沒有這回事，本來就無事，你**

何必參禪在那邊困擾幹什麼？」就這樣亂解釋，那叫作野狐禪。

所以佛法的可貴就在於：說理時不離於實際。假使離於實際而說理，那麼所說的理就與實際相差十萬八千里，不是實相般若，從佛菩提來看就不是「正教」。由此來看「觀不善法皆是衰惱」，這是不是在有為法之中來觀察？是。再從「觀於善法最是安隱」來看，是不是也依於五陰證得二乘菩提來說，或者依於五陰去修五戒十善來說？這也是五陰境界的事，依舊是「生滅有為」的事相，不涉及實相「正教」。乃至於禪門，你即使說：「我轉依眞如，無一切法……」後面一句都還沒講完，禪師棒子已經敲下來了，附帶送給你一句話：「說什麼？」禪師就這樣啊！

也就是說，你得要依於「無名相法」的境界而住，道個有無都已經錯了。因此人家問：「如何是佛？」雲門說：「東山水上行。」好大一座東山在水上行走。「如何是佛？」「花藥欄」，種花藥的欄杆。禪師有很多答語：石上無根樹，海底泥牛行，海底煮茶，水潑不進，火燒不著，寸絲不掛，各種答話都有。但世間有這些東西嗎？沒有啊！有的人自覺聰明就說：「啊！我知道啦！反正禪這個東西是世間沒有的，都告訴你一些世間沒有的東西，讓你摸不著邊。」進一步解釋說：「總之就是要讓你無法思惟、言語道斷，你什麼都別想就對了，腦袋放空，空掉一切就對了，就是開悟。」卻不知道空掉一切就變傻瓜呆，閩南語叫作「空欽」，就是這樣，誤會眞的很大。

但禪師說的是你悟後要管帶好自己，別再落入現象界中，因爲禪師不需要門庭興盛，禪師也沒有很強的菩薩性說：「**我要荷擔如來家業**。」所以他們只要度二、三個弟子就夠了。不像我，現在野心可大了，要一百零八個明心加上眼見佛性的人，這一生要度的另一個目標是一千零八十個人開悟，搞不好將來還更多，這個野心夠大！古來沒有祖師敢這樣講的。那我們因爲跟禪師不同，禪師想的就是解脫，所以，只要得解脫就好，你就管帶好自己，不要讓妄心又去吃草去了；即使走在阡陌上，兩旁稻穀都熟了，也不會動心去吃，連轉頭過去都不會，意思是要依止於無所得的如來藏境界而安住。可是我們不是禪師，我們可以比禪師更禪師，但我們有更大的任務要作，逮到一個好機會可以復興佛教時，爲什麼我們不把握。所以現在就不管那個事情，轉依了以後無妨萬法起起滅滅，繼續轉依於「**無名相法**」的境界，卻無妨每天忙個沒完沒了而共同把佛教復興起來。

有一句話講得很好：「萬象森羅許崢嶸。」無妨大地依舊無言，萬象森羅卻能各個都出頭：眾山高的高、低的低，近的近、遠的遠，青的青、綠的綠；狗兒來來去去，鵝兒在湖裡游泳，而大地依舊無言，菩薩就是應該這麼住。可是當你轉依實際理地而住時，卻應該依於實際理地全無一法的境界而安住，然後冷眼看著那一些法，讓它們生生滅滅無所掛心；得也好、失也好，成也好、敗也好，菩薩道就這麼走。所以不管強風怎麼吹，我們繼續邁步向前走！就這樣子去完成菩薩道。可是完成整個菩薩道的過程中，種種不善法有「衰惱」，種種善法有「安隱」，但這畢竟是五陰的事，與實相法界無關；如果不懂而只講表義的佛法，不知道實際理地的實相境界而不能為人家解說，不能引導大家走向實際理地，不能去幫人證實相般若，雖然他這樣子教導從二乘菩提或是次法來講是對的、是正教，可是依實際理地來說時，那還是「邪教」。我再說一遍，從二乘菩提來說那是「正教」，從人天善法等次法來說也是「正教」，但從第一義諦、從本來面目的境界來說，這便叫作「邪教」。

下一句「一心修道，分別諦觀善不善法；」修行當然是要一心，總不能三心二意。三心二意到底是好還是不好？來正覺學到現在竟然不知道好不好喔？學佛是應該一心專精來修，可是有個前提，你還沒有遇到眞正善知識以前，三心二意比較好！要記住我這句話：沒有遇到眞正善知識以前，你眞的應該要三心二意。首先要有**信心**信這個大師，信了以後跟隨他學，學時要起一個**疑心**：「到底他講的有沒有道理？」把這個疑心帶著慢慢聽、慢慢簡擇，如果簡擇到後來覺得他只是依文解義，或者他根本就是胡說八道，這時你得要有**捨心**，這不就三心嗎？要有這三心。

二意也是一樣，你剛剛去拜師時一定要很有誠意，該供養的供養，該護持的護持；就像我以前剛學佛，往世的證量還沒有回來，我也很努力、很誠意去拜師，也很努力護持；二十年前我在那邊捐款及買書發送，也花上一百多萬元，這個叫作**誠意**。可是後來發覺不對，因爲我證如來藏時知道是證悟了，而師父你也是開悟的人，那你爲什麼說我這個不是開悟呢？這時疑心生起了，回家後把他的著作再翻一翻，檢查一下；因爲回家的路上我覺得不對：「兩個人都開悟了，爲什麼悟的內容不同？其中一定有一個人沒悟。難道他沒有悟嗎？」好了，我開著車子回到石牌明德路交叉口時，我起個念：「不對！他應該是沒有悟吧！」回到家把他四本書拿出來，一目兩行翻過去，啊！完了！果然果然！於是本來的敬意誠意就變成了捨意。

如果沒有這三心二意，我大約還會繼續待下去，那你們今天可就倒楣，沒有正覺這個法可學了。所以遇到眞善知識之前無妨三心二意，因爲師父有權利選擇弟子，弟子也有權利選擇師父。我認爲你是善知識，就追隨你學；我認爲你不是善知識，我就可以捨去。所以想要「一心修道」之前，先要懂得三心二意，才不會永遠被惡知識牽著走。

一直到你找到眞正的善知識，他不是空喙哺舌，又或者說「空嘴薄舌」（嘴巴裡面空空的，舌頭很薄），講話很伶俐；那只能誑唬閭閻，對於學人終究沒有幫助。一直到你找到眞正的善知識以後，才可以「一心修道」，否則三心二意還是比較保險。這是眞話啊！你看還有那麼多人跟著那一些假名大師，甚至於印順派的許多出家人現在還抱著印順那一些《妙雲集》啃不停，啃到最後終究只是雲，什麼都啃不到的；那她們「一心修道」一生的結果是唐捐其功，浪費寶貴的一生；等到捨報時，老閻王要跟她們算衣飯錢了，那可不好玩，可是她們完全沒有警覺。所以「一心修道」之前應該先三心二意面對師父，觀察清楚了以後依止到正法了，然後才可以「一心修道」。

「一心修道」時到底要修什麼？依二乘法來講應該要「分別諦觀善不善法」。「分別」就是把種種法分門別類來作區別，「諦觀」是分別了以後詳細加以正確的觀察，如果觀察不正確就不能稱爲諦觀。那「分別」以及「諦觀」的對象是「善法」與「不善法」。所謂的「善法」應該是先從狹義的層面來講，幫助有情眾生就是「善法」，傷害有情眾生就是「不善法」，這樣觀察善與不善法其實只是世間法；在佛法中所謂的「善法」與「不善法」層次又不同了，就是說，凡是令人導致生死流轉的那些法都叫作不善法，因爲修行的結果都只是在人天善法中轉來轉去而已，於解脫生死終究無關。

譬如某一種外道爲了擴大信徒人數，要求你信他的教，不信他的教就抵制你；也有外道一手拿著經本，問你要不要信；另一手拿著彎刀，不信就用這刀侍候你。萬一被他抓了，改信他的教就不會死，不信就被砍頭；就算他們說的天國眞的存在，這樣的信徒死後生到他們說的天國，到底是善、抑或不善？我說的是「就算」能生到他們說的天國，因爲剪除異己的結果就不是善業了，怎麼可能生天堂？上帝沒有那個權限赦免人家的罪，因爲上帝也是欲界有情之一，他的層次連忉利天、四王天都到不了，而忉利天主都沒辦法赦免人家的罪；那他的層次最多只在須彌山的山腰，層次更低，他哪有能力赦免人家的罪？謊言連篇。所以縱使依照他說的去剪除異教徒，像十字軍東征殺死了多少人？那上帝說：「這樣可以生天堂、生我的國。」原來他在天堂當國王，縱使能夠生到他的天堂去，依舊是在生死中輪迴，輪迴即是不善，所以我說他們對於善與不善沒有辦法諦觀。

那麼在二乘菩提中說「分別諦觀善不善法」，目的就是要你去取證涅槃；既要取證涅槃，當然得要好好思惟，所以接著就告訴你說：「諦取相已一心思惟，觀涅槃安隱寂滅，唯愛涅槃畢竟清淨。」也就是說，要先觀察什麼是善法、什麼是惡法？詳細而正確的分門別類而且觀察完畢，知道出離三界生死才是眞正的善法，於是「諦取」這個善法的法相之後就要「一心不亂專精思惟」。要「專精思惟」什麼？苦、空、無我、無常，要從苦聖諦開始觀察，八苦、三苦全部都了知了，接著要瞭解苦之所從生，究竟何來，原來是因爲「集」各種後有；能夠把「集」給滅了，不再「集」後有種子，當然就不會有後有，所以「知苦」之後得要「斷集」；「斷集」之後不再有後有了，也就不會再出生於三界中。

五陰、十八界都滅失而全部斷滅，斷滅的境界就是無餘涅槃。可是這個斷滅講的是五陰的斷滅，不是說連涅槃實際也滅掉，因爲涅槃中還有個「本際」，就是第八識如來藏，也就是《佛藏經》講的這個「**無名相法**」、「**無分別法**」。如果能這樣證得這個滅諦，不更受有、後有永盡，那就是涅槃，這叫作「證滅」。但是懂這個道理就能證無餘涅槃嗎？不能。所以要經由修行的方法才能達成，於是要修道，因此得法眼淨、證初果了，之後想要成爲阿羅漢就要修道，修什麼道？八正道。那麼在這個「知苦」、「斷集」、「證滅」、「修道」的全部過程裡面，要常常觀察涅槃是安隱的、是寂滅的。

涅槃是眞正的善法，這個涅槃善法的境界中「**最是安隱**」，因爲在涅槃之中人家打不著你、殺不著你、罵不著你、燒不著你，要淹你也淹不著，眞的安隱啊！這就好像說，假使有人披了一件隱身斗篷而且又有輕功凌虛而行，去到哪裡誰都找不到他，這不就是最安隱的嗎？對了！可是現代的大師十個有十一個愚癡，怎麼說呢？隨便寫一本書就把照片印在書上，讀者一翻開來，立刻知道這就是作者的肖像，從此以後不論他走到哪裡，人家都知道這是某某人，那他就沒有隱形的功德了。這其實是因為他們要求名、要求利，就沒有隱形的功德，這是必然的。

如果他有仇家，仇家要找他是不是很容易？隨便派幾個狐群狗黨都可以找到他，因為大家都認得他。他那肖像四處貼著去，有時製成海報四處貼：某某大師什麼法會。隨便派個小嘍囉，找個機會就可以堵上他了，那他安隱不安隱？不安隱啊！所以他得要有一群人護衛著才會出門。如果你穿著隱形斗篷又有輕功，不管去到哪裡誰都看不見你，你甚至可以大搖大擺去到仇家家裡，跟他聊一聊天，這不就很安隱嗎？同樣的道理，只要有五陰在三界中存在，諸佛菩薩要找你都是輕而易舉，一念就知道你在哪裡，躲到深山的山洞裡也沒用，躲到別的世界都知道你在哪個世界；可是如果入了無餘涅槃，不但名色滅失了，連意根都不存在了，諸佛菩薩也找不到你，因為你沒有五陰，只剩下如來藏，而如來藏無形無色，無從找起，那看起來就是消失了，這叫作「**不更受有**」或是「**後有永盡**」，這可就是安隱了，也沒有生死的痛苦。

生死沒有輕鬆的事，住胎十個月初期還好，因為意識、六識都還沒有出現，渾渾沌沌；可是當你在母胎中長到六、七個月時，你家那位渾沌就死了，因爲覺知心出生了，你開始知道一些母胎中的六塵。接著出生時好過嗎？有哪個孩子出生時說：「**哈哈！我來了！我出生了，好快樂！**」有沒有哪個孩子出生時一直笑的？如果眞的有，父母一定會想：「**或許是妖怪吧？**」出生以後是一生不斷的學習，眞的很辛苦，不安隱啊！可是也許有人想：「**我如果生到無色界去，已經沒有色陰了，雖然有受想行與意識，能不能找到我？**」除了佛菩薩以外的有情，是沒辦法找到你。可是你在那裡能躲多久？最多八萬大劫，但佛壽無量，菩薩壽也是無量，八萬大劫後等著找你，依舊跑不掉。結果可能八萬大劫以後福德享盡下來人間，變成了一條狗；這時佛菩薩來了說：「**你不聽我的話，八萬大劫後今天當了狗。**」到底好不好？沒什麼不好，因爲狗聽不懂，愚癡，連聽都聽不懂，佛菩薩要憐憫牠也沒辦法，牠的業就是如此。所以即使出生到無色界去也不是眞正的安隱，得要出三界。

可是出三界其實並沒有出，只是把自己滅掉，不再接受後有，這樣叫作安隱。這樣的涅槃境界是安隱的，爲什麼安隱呢？因爲祂是寂滅的。非寂滅的一定不安隱，非寂滅是說往往還有六塵中的一塵、三塵、五塵，乃至具足六塵不等；既然不離於六塵的境界，表示那至少是意識的境界，或者是六識具足的境界。有六塵存在時絕對不安隱，絕對不寂靜；假使不信，你說：「我家裡有的是錢，我來作實驗，蓋個房子，兩層的鋼筋水泥先做第一層再做第二層，全部用隔音窗。」結果住到裡面說：「總算寂滅了。」沒想到躺下來睡個午覺，又不寂滅了，因爲地面還是會輕微震動，只要有車子過去就會震動。好了，等到三更半夜沒車子來去，總可以證寂滅了吧？不！正要睡時很寂滅，可是以前都沒聽到的聲音，現在聽到了：砰砰、砰砰、砰砰……好吵喔！是不是？不但如此，呼吸聲音也是很吵，又不能不呼吸、也不能不心跳，無可奈何啊！所以只要有生命現象的存在就不寂滅，因爲還住在六塵中。

可是把這個話題拉到醫院來，醫院不是有人叫作植物人嗎？腦死了，使他一直都住於悶絕狀態中。其實所謂的植物人大部分都還是有睡眠跟清醒的差別，只是醫師不懂，他只是不能反應而已，醫師就說他是植物人，說他什麼都不知道。醫師有時還跟家屬說：「我爲你試驗證明，你看我這麼用力捏他，他都不知道痛。」其實不是，那病患心裡罵死了：「痛死了！我只是沒辦法反應，你竟然說我不痛，一直欺負我。」話說回來，假使有個人眞正腦死了，他意識不能現前；意識不現前時總該說是寂滅了吧？譬如睡著無夢時寂滅不寂滅？不寂滅、或者寂滅？睡著無夢時你不領受六塵了。可是那個要講寂滅也是不好說，因爲那是「我暫時不在了」，怎麼可以叫作寂滅？一般人都會這樣想：「**那是我覺知心中斷了，所以沒有聽到，沒有接觸六塵，那怎能叫作寂滅？**」

因此我們說明：入無餘涅槃是把十八界滅盡，叫作「涅槃寂靜」。可是至今大師們都不接受，他們希望的是：「**我這個覺知心進入無餘涅槃裡面，一點聲音都沒有。**」所以那些大師們的佛法見解跟世俗人一模一樣，那還能叫作大師嗎？可是現在大家都管他們叫大師。特別是大陸，隨便一位小法師出來說法，大家見了都叫大師。但是話說回來，在無色界中前五識消滅了，只剩下第六意識住在定境中，只有定境那個法塵，不再有聲音了，可是意識還在，這跟剛才講的睡著了、意識中斷不一樣，跟植物人意識中斷也不一樣；現在是意識還在時，可是已經沒有前五識，也沒有前五塵了，因爲他在無色界定裡面，這時只有意識住在定境法塵中，沒有色聲香味觸，這樣夠寂靜了吧？是很寂滅，眞的是寂滅；可是爲什麼還不能夠說他是「涅槃寂滅」？因為那個境界中還有法塵在意識心中延續不斷。那意識心看著定境中的境界，那個定境也就是他的法塵；法塵會有微細的變化，所以他能觀察：「我現在是空無邊處定，那我要怎麼轉進識無邊處，乃至轉進非想非非想處？」這都是有法塵的境界。

有法塵時顯然不能說他是眞正的寂滅，因為依舊有知，有知就不寂滅了。所以眞正的寂滅只有無餘涅槃，無餘涅槃才是眞正的寂滅，才是眞正的「安隱」，所以這個比丘教導完了就告訴對方說：「眞正一心修道的人只愛樂涅槃的畢竟清淨。」涅槃為何是「畢竟清淨」？因為涅槃中無任何一法存在。會有清淨與不淨，會有善法而帶有染污，都是因為有法；可是無餘涅槃中十八界滅盡就不再有任何一法，因為連五蘊十八界都不在了，這就是「畢竟清淨」。那麼比丘這樣子教導說：「你好好這樣修行，什麼都不要貪求，只要愛樂這個涅槃的畢竟清淨就可以了。」可是這樣的教導，比丘自說他教的是正教，佛陀說：「名為邪教，謂是正教而是邪教。」因為不符佛菩提第一義諦。

如果是初學佛的人，學佛了二、三年，讀到這一段經文，他一定會認同印順法師講的——大乘經典都不是佛說，都是魔說。因為他想：「明明佛陀講的涅槃安隱寂滅，只要親證涅槃的畢竟清淨就好了，爲什麼竟然說這樣叫作邪教？既然說是正教爲什麼還要叫作邪教？如果要把它叫作邪教，爲什麼還要說它是正教？胡說八道嘛！」因爲無法理解，所以近代才會有一些人跟著日本人主張「大乘非佛說」。然而這樣的教導，世尊定義它是邪教絕對正確，因爲「無名相法」的境界是不了知六塵的，「無名相法」的境界中是本來就安隱、本來就寂滅，不必你去「一心修道，分別諦觀善不善法」，全都用不著。

當那比丘在那邊教導人家講得口沫橫飛，什麼「諦取相已一心思惟，觀涅槃安隱寂滅」，中國禪師們卻說：「本來涅槃，不用修道。」有沒有讀過？啊？沒讀過啊？對啊！很多禪師都說：「道不屬修。」說道本來就在，不是修來的。凡是修來的道都是緣生法，緣散時修來的道也就壞了。也有禪師說：「修而得者，不是家珍。」你要找的是自己家裡本來就有的珍寶，那是本來就在的；本來就在的東西就表示不是外來的，那就是無生。如果找到的某個法是曾經有生的，有生必滅，將來有一天一定會壞掉，就表示那不是你家裡本有的珍寶。

又譬如說「觀涅槃安隱寂滅」，在第一義諦中涅槃不用你觀，祂本來就「安隱」；也不用你修道去滅掉六塵，因爲祂本來就寂滅；也不需要你去觀察而把善法捨掉、不善法也捨掉，才成爲涅槃，全都不需要，因爲祂本來就不相應於善法或不善法；祂也不需要你去努力修行「諦取相已一心思惟」，都用不著觀察修行，因爲你的故鄉本來就是寂滅的，本來就是不生不滅的涅槃；祂本來就「安隱」，所以火燒不著，水潑不溼，殺不著、砍不到，戳不了祂，你怎麼樣都無可奈何祂，這是本來就「安隱」。所以不生不滅的涅槃就是祂——「無名相法」如來藏，祂本來就不生不滅，何用你修行來讓祂不生不滅，這才是第一義諦！如果一天到晚教人家要「一心修道」、要「諦觀善不善法」等，那都叫作「取相修行」。「取相修行」的人出生到極樂世界去，想要離開那蓮花宮殿的享樂境界而出來見佛，要等很久；等多久呢？等於娑婆世界的七大劫。想要證得解脫果，還得再經一小劫才能成爲阿羅漢；那裡的一小劫是這裡多久？難以計數。

然而當你證得這個「無名相法」時，你會現前證明一個事實：「無餘涅槃無境界的境界、無生死的解脫，祂的滅盡一切諸法的境界，寂滅而不生不滅的涅槃，是本來就存在的。」證悟後你就可以這樣觀察，何需要像二乘人那樣辛苦的日中一食，每天惶惶然很怕「落草」。「落草」是禪宗祖師們說的，聽懂嗎？就是落到六塵裡面去了。禪師有時候說：「我這樣入泥入水落草爲你，什麼時候辜負了你？」落草就是說：我爲了你，才需要老是在六塵境界裡面轉。也就是說這「無名相法」的境界從無始以來就不在六塵中，無始以來就不曾落於善不善法之中，無始以來祂從來就不曾出生過，哪裡會有死？一定是已經出生了才會有死，有沒有聽過哪一個人沒有出生而後來死了？不會有。可是一旦有出生，他將來就一定會死，只是早死晚死差別而已。

那麼這個不生不死無餘涅槃境界，當你證得「無名相法」時，現前看到說：「祂沒有出生過，所以祂永遠不會死。既然如此，我行菩薩道就行了，不需要那麼快就去斷盡我執、入涅槃。更何況將來我入了涅槃以後也不是我不生不死，依舊如來藏祂不生不死，那我幹嘛要入涅槃？又不是個呆瓜。」對吧？菩薩要當有智慧的人，不能像二乘那種不迴心的聲聞種性凡夫們，一心要入無餘涅槃。他們不曉得把五蘊滅盡「不受後有」以後，涅槃中並不是他，涅槃中是他自己的「無名相法」如來藏。你證悟以後看到自己身上這個

「無名相法」如來藏，祂本來就不生不死，不生不死就是涅槃。那你看到阿羅漢入了涅槃捨棄五蘊「不受後有」，結果他的無餘涅槃依舊是他的如來藏本來不生不滅；既然這個涅槃現在已經存在著，何必死後還要入涅槃？入了涅槃又何益於眾生？而自己也不可能成佛，那沒有意義啊！

入了無餘涅槃其實只是脫離生死而已，可是脫離生死是不受後有——沒有來世的自我了，剩下他自己的「無名相法」如來藏沒有生死，但他沒入涅槃前如來藏本來就在、本來就無死，又何必脫離生死！所以徒弟來見禪師：「求和尚教我解脫。」希望和尚教導他怎麼得解脫，和尚就說：「誰綁著你了？」喔？看來是說「沒有人綁你」啊！你本來就解脫。其實不然，當禪師告訴他說：「誰綁著你？」就已經告訴他怎麼解脫了。也許有人想：「豈有此理！他只是反問人家誰綁著你而已，哪有告訴他怎麼解脫？又沒教導他什麼修行的方法。」可是我告訴你，禪師已經說明這就是解脫，解脫的境界已經告訴他了，這樣才是真正的佛法、真正的般若波羅蜜多。像這位比丘在教他「一心修道，分別諦觀」等，又說「唯愛涅槃畢竟清淨」，其實不是佛菩提，而是二乘菩提，依佛菩提而言這也是邪教，除非來學的人只是想學解脫道，

所以　世尊說：「如是教者名爲邪教，謂是正教而是邪教。」因爲這不是佛法所說的「本來自性清淨涅槃」的境界。今天講到這裡。

《佛藏經》〈念佛品〉第二，上回講到第八頁第六行，今天要從第六行的最後一句開始：「舍利弗！如是教者名惡知識，是人名爲誹謗於我，助於外道，亦爲他人說邪道法。」這些經文是在〈念佛品〉中說的，爲什麼〈念佛品〉中講了這麼多以前所不曾聽聞過的說法？以前在學佛時一般都說要修四念處觀，要斷離貪瞋癡，要修五停心觀，要求解脫、求涅槃，然而來到大乘究竟道中竟然說：「這一些法的教導叫作邪教，如果說這就是正教，其實還是邪教。」雖然它看來是「正教」，其實還要說它是「邪教」。

這究竟是什麼原因？而這一些開示是在講念佛。意思是說，念佛時應當認清楚怎樣才是眞正的念佛。換句話說，一般人念佛時想的是應身佛，但是即使想念的是報身佛，也仍然不是念眞實佛。這就是告訴我們說，眞正的佛是諸佛如來的法身，應該要念那樣的佛才是眞實的念佛。所以眞正的念佛是念法身佛，因爲那才是究竟位的念佛。念佛有很多的層次，最高層次是念法身佛，但法身佛是第一義諦的境界。法身不是二千多年前示現在人間的應身，或者大家在定中感應到的化身，或者在其他淨土境界中由報身如來示現的化身佛；因此說法時是可以爲人家演說次法，也可以爲人家演說二乘菩提，但這一些法終究不是眞正的佛法，只是實證眞正佛法之前所應該要修的法，所以世尊才會開示這麼多一般人所謂的眞正的法教之後，但卻說這些都屬於「邪教」。

定義它爲邪教，不是從這一些法的本身來定義的；這一些法的本身沒有過失，因爲這一些法都是在實證佛菩提道或者修證二乘菩提之前所應該修、所必須修的；但爲什麼還會把它說是「邪教」呢？因爲從了義、究竟的佛法來說時，這些法就不是正教，只是前行的方便；就像是打地基一樣，地基打好時不等於房子已經蓋好了。所以這位比丘如此教導別的比丘或者信眾們如是修行時，如果說這就是佛菩提中的「正教」，雖然是「正教」也仍然是「邪教」；因爲依於第一義諦、依於佛菩提道的宗旨來說，這不是佛菩提，所以像這樣子教導眾生修學佛菩提時就是「邪教」。

也就是說，如果這樣教導的目的是想要幫人證得佛菩提，那他的教導其實是偏邪的。如果他有先說明：「我教導的五停心觀、四念處觀等法都是次法。」「我教導的二乘菩提實證涅槃等，全都是二乘菩提，仍不是佛法。」就不會被指認爲邪教導。所以不能依文解義就取出來說：「世尊有講，這樣就是『邪教』。所以你們不可以學二乘菩提，次法也不應該修，直接修佛菩提就對了。」若有這樣的人，就叫作斷章取義者，也是誤會了 佛的教導。佛的教導是說：這一些教導屬於次法，或者屬於二乘菩提，並不是佛菩提；若是告訴人家說「這就是佛菩提」，說「這樣就是正教」，雖然他教導的也是「正教」，其實還是「邪教」。如果有指明這個前提，沒有把次法當作是佛法，也沒有把二乘菩提當作佛法，就不是「邪教」。

我們應該要認同 世尊這個開示，這個錯以次法或二乘菩提當作佛法的情況，打從兩千五百多年前到現在仍然繼續存在著。錯把五停心觀的修法當作佛法的事，到了現代仍然存在著；例如有個專門教禪宗的道場，每年夏季、冬季都辦禪七，每一次禪七都叫人家數息，求一心不亂，說那就是禪宗的禪，說就是佛法的正修。那諸位想想看：數息到底是法、還是次法？（大眾答：是次法。）諸位眞的有智慧，應口而出「是次法」。因爲數息觀不過是五停心觀中的一部分，還牽扯不到二乘菩提，就別提佛法了，這怎麼可以叫作佛法呢！所以那位大法師作這樣的教導，就叫作「邪教」，也就是錯誤的教導、偏邪的教導。

又例如有人寫了很多書，把二乘菩提、而且是把誤會後的二乘菩提（否定了第七識意根和第八識如來藏後的錯誤的二乘菩提），叫作成佛之道，說那就是佛法；這樣的教導是不是屬於佛法的教導？（大眾答：不是！）爲何不是？對啊！因爲那連二乘菩提都不是。他是錯會了二乘菩提，這就是釋印順的《妙雲集》等書中所說的；他不過是繼承了宗喀巴的《菩提道次第廣論》的邪見而已，像那樣的教導，佛陀說：「如是教者名爲邪教。」

假使有一天，有人眞的實證二乘菩提，然後出來教導大家二乘菩提，甚至可以幫人證得初果、二果，他如果說：「這就是佛法，這就是成佛之道。」那麼依據 世尊這一段經文開示，就說：「如是教者名爲邪教。」雖然他可以說：「我這個教導符合《阿含經》四大部的所說，也符合南傳佛教《尼科耶》的一切經典，你怎麼可以指責我說的不是佛法？更不可以指責我是邪教。」那就把 世尊這句話送給他：「謂是正教而是邪教。」如果他還不接受，接著就指著他的鼻子罵：「如是教者名惡知識，是人名爲誹謗於佛，助於外道，亦爲他人說邪道法。」這不過分啊！因爲他教導人家說這就是成佛之道，追隨他而修學的人證得初果、二果以後，在人間捨壽了，還會留在人間嗎？不會啊！都到天上去了。

因爲初果人要七次人天往返，二果人是人天一往來，那時都到天上去了，接下來萬年之中他們都不可能回來人間，那本來要修學佛法的人跟著他們走上二乘菩提，誤以爲是佛法，然後一個個悟了二乘菩提，死後一個個生天去，人間還有誰來住持正法？只剩下一群凡夫而已！那人間沒有實證的人存在，外道是不是會越來越猖狂？所以他們也是「助於外道」。如果他們教的是錯誤的二乘菩提，像釋印順那樣，而且當作是成佛之道，又堅持「大乘非佛說」，還堅持說「阿羅漢就是佛」，就會導致所有修學佛法的人沒有人可以實證佛法，因此全部都成爲凡夫，甚至於就像釋印順、釋證嚴一樣都成爲因中說果的大妄語人；那也會導致不服他們的人，各個理直氣壯出來拍胸脯說：「我們悟得離念靈知就是眞正的開悟，因爲沒有第七識、第八識，那最究竟的識是第六識，當第六識一念不生時是最究竟的境界，所以我們這樣叫作開悟，沒有過失。」

於是普天下都是野狐禪師，然後各個野狐大師不斷地印證徒弟們都是開悟的，但本質都是凡夫；而這樣發展的結果，佛門修證的境界就與常見外道同流合污，因此外道也可以努力推廣他們的外道法，因為跟所謂的佛教一樣啊！所以這些大師們會跟達賴往來互相應酬，甚至於在紐約跟達賴喇嘛合開了一場所謂的世紀大對談，把達賴外道捧得高高的，那他們不就是「助於外道」嗎？本質上正是抵制了 如來的正法而幫助了外道，並且硬說這一種常見外道的法就是 如來所說的佛法，這樣的人不是誹謗 如來嗎？當然是誹謗如來啊！假使有人轉述說：「你說是張三講的，某甲殺死了某乙。」可是你明明沒有講這一句話，而他到處這樣去講，那他是不是誹謗你？是啊！是想讓張三對你生氣。假使你說的是一加一等於二，這某甲到處去告訴人家說：「某乙告訴我說一加一等於三。」那他是不是誹謗你？是了！因為他把你的話變造了以後到處去流傳，說是你講的，那就是誹謗。

如來從來不曾說過二乘菩提就是成佛之道，不曾說那是佛法，如來更不曾說次法或者錯會的二乘菩提就是佛法。可是末法時代這一些大法師們一天到晚都說：「這一些就是佛法，是如來說的。」那當然就是謗佛了。有智慧的世間人聽了就會笑：「原來你們佛教的如來這麼笨，這個意識或者離念靈知是夜夜斷滅的，那你們竟然說是常住的；既然這是你們的如來教導的，那你們的如來也眞夠笨。」確實如此啊！因爲斷見外道都可以觀察出來意識夜夜斷滅；外道就會嘲笑說：「即使你證得禪定成爲定境中的離念靈知意識心，一樣是睡著了就斷滅，會斷滅的怎麼可以叫作常住的法？而你說這是你們的如來教導的，那你們的如來就是很笨，比我這個斷見外道還要笨。」所以他們把非佛所說的硬套到 佛的頭上來，而指認說那是 佛講的，那就是謗佛，這其實是「助於外道」，等於證實外道不會比佛教差，因爲同樣是意識的境界。因此這樣的人其實是在誤導眾生，所以 世尊說：「如是教者名惡知識。」

世尊直接指著說「這是惡知識」！我還不曾說人家是惡知識，都說這類人是假名善知識，以後要不要改口直接就講惡知識？有時講得太客氣，人家說：「你又不敢罵我。」他就覺得好像是我的老爸一樣，我得要聽他的。所以十一面觀音的正面是面面慈祥，可是遇到不可理喻的外道時怎麼辦？就把後方那一面轉過來給他瞧一瞧，嚇死了！才能夠攝受他。世尊早就知道未來世會有這些情況，爲什麼早知道呢？因爲 世尊弘法的年代，佛門中就已經有很多凡夫是這樣講了，外道們也這樣講，所以未來世的佛門中當然會繼續有這樣的人，因此 世尊早就把話講在前頭。而末法時代二十世紀、二十一世紀初的現代佛教，那些大師們依舊落入 世尊的預記之中，一個個都逃不過，如今我們正好把他們取作例子來教育大眾。所以這一些人把次法當作佛法，把錯誤的二乘菩提當作佛法，他們正是 世尊所指斥的「惡知識」，他們的本質正是 世尊說的這一句：「亦為他人說邪道法。」他們還眞是邪道。

對於這一種人，咱們應該怎麼對待他們？世尊就開示說：「舍利弗！如是惡人，我乃不聽受一飲水以自供養。我說教者，不說受者，舍利弗！於我法中多有如是增上慢教。」世尊這話說的眞白：「像這樣的惡人，我釋迦牟尼不允許他們在佛門中接受別人供養一滴飲水或者一口飲水，」連一口水都不許接受供養。也就是說，不承認他是僧團中的人，要把他外於僧團。所以僧團中隨處哪裡可以有飲水喝，他都不許喝，連一口都不許。水都不許喝了，假使有果漿或者其他的食物他還能吃嗎？當然不行！世尊的言外之意是說：這樣對眾生作邪教導的人，不是我們佛教僧團中的僧人，他們不屬於僧寶的一分子，所以不允許他們在佛寺中喝一口水，其他的四事供養就更別說了。

現在依　世尊這個聖教來看當代的佛教界，怎麼辦？對啊！你們想想該怎麼辦？搔搔頭腦，眞的沒辦法解決，搔破腦袋皮也沒辦法解決啊！現在哪個道場不是這種惡知識呢？可是這一些人都住在寺院裡面，不但喝一口水，而且每天喝好多杯，很多人是水喝了也就罷了，而且每天還吃三餐，其他的供養無一缺乏。那我們有沒有辦法解決這個現象？答案是沒辦法，我們所能作的就是把　如來的教導不斷解說出去，讓佛門一切四眾弟子瞭解；四眾讀過以後，有過失者趕快改過，無過失者則自勉之，那麼佛門就會漸漸清淨。

那麼像這樣教導的人都叫作邪教導，若是面對密宗假藏傳佛教時又該怎麼說？那已經不只是邪教導了，而是在陷害眾生下墮三惡道啊！這樣看來，我們目前破斥密宗假藏傳佛教那些邪教的外道法有沒有過分？對啊！一點都沒過分。因爲即使是這樣的人——把次法與二乘法當作佛法的人，佛都說那叫作「惡知識」，而密宗假藏傳佛教根本是徹頭徹尾的外道法，也是徹頭徹尾——應該說從裡到外——都是外道心，那我們破斥他們就完全無過。

佛教之所以不同於外教，自有它的緣由；也就是佛法是具足三乘菩提的，不可分割之後將二乘菩提當作是佛法，應該把它容納在佛法中成爲佛法中的一部分，才能說是佛法；更不可以把外道法拿來取代佛法，而騙人說那就是佛法。所以如果有人繼續把外道法當作佛法，這一類人如果不改過，哪一天到我們正覺來參訪，連一口水都不讓他喝，不要說我們失禮。假使有喇嘛們哪天經過祖師堂或者將來正覺寺蓋好了，他們經過正覺寺說口渴：「拜託布施一碗水。」你就說：「你先承認你們的法不是佛法再說，如果不肯承認，對不起，一口水也不給。」因爲這樣的人是謗佛的人，對謗佛的人怎麼可以客客氣氣供養他清涼的飲水。

不過 世尊有一個界定，不是對所有外道都如此，也不是對所有佛門大師都如此；所以假使哪一天某一個大師帶著一群佛弟子前來，或者經過時說：「聽說正覺講堂在這裡，幫你們討杯水喝。」那時先要跟他們講清楚：「您以前是不是這樣教人的？既然是這樣教人，《佛藏經》中佛陀聖教開示過了，說您這樣是『助於外道』，您是誹謗如來，也是『邪教』，佛陀說不許您來這裡喝一口水。」連一口水都不許，「但是您的這些徒眾們可以喝，因爲佛陀說：『我說教者，不說受者。』」因爲是「教者」有過而「受者」無過，他們不是故意要這樣學，只是因爲堂頭和尙錯了、亂教，他們只是跟著學，所以「受者」無過，問題都出於「教者」。

受教的人其實也是受害者，所以就先聲明：「堂頭和尙不許喝，所有信眾們不管出家、在家都可以喝，盡量喝、無限量供應。」那他們也許問：「那我們堂頭和尙那麼渴，怎麼辦？」「那是他的事，他自己想辦法。」也許有人說：「那我把一半給他喝，行不行？」「那是你的事不要告訴我，我只知道佛陀說的不許讓他喝一口水，你要給他，那是你的事。至於你有沒有違背佛陀的誥示呢？也是你的事，跟我無關。」這就是說，在正法時期就有許多「增上慢人」，到了像法時期、末法時期當然更會有這一類「增上慢人」。那「增上慢人」一定會作增上慢的教導，所以講經說法時我常常說：「過在善知識，不在學人。」因爲學人不是故意要學錯誤的法。

如果一開始就聲明：「我說的這一些法不一定是正確的，你們要學的話可以繼續學。」接下來學習中的過失就是學人的了。因爲學人那麼笨，聽到是錯誤或不一定正確的還要學，那當然過失在學人而不在惡知識。如果人家都說：「這個就是眞正的佛法，沒有錯誤。」學人們跟著學，那是被欺瞞、被蒙騙的，所以過失不在學人，而在於那位假善知識，要叫作惡知識。那麼惡知識作了這樣的教導，明明就非佛法，硬要說是佛法；明明是外道的境界，硬要說是佛教證果的境界；明明是外道常見的境界，硬要說那是佛法開悟的境界，這樣的教導就叫「增上慢教」。聽到這裡，一定有人想：「**糟糕啦！這樣看來，眼下全球佛教幾無倖免。**」幾乎都是「增上慢教」，因為縱使沒有說那叫作開悟或印證人家開悟，但大多數是把外道的境界、或者把次法當作是佛法，那就成為「**增上慢教**」。

這樣檢討下來就只剩下一小部分，老老實實教人家念佛、每天持唸佛號，不說佛法、不說解脫道，一心求生極樂世界的法師居士們，他們不屬於「**增上慢教**」，真的就只剩下這一部分。所以說，末法時代佛門可殤啊！那我們勤勤勉勉辛苦努力，說法寫書這二十年來，佛教界總算有了不少的改變，可是像《佛藏經》〈念佛品〉講得這麼麻辣，以前終究還是沒有講過。你們看 世尊這一段開示又麻又辣，對我們來講這真是醍醐灌頂，可真受用啊！因為你想一想：我們的法不在 世尊所破斥的範圍中，那不就更有信心了嗎？猶如醍醐灌頂啊！那你說：「**既然是醍醐，那我們拿去分送給所有佛**

教界，好不好？」我說：「不好。」因為 世尊早就說過了，如是醍醐送給那些凡夫跟外道們有四個字：翻成毒藥。因為他們無法接受。（編案，《大般涅槃經》卷八：「方等經者猶如甘露，亦如毒藥。」）

對他們來講這些醍醐反而是毒藥，所以 世尊說，「**無分別法**」本來是寂滅、清涼、解脫的境界，結果他們聽了以後就說：「**那我們什麼都不要分別，所以你就不要分別人家講對講錯。**」你們看，這不變成毒藥了嗎？所以醍醐上味去到那些凡夫大師腦袋裡面，或是去到外道們的心中都變成毒藥了，佛門中末法時代何嘗不是如此。因為正法時代就已經有這個現象了，所以 世尊才會說：「**舍利弗！於我法中多有如是增上慢教。**」顯然這是 佛陀的年代就已經有的事情了，不是像法時代、末法時代乃至今天才有。那麼這樣看來，念佛還眞的不容易念欸！所以一般人動不動就說：「**念佛簡單啦！**」等你問他說：「**為什麼很簡單？**」他說：「**不過就是四字洪名、六字洪名，有什麼難的？**」他們眞的小看念佛法門了，因為念佛有事相上的念佛、理上的念佛，也有從持名唸佛、觀想念佛入手的，其中有種種的轉折升進，最後才能到實相念佛，何曾容易！

那麼沒有深入瞭解的人就以為自己很了不得，於是自己隨意加以闡釋，違背了佛陀的聖教，他就成為「增上慢教」。後來有一天聽說有個正覺同修會講出了念佛法門，才知道說：「喔？原來念佛還有這些東西，而且不是不可證的。」所以佛教界才開始有一點點轉變；轉變到今天，現代佛教界已經很進步了，所以現在沒有誰敢再來否定第八識。我想再過幾年，那個誹謗正覺是阿賴耶外道的密宗假藏傳佛教人士，大概也要把他的文章撤掉，因為人家會對他說「你才是外道」。現在第八識如來藏已經成為佛教界的顯學，如果誰是否定如來藏的，人家的第一個印象就是「你根本不是開悟的人」，而且你根本就不具備佛法的正知見。所以正統佛教中沒有誰敢再公然否定第八識，那我們當然得乘勝追擊；不但要保護戰果，還要擴大戰果，就是把更勝妙的法繼續講出來利樂佛教學人。

但是這個〈念佛品〉世尊這麼開示以後，還是應該為大眾說明什麼才是「念佛」的本質？總不能指責一些不肖的佛弟子「你們是惡知識，你們說的都是邪教，不許你們在佛門中喝一口水」，結果「佛」的本質沒有說，那就不是成佛聖者的開示了。所以前面這一個前提講過了以後，當然要開示「佛」

的本質是什麼？然而「佛」的本質不能單單說「佛」，也要從「佛」的本質與內涵提出來解釋，所以 佛陀接著開示：

經文：【「舍利弗！若受教者受戒五歲，不能悉捨如是所教，於是教中勤心精進，自有得無所有比丘，不往諮問；我說此人雖有五歲，猶名邪見；雜外道法，順行魔事。舍利弗！若有比丘受是教已，聞空無所得法，即自覺知：我先受者皆是邪見。於空無所得法無疑無悔，深入通達，不依一切我見人見，舍利弗！我說此人名爲得清淨梵行。舍利弗！若有比丘成就如是無所得忍，雖現未得無餘涅槃，我記是人彌勒佛時當在初會；時彌勒佛歡喜三唱：『是人能於釋迦牟尼佛法中，成就無所得忍。』舍利弗！若在家出家成就此忍，我說是人必得涅槃。」】

語譯：【世尊接著開示說：「舍利弗！如果受持佛門法教的人，受持了聲聞戒與菩薩戒五年了，仍不能全部捨棄前面所說的這些法教，而繼續在這一些教導中其心精勤努力精進，在他的身旁本來就已經有『得無所有』的比丘，而他不願意前往諮詢請問；我說這個人出家雖然已經五歲了，依然名爲邪見之人；他是夾雜著外道法，順著魔事在修行。舍利弗！如果有比丘接受了正確教導以後，聽聞到空這個法，聽聞到無所得這個法，他隨即自己覺知：我先前所接受的教導全部都是邪見。這位比丘對於空法、無所得法，心中沒有懷疑也沒有後悔，而且能夠深入觀行而一一通達，不依於一切世間人所墮的我見跟人見之中，舍利弗！我說這個人可以稱為證得清淨梵行的人。舍利弗！如果有比丘成就了這樣的無所得法而能夠安忍，雖然他在現前還沒有證得無餘涅槃，我預記這個人未來彌勒佛下生人間成佛說法時，他將會在初會說法時參與聞法和實證；屆時彌勒佛歡喜三唱：『這個人能在釋迦牟尼佛的法教之中，成就無所得法而且能夠安忍。』舍利弗！如果在家弟子、出家弟子成就了這個無所得法而能安忍，我說這個人一定會證得無餘涅槃。」

講義：世尊呼喚舍利弗，直接說了：「如果領受佛法教導的人，他已經出家受具足戒經過五歲了，」為什麼要談到出家經過五歲？因為菩薩出家以後不但受菩薩戒，也得受聲聞戒；出家以後受戒五歲，這五歲之中幹什麼？不是從出家開始算，而是圓頂之後又去受了三壇大戒時才開始算五歲。受戒後這五年都要學戒，學戒的過程中當然同時要學法，這五年就是大乘出家人的菩薩學處：要把聲聞戒弄清楚，好好遵行；同樣要把菩薩戒弄清楚，好好遵行；而且這兩種戒如果有牴觸的地方，應該以什麼戒爲依歸，這五年中都要學習好。五年學滿了，不會違背聲聞戒、菩薩戒了，才說他是眞正的比丘，或者是眞正的比丘尼。如今要請問諸位比丘們：**「你們以前出家時堂頭和尚有沒有這樣講？」**沒有這樣講？你們那邊有。諸位！他們算是比較如法，有遵守 如來的教誡。

這是應該要爲出家的比丘、比丘尼們說清楚的，五年之中所有人都是要學戒。那麼這五年中聲聞戒與菩薩戒都學好了，表示什麼道理？表示他對菩薩戒有如實理解；當出家人對菩薩戒如實理解時，會不會再只認同二乘法？不會認同了。因爲在菩薩戒中有特別開示：當依止大乘法而不依止二乘法，當依止大乘律而不依止二乘律。所以聲聞律只是僧眾共住時作爲修行生活上的軌範，主要還是依菩薩戒爲遵行的最高原則。在法上的學習則是依止大乘經律，不依止二乘經律，否則就是犯菩薩戒。菩薩戒的輕垢戒中有一條是這樣明文規定的。

所以如果出家學戒五歲期滿了，出家人同時受菩薩戒，竟然還在二乘菩提中勤心精進，竟然還在錯誤的二乘菩提中勤心精進，竟然還在次法中勤心精進，而說那是佛法，自以爲是，「不能悉捨如是所教」，還在二乘法中「勤心精進」；而且在與他共住的道場中，其實已經有大乘菩提中的「得無所有比丘」了，也就是已經有證得大乘菩提的比丘了，他竟然不肯前往諮詢請問；世尊說：「這樣的人雖然出家受戒已經五歲了，仍然不稱他爲比丘、比丘尼，應該說他是『邪見』者。」

這樣看來，「邪見」者現在是漫山遍野，眞的是漫山遍野。譬如你們前座幾位法師證悟以後在道場中，從堂頭和尚下至沙彌，他們知道你證悟了而不肯前來「諮問」，就是 佛陀說的「自有得無所有比丘，不往諮問」；那他們雖然出家受戒已經超過五年，世尊說這些人「猶名邪見」。如果以臺灣來講，臺灣很小；在大陸，同修們說：「我跟他住得很近，眞的很近！」但是一開車就是四個鐘頭才能到，說是很近、是鄰居；現在臺北市有個蕭平實證得「無所有法」，書也印出這麼多了，但臺灣那一些車程在二個鐘頭、四個鐘頭以內的比丘們都不來「諮問」；而他們有些人出家受戒已經三十年了，那是不是應該比照這段聖教說「猶名邪見」？果然！

所以現代人很看重面子，這是個大問題；爲什麼面子是個大問題？其實面子根本不重，一張薄薄的皮而已，問題是這薄薄的一張面皮後面代表著名聞、利養、眷屬、權位——在佛教界的地位。所以出家以後這些還看不破，也眞的可憐啊！而這一些東西都帶不去未來世。就好像我往昔也是蠻有名氣的，但能拿來用嗎？不能啊！如果我把兩千五百多年前、或是剛生到中國的一千多年前名號拿來用，人家就罵翻了；不拿那個時候，說九百多年前的名號就好，講出來時人家也要罵，那能用嗎？不能用。可有個實質，就是法，可以一直帶到現在來，全部都完整存在，一點兒都沒有遺失。所以當我發覺人家教導我的法是不對的，一旦把它丟掉，我前後不過幾十分鐘的探究便把人家教的丟棄，自己思惟不超過五分鐘就把明心與見性一起解決了，何曾遺失？我那時的回復過程能叫作參禪嗎？不能。因爲我並沒有參究，是直接就了知眞如心與佛性。

你們參禪辛辛苦苦：「如來藏在哪裡？在哪裡？」我可沒有啊！那時我覺得明心應該是怎麼樣，知道不可能是這個覺知心，整理整理以後：「唉呀！一定是這個，沒有別的啦！可是這個沒什麼稀奇。」因爲覺得很平淡無奇，雖然祂很平凡實在，當時覺得平淡無奇，所以先把祂擺著，再來看佛性是什麼？當然佛性不會是這六識的見聞知覺性，那到底是什麼？欸！馬上一個答案出來，於是就看見了，就這麼簡單，哪像參禪？根本就不是參禪。只是起念頭：那到底是什麼？然後就是往世的法種流注出來，隨即知道也看見佛性了。所以早期辦禪三，你們很多人會哭，看在眼裡，我是有時跟著哭、有時偷笑，我說：「**這麼簡單的東西，竟然參不出來。**」但是看大家在那邊愁眉苦臉……等，不能公開笑、就掩著嘴笑（大眾爆笑！）心想：「**這是很單純的事情，爲什麼大家參不出來，好奇怪咧！**」

這是說，這個法財是可以一世又一世延續下來，有個實質在，不會丟掉，不會遺失，就這樣一世又一世一直受用下來；可是面子所代表的名聞、利養、眷屬、權勢，一個也帶不到未來世去。譬如 克勤圜悟老和尚，他何嘗不知道自己在佛世叫作什麼？但他能講嗎？也不能公開講，他眞講得出來時就是找罵挨！根本用不到往世的名號；然而法就這樣一世一世受用下來，永遠不失，這才是重要的，這才是眞正的善財。所以說那一些人眞的叫作小心眼，都在小地方著眼，不在大處著眼，老是看那一些名聞利養等雞毛蒜皮的小事，當作是天下最大的事，結果把好幾座金山、銀山丟在旁邊不要，只要那些名聞利養等破銅爛鐵，眞的叫作愚癡。

話說回來，是什麼樣的人叫作「得無所有比丘」？這個「得無所有比丘」有一定的定義，可不能隨意把二乘聖者的證量拿來套在這裡指證。因爲《佛藏經》說的「得無所有」是證悟以後發覺：本來就無所得，不是修行捨棄一切以後才成爲無所得。在二乘法中他們的「無所得」是針對自己的蘊處界、六入以及各種我所加以觀行，包括內我所、外我所的觀行，確定都是生滅法，也能夠如實理解爲何是生滅法，然後確定一件事實：想要脫離生老病死……等輪迴諸苦，唯一的解決之道就是「不受後有」，就是「不更受有」，後有永盡。沒有生就不會有老死，因此願意滅盡自我。這樣實證了阿羅漢果以後，看待自己的一切，知道都是內我所、外我所，因此離一切法，都不取一切法，所以他也成爲「無所有比丘」。

但他成爲「無所有」的比丘卻是修得的，不是本來「無所有」，那他就不是 佛陀在這一段經文說的「得無所有比丘」。就好像六祖慧能責備當代其他的法師，罵他們是「將滅止生」；說他們的無生不是「本來無生」，認爲大乘法的無生是要證得「本來無生」的才是眞正無生，二乘法的將滅止生不是大乘法的本來無生。同理，大乘法中說的「得無所有比丘」，是證得一個本來就「無所得」的法；這個本來就無所得的法，本來就是「無所有」，祂的境界從來就不曾有任何一法存在；這個「無所有」就稱之爲空，這樣實證的人就是「得無所有比丘」。當然諸位都知道「得無所有比丘」的實證，就是證得「妙法蓮華經」、證得「金剛經」、證得眞如心，也就是證第八識阿賴耶識；這樣證了以後無妨這個五蘊繼續有所得，繼續受諸有，所以白天上班錢照賺，開店了錢照賺；他是賺了沒賺到，無妨口袋麥克麥克，但是實際理地沒有賺錢。

如果是那一些喇嘛們來要求布施，你說：「我今天都沒賺錢，沒辦法布施。」他說：「我明明剛剛看到你賺了好多錢。」你說：「賺了也沒賺，就是沒賺！」沒賺錢當然不能布施。他如果問你：「明明就有賺啊！爲什麼說沒賺？」你說：「賺錢之中依舊沒有賺，因爲實際理地的我根本就沒有賺錢。我現在從實際理地跟你說話，所以我現在眞的沒有賺錢。」他一想：「沒道理啊！應該是狡辯吧？」那你就說：「你如果認爲是狡辯，要不然我就用你的法來破你，看是不是狡辯。」你就告訴他：「好了，你們樂空雙運大樂光明說那是報身佛境界，說是常住法，我就告訴你那是虛妄法。」就一一條分縷析剖析給他聽，他聽完：「這是有智慧的人，不是胡扯啊！」也許他想：「這個人有實證，何妨探問一下。」「你們是怎麼修的？能夠有這個智慧。」你就告訴他：「我在正覺開悟的。」「喔！你有開悟，你是有所得啦！」你說：「我有開悟，我有所得之中依舊無所得。」「你開悟了爲什麼還說無所得？」「因爲我現在是站在實際理地跟你講，就沒有開悟這回事，哪來的開悟？哪來的所得？」啊？他一定很氣：「唉呀！你一下子現象界、一下子實相界，我到底要怎麼跟你講？」你就說：「你沒有說話的餘地。」接著告訴他：「等你將來悟了無所得法，懂得賺錢時眞的沒賺到錢，我就供養你。」也許你就度了這個人改邪歸正。

這意思就是說「得無所有」是證得第八識實相心，從那個實相心來看待五蘊、十八界等一切法；這時雖然五蘊、十八界領受了一切諸法，可是其實實相法界中依然無有一法可得，因此在無一法可得之中無妨繼續受學無量無邊諸法，無妨智慧繼續增上而仍然歸於「無所得」，這樣就是眞正「得無所有比丘」。那麼你們幾位法師是「得無所有比丘」，而道場中的其他比丘們（包括堂頭和尚在內）「不往諮問」，依 世尊的告誡，他們就叫作「邪見」。哪一天也許你心血來潮練練毛筆，哪一天練好了，就把 世尊開示這幾個字寫起來，往牆上一貼；某甲比丘經過時看一看：「是什麼意思？」某乙比丘經過也看一看：「是什麼意思？」大家弄不懂去問堂頭和尚，堂頭和尚說：「抄來我看看。」他不好意思來，就說「抄來我看看」，抄來看了當然也不知道。

然後開始查這是誰寫的，你就站出來：「我某人寫的。」這堂頭和尚如果要罵你，你就說：「和尚！借一步說話。」進入方丈室慢慢跟他聊。這可有得聊了，因爲你得先要跟他解釋什麼叫「得無所有」啊！還得要說明二乘法是修行以後無所有，那是生滅的無所有，是修來的，不是眞正的無所有；大乘法是本來「得無所有」，這才是眞正「得無所有」，然後就問：「和尚！您想不想當這個得無所有比丘？」這下棍子打了同時再給胡蘿蔔，你看他怎麼辦？他不好意思開口罵，因爲你把胡蘿蔔遞出來了！他自己也知道居於下位，怎能打上位菩薩？可是他也挨了你好幾棍，不是嗎？雖然這叫作嘴棍、不是眞棍，可也是棍！那麼也許幾年後他就有可能離開「邪見」。

所以「**受教者受戒五歲**」學戒圓滿了，應該要依止於菩薩戒、捨離二乘法、捨離次法。因爲這五年內都應該修完，否則菩薩學處整整五年到底在修什麼、學什麼？這五年都要學完。這五年學完時未到地定有了，正知見也有了，戒法也學好了，就該捨棄這一些；也就是要往上跳，跳到另一級去，不要繼續停留在下級中。如果受戒五歲不能「**悉捨如是所教，於是教中勤心精進，自有得無所有比丘，不往諮問**」，世尊訓示：「**我說此人雖有五歲，猶名邪見。**」可是 世尊指斥他「**邪見**」不是沒道理，世尊也把這個道理講清楚了，因爲「**雜外道法，順行魔事**」。確實啊！他是夾雜著外道法在修學；因爲他無法跟「**無所有**」的境界相應的原因，就是夾雜著常見外道、斷見外道的法。

諸位可以去看看全球佛教界、五大洲一一把它檢查，哪個道場沒有夾雜著外道法？就只有正覺沒有夾雜外道法，因爲外道法來到這裡全部都消失了！這個「**無名相法**」如來藏妙眞如心，猶如一把金剛寶劍，一切外道法遇到這一支金剛寶劍的光輝，全部自動消失了。所以會中假使有人證得如來藏以後，還要回墮於意識或識陰的境界中，膽敢暗中搞小動作否定正法，我們一查到，馬上有別的老師會找他談話：「你這是外道法，你這是生滅法。」為什麼是外道法？為什麼是生滅法？一一為他說明以後，他一句話也不能吭聲，如果不改正，就只得離開。我們弘法二十來年，有人當到老師了還會退墮到外道法去；但是在我們這個如來藏妙義—金剛寶劍的光影—所照之下，最後還得要消失，因此密宗假藏傳佛教的外道法再也不能出現於同修會中，再也不敢於佛教界中振振有詞說他們那個叫作佛法。所以外道法不可能在「無名相法」的道場中存在。

因此只要不是證得「無名相法」，只要他所弘揚的不是「無名相法」如來藏，他的知見就不純正，難免夾雜著一些外道法；這是打從佛世以來已經如此，不是到了末法時代的現在才如此。所以當他們夾雜外道法時，首先會把類似佛法的外道法繼續夾進來，然後越演變時外道法就越多，演變到最後連密宗假藏傳佛教那個坦特羅外道法混進天竺佛教裡面來，也都自稱為佛法，因此天竺佛教其實是十世紀末就消失了！那時佛教只剩下一個空殼子名為佛教，內容都是譚崔外道的東西，然後十三世紀回教軍隊打來時被整個消滅掉。但以前那些不懂的人都說：「**佛教是消滅在回教軍隊手裡。**」我說：「**不**

然。佛教是消滅在密宗假佛教外道手裡。」回教軍隊來時只是消滅了坦特羅（譚崔）假佛教，我們反而應該歡迎這件事，否則他們現在的勢力會更大，那我們在別的地方要弘揚正統佛教，就會受到更多的壓制。

那麼回教軍隊十三世紀消滅了印度坦特羅佛教，該不該像那一些愚癡人說的：「護法神到哪裡去了？爲什麼不護持佛教？」該不該這麼講？不該。假使那時我去當護法神，我也要去策動那些回教軍隊來把坦特羅佛教消滅；如果不儘早滅掉，正統佛教在弘揚時又要被他們排山倒海一樣打壓，還能弘傳嗎？因爲坦特羅佛教的弘傳很容易，凡夫眾生哪個不喜歡那個境界？聚眾勢力當然很快又很大。所以你們看現在洋人很喜歡所謂的藏傳佛教對不對？那些大明星們最喜歡了，可以互相邪淫又可以得到修行人的好名稱。可是哪一天如果你去找那些大明星，例如李察吉爾，還有莎朗史東，你去跟他們講如來藏妙法，他們會問你：「你在講什麼？」轉頭就走不甩你。太深妙而很難弘傳的法，本來就不容易弘傳；當坦特羅佛教的勢力排山倒海來壓制你時，你還能弘傳嗎？我才不信呢。

所以看事情要從實質面去看，不要從表面去看，就說當年護法神爲何不保護天竺佛教，難道要他們保護破壞佛教的譚崔外道法？但是今天由於宗教自由、言論自由，我們可以好好弘揚起來；因此只要你有證得「**無所得法**」，這個「**無所得法**」猶如一把金剛寶劍，雖然祂無形無相但是光芒萬丈，所有外道邪見被這光明所照，立刻消失無影無蹤。所以我們正覺同修會存在時，外道法始終滲透不進來，因爲一來到這裡被這個正法光明所照就消失了，都不可能存在了。

可是不肯去向「**得無所有比丘**」諮詢問法的人，他們永遠都跟「此經」絕緣；當他們與如來藏妙法絕緣時，他們所知道的境界都只會是意識的境界，跳不脫的，永遠都在識陰的境界底下；那麼他們這樣修學時外道法就很容易夾雜著一起學習，自以爲悟以後也一起去弘傳。所以那一些悟錯的或者沒有悟的大師們，都很容易跟天主教的樞機主教往來，而且還公開辦什麼活動互相交流。爲什麼能交流？因爲同樣都是「**魔道之法**」。甚至於說：「**不信我上帝的，我就把你剪除。**」而他們的上帝也眞的這樣幹，這本來跟我們是不應該共立的，結果他們竟然可以跟那些外道公開往來，然後談論一些事情，談的當然全都是世間法。因爲雙方都是識陰的境界，當然可以交流；所以大法師們也可以跟密宗假藏傳佛教外道交流，否則當年哪來的紐約「世紀大會談」？就像現在印順門下也跟密宗假藏傳佛教外道不斷地交流一樣。那爲什麼他們可以互相交流？其故無他，因爲雙方同樣都屬於識陰的境界，所以雙方有交集點。其實不應該說交集點，因爲雙方根本是水乳交融完全一樣，交集點只有一點，他們同樣落在識陰境界中，完全相同。

因此，知道「**得無所有比丘**」而他「**不往諮問**」，這個人一定存在著很多的「**邪見**」，那麼他所弘揚的法、他所修行的法之中，就必然夾雜著很多「**外道法**」。當他夾雜很多「**外道法**」時，不免「**順行魔事**」；所以弘揚淨土法門很有名的一位大法師，寫書法時竟然也會寫基督教的《玫瑰經》，而且還裱起來掛在牆上欣賞；而他那一串佛珠，那佛頭珠下方還掛著一個銀色的十字架；他還公開主張（那不過是幾年前的事）跟著外道說「**世紀末日眞的到了**」。佛教有講世界末日喔？他根本就是弘揚外道見，怪不得大陸政府要把他禁了；他不但是惑亂民心，根本就是「**順行魔事**」，好可憐。當年我送上門去要把法傳給他，他不要，姿態很高；現在落入外道見中，這一出一入，相差不只十萬八千里。所以 佛說的眞是至理名言，不可移易；你想要把它改動一句話、換一個字都不行。這些人眞的「雜外道法，順行魔事」！（編案：二〇一八年新聞報導，說此法師率眾去基督教堂吃「聖餐」。）

然後 佛陀又開示：「舍利弗！若有比丘受是教已，聞空無所得法，即自覺知：我先受者皆是邪見。」世尊說了：「如果有比丘接受前面那一個比丘所說的那一些法教之後，如果沒有機會聽聞到了義正確的大乘法所說的空法、無所得法，他就會繼續傻呵呵地、很精進繼續學下去。可是有一天當他聽聞到有佛或者菩薩，如實演說大乘法中的空法、如實演說大乘法中的無所得法，他立刻就會知道，立刻就會覺察出來：我先前領受的那位比丘給我的教導，都是邪見。」

這也是事實，諸位以前學佛其實學了很多的邪見，可是都不知道那是邪見，一直以來都認爲那就是佛法；很多年又很多年過去了，從來不曾責備大師們，因爲你們心地善良，因此都是自怨自艾：「我大概有業障，我大概是福報不夠，我大概是太笨，我大概是定力不夠，無法證得佛菩提。」什麼都怪自己，都不曾怪過大師們，對不對？所以我說諸位眞的是心地善良，沒有錯說諸位。正因爲你們以往沒有聽聞過眞正的大乘佛法，也沒有聽聞過眞正的「無所得法、空法」，所以不能了知。一旦了知了，立刻就知道：「以前我所學的不對。」也就是說，有人介紹你來正覺聽經，或者有人把正覺的書送給你們，你們讀了以後知道說：「啊！原來我們以前所受學的都不對。」所以那時自己就說了：「我先受者皆是邪見。」因此諸位才投入正覺修學和實證。至於爲什麼聽聞了大乘「空法」、聽聞了大乘「無所得法」，就會覺知那是邪見，那就等下回分解了。

《佛藏經》上週〈念佛品〉第二，講到第八頁第二段第四行「我先受者皆是邪見」，上週要講「爲何是邪見」是不是？上週有沒有講解「爲何能夠了知『先受者都是邪見』」？沒有。這就是說，身爲比丘如果已經接受了「得無所有比丘」依第一義諦而作的教誨，就會知道先前那位比丘所教導的看來好像是佛法的法，其實都是次法或是二乘菩提，甚至只是錯誤的二乘菩提，全都是「邪見」。爲什麼證得了佛法中的「空、無所得法」以後，倒反而把一般佛教徒所認爲的正見看作「邪見」或判定爲「邪見」？一定得有理由，不能沒理由就隨意判定。這也就是說，一般人所認爲的佛法就只是二乘的解脫道，而且所聽聞的解脫道往往還是錯誤的；這是幾十年來始終如此的現象，一直到正覺同修會弘法以後才有所改變；包括釋印順在內，都是把解脫道當作佛菩提道，並且他的解脫道還是錯誤的，不曾斷我見、身見。

從他們的立場來看，前一段 世尊開示中所舉說的有比丘教人家修四念處觀，教人家修五停心觀，說要蠲除貪瞋癡等，表面上看來都是佛法；不論去到哪一個道場，你說這就是佛法，大家都接受，沒有人會反對；這是因為末法時代大家都不懂眞正的佛法，幾乎是所有人一體遵行。然而從實相來看，也就是從第一義諦的佛菩提道來看，第一位比丘所教的四念處觀、棄惡修善等，全部都不是眞正的佛法；因爲那最多只是二乘菩提，而大部分都還屬於次法所函蓋的範圍，還談不到二乘菩提。那麼這就要區分出大乘法所說的空以及「無所得法」的內涵，以及大乘法中的一個小部分而名之為解脫道所說的「空、無所得法」，究竟有何不同。

這就是說，三乘菩提中同樣都說空，同樣都說無所得，但是內涵不同。在二乘菩提中所說的空，是因爲無常故空，是依於現象界中的法，譬如蘊處界等，乃至外我所的一切眷屬財富名位等，都因爲無常故空，空故無所得，這純粹是從現象界的法來說的；然而大乘菩提中包含了這個部分在內，但是更進一步從實相法界來說「空、無所得」。換句話說，二乘菩提所說的空無所得，在大乘法中是本來必修的功課，本來必證之法，然而修了、證了以後，終究只是修學大乘菩提的基礎而已，還得要進而實證第八識如來藏——就是本經所說的「**無名相法**」、「**無分別法**」；然後從「**無名相法**」本身的境界來看一切法，也就是證得了「**無名相法**」之後，我們覺知心設身處地站在「**無名相法**」第八識的境界中來看待諸法時，無妨蘊處界有所得，無妨蘊處界空、無常故無所得，但是實相法界本身從來就不曾有所得；因爲祂是空性，祂自己的境界中從來沒有蘊處界法，所以空故無我，因此從來都無所得。

這樣的空無所得法是本來空，不是無常生滅滅盡了以後空；而祂的無所得是本來無所得，不是像二乘菩提所觀行的蘊處界於人間有種種所得然後無常故空，而是本來就無所得。所以當這個比丘去諮問「**得無所有比丘**」以後，由那位已證「**得無所有比丘**」爲他作教授教誡之後，他這麼一聽立刻知道：「**我先前接受另一位比丘的教導，說那就是實證佛法，那其實不是正法，他的教導其實是邪教導；雖然表面上看來是正教，然而其實是邪教，因爲那樣的教導，於無名相法的境界來說，其實無一可證。**」這時「**即自覺知**」：「**我**

先受者皆是邪見。」然而現在想要尋找這樣的比丘——知道「我先受者皆是邪見」的人，無處尋覓啊！就只有諸位了，我沒地方再找這樣的比丘。這種被教導而知道「我先受者皆是邪見」的比丘，末法時代極難可得。

如果要找一位「得無所有比丘」而可以被諮問的，更沒地方找，所以諸位只好繼續待在正覺同修會裡面，因爲我們具有能被諮問的，以及樂意諮問的兩種人。這看起來好像自我標榜，但這是事實；我看現在普天之下也只有我們敢這麼說，而且是公開講了以後，將來還整理到書裡面去對外流通，不怕人家質疑。因爲咱們賣的是黃金，不是鍍金，當然可以公開說：「我賣的是眞金，而別人賣的都是鍍金。」因爲現代確實沒有一家賣眞金，那你公開講了，他們敢來跟你質疑嗎？所以我們就公開說了。但是初機學人聽了可能心裡老大不痛快：「你這個蕭平實，講話好狂！」我說：「不但狂，連古德都敢指名道姓拈提了，講這個話有什麼難的。」可是這些話只能坐在這裡講，不能去外面說，不然的話後果可知，一定被群起而攻。那我這個人又不想學臺灣布袋戲講的：「吾乃某某人。」然後大家聽了就嚇得「蹬！蹬！蹬！」倒退三步，我希望很低調不要跟人家爭論。

這就是說大乘法所講的「空、無所得法」，並不是二乘人所知的「空、無所得法」；因爲二乘法中的「空、無所得」講的是現象界中的諸法，例如蘊、處、界、入以及外我所等，都是緣生緣滅、無常故空、空故無所得。然而大乘法第一義諦中雖然函蓋了二乘法中的緣起性空等法，最主要卻是在實相法界這個「無名相法」本身從來是空、本來無所得來實證與現觀，來爲大家說法，一起走向究竟佛地，這就是大乘法說的「空、無所得法」；這與二乘法中說的現象法界諸法的無常故空、空故無所得迥然不同。如果是初機學人聽我說這個法時會聽得很痛苦，痛苦主要是兩個原因：第一是聽起來很刺耳，因爲「你蕭平實這麼大膽，處處月旦古德」；第二是他聽起來艱深難懂，所以聽得很費力。也許兩個鐘頭聽經完了想要回家，才一上車他就打瞌睡了；因爲花掉好多腦力，不容易聽懂，眞的累。

然而不容易聽懂的法就稱爲聞所未聞，如果是老生常譚不聽也罷。那些年紀老大的法師們，他們常常說的只是苦、空、無我、無常，四聖諦、八正道、十二因緣，大家耳熟能詳，這就是老生常譚。那你們都聽到耳熟能詳了，來到正覺還要重複聽那些嗎？倒不如待在家裡自己講給自己聽還好，因爲自己都會講了，何必聽人家講呢？如果是聞所未聞的法，頭幾次來聽一定聽得很吃力，但是多聽幾遍、聽慣聽久了，慢慢就通了；到後來才會知道來正覺講堂聽經一年，都還不用上禪淨班，一年後和以前別的道場同修相見時，就會發覺互相之間相差不只十萬八千里，那時才會知道自己進步有多大。

所以不要害怕聞所未聞的諸法，應該害怕的是自己的心量不夠廣大，心志不夠堅定；聽到很深、很廣的法如果心中畏懼，佛說這種人名爲「新學菩薩」。可是自己究竟是新學菩薩或是久學菩薩呢？其實只是一念之間，假使這一念畏懼跨過去了，就能不斷地持續聽下去，聽久了就是你的；能詳細而深入地聽取，聽久了以後快速提升上來，就有資格成爲久學菩薩了！那麼未來的實證可就是指日可待，所以能否不懼深法繼續聽聞下去就很重要。

所以 世尊接著開示說：「於空無所得法無疑無悔，深入通達，不依一切我見人見，舍利弗！我說此人名爲得清淨梵行。」世尊的意思說得很白，對於第一義諦所說的「空無所得」這個法，心中不生起疑心，並且願意深入修學而不後悔說：「這個法那麼深奧難懂！」能一步一步次第進修，漸漸地很深入去通達大乘法的「空、無所得法」；世尊說：「當他深入通達之後，就不再依止於一切人見我見，」世尊又特地呼喚說：「舍利弗啊！我說這樣的人叫作證得清淨梵行的人。」那諸位聽完 世尊這句開示之後，不免又想：「糟了！看來佛教界還沒有得清淨梵行的人。」不免會這樣想，因爲你聽完 世尊這句開示時心中開始轉起來：第一個大山頭、第二個大山頭、第三個大山頭、第四個大山頭、第五個大山頭……轉了一圈回來感嘆地說：「哇？沒有一個清淨梵行者！」那不是要大喊「糟了」？所以那一些看來表相很清淨、持戒很清淨，甚至於不搞名聞利養的大比丘，在 世尊這一句話下，也變成「非清淨、不修梵行」的人了。

那你如果要拿這幾句經文去檢驗天下善知識時，檢驗後把檢驗報告公布出來會怎麼樣？人家馬上會罵你：「你這個人要不得，把佛教界搞得烏煙瘴氣。」因爲他們認爲本來大家互捧，你捧我、我捧你啊，一片祥和，名聞利養大家共同分享就好了！沒想到你這檢驗報告公布出來，大家心中老大不痛快；也許他們的堂頭和尚按捺得住，座下的弟子跟信徒們可就忍不下這一口氣，於是網路上匿名謾罵，甚至也有人敢具名來罵的，一定是一堆人，那不就烏煙瘴氣了嗎？推究到最後，這些烏煙瘴氣的事情是因你而生，所以大家群起而攻。他們絕對不會想說：「是因爲我們自己沒有悟，我們自己誤導了眾生，人家才會提出來講；而人家的檢驗標準是依據佛的聖教開示。」他們不會這樣想，他們只會想：「是你挑起爭端，所以你是惡人。」

可是你要從本質來看誰才是惡人。當一群大師都在騙眾生、都在誤導眾生，而你把眞相揭發出來讓眾生可以瞭解：原來我們幾十年來都被誤導，現在應該要揚棄外道的邪見，回歸 佛陀的聖教。他們知道自己眞的悟錯了還在印證眾生開悟，當然就知道自己誤導眾生，可又不能承認；因爲承認了茲事體大，那些大山頭每個月基本電費要繳多少錢？最便宜的二十五萬元，多的一個月四十五萬、五十五萬元，一個月的電費就是那麼多，不管你有用沒用，就是要繳那麼多，叫作契約容量。如果承認自己悟錯了，徒眾跑光了，是不是堂頭和尚一個人要來扛？所以絕對不能承認悟錯了！

就算堂頭和尚願意承認，下面的眾弟子們(比丘、比丘尼)一定群起反對，理由很充分：「師父！您承認了大家就跑光了，這些電費、這些保養的費用，我們要怎麼籌措啊？」說的也是，所以還眞不能承認，就只能等待時間的洪流慢慢地清洗，所以二十年後、三十年後臺灣佛教就回歸正法，那我們繼續扮演一個監察御史的角色，繼續糾舉出來給所有學佛大眾瞭解，大家因此可以回歸正道，至少不會在那些岔路上老是繞遠路。所以「得清淨梵行」的比丘，末法時代還眞的難尋，因爲這個標準很高。

咱們再來看 世尊說的這幾句，有幾句是這麼說的：第一句「**於空無所得法無疑無悔**」，這可難了！一般而言，三賢位的菩薩實證了以後，對於空性如來藏「**無名相法**」，有時心頭一轉，起了好大一個問號：「**這眞的是佛法說的如來藏嗎？**」實證了以後總是免不了會起這個疑念，這都是正常；我在往昔很多劫以來也是這樣經歷過的，沒什麼奇怪。當這個疑生起了以後，心中就會生起一絲絲的懷疑：「**我走這一條路到底是對還是不對？**」特別是以前正覺同修會默默無聞時，因爲到處聽來聽去佛教界都說：「**大家都這麼說，只有你們正覺那麼說，你們偏偏跟人家不一樣，所以你們的法有問題！**」然後心裡面又開始有一點疑悔。

聽完了，回家以後不得不把經典再請出來一一對照檢驗，可是檢驗以後，發覺自己所證的這個如來藏阿賴耶識，跟了義經中所說完全相符哪！不信邪，又來跟《阿含經》比對，看在二乘菩提中會不會有矛盾衝突？比對了以後，一樣是相符相契，沒有絲毫矛盾之處，於是心中大概要底定了，想一想：「再檢驗看看，不然我就趁著年假——春節放假，我一個人躲到山上去，再參究看看還有沒有別的心才是眞正的如來藏。」在山上待了半個月，下山來，不得不承認，就只有這一個如來藏，再也沒有了，於是那個疑、那個悔才算丟了；所以三賢位菩薩才稱之爲位不退，不能稱爲行不退，因爲躲到山上那半個月就叫作行退，可是畢竟還安住在第七住位中沒有退轉。

有人說：「你們正覺證那個法，總是會聽到有人悟後退轉，表示你們那個法有問題。」初聽之下也許認爲他說的有道理，然而根本就沒道理；打個比方說，很難製造的東西會是大多數人都會的嗎？很容易製造的東西會是只有一個人能做嗎？就好像一句俗話講的「百萬將軍一個兵」，而我們正覺是那個兵，其他各大山頭就是百萬將軍啊？「百萬將軍一個兵」表示什麼呢？表示能打仗的是誰？只有那個兵，百萬將軍們只會比手畫腳無法打仗。再從另一個方面來看，一樣可以印證這一點，開悟到底容易或者困難？很困難。諸位都不認爲容易，那麼如果每天打坐修離念、證得離念靈知，比起證悟如來藏是哪個容易、哪個困難？證悟容易？也不容易欸！是在正覺同修會裡面才容易。

可是你看外面，例如法鼓山教大家修數息，說要數到一念不生，好多人數了三十幾年依舊無法一念不生，那你說離念靈知容易修嗎？也不容易啊！可是在同修會裡面很容易，把動中憶佛的淨念捨了就變成動中的離念靈知，會離念靈知—不論動中或靜中—的人不一定會無相念佛，但會無相念佛的人，一定會離念靈知，不論是動中或靜中，所以諸位才說容易。那我們就接受諸位的看法說：「容易！」諸位說的對，是容易，因爲相較於開悟來講當然是容易；例如古時外道們得四禪八定的人多的是，那就是不同層次的離念靈知，然而 佛說這些人連阿羅漢都不是，更別說菩薩之所證，可見離念靈知比起開悟來確實容易。

好了，現在有人說：「大家都開悟了，只有一個正覺悟錯了。」這個道理就講不通啦！因爲開悟是比證得離念靈知困難的，特別是比識陰的境界更困難，而大家都開悟就只有一個正覺沒開悟，這個沒道理吧！就等於說最困難的大家都會，最簡單的就只有一個人會。所以我們把這個道理講出來以後，沒有人再主張說：「各山頭大家都開悟，只有你們正覺一個悟錯了。」

因爲那會變成「百萬將軍一個兵」。但是難悟的一定是難信的，所以會退轉的法才是眞實法；不退轉的法不是眞實法，因爲那是一般人所知所見，怎會退轉？

你去社會上問每一個人：「假使有辦法讓你每天都賺很多錢你要不要？」他一定跟你說要；回過頭來你重新問他們說：「假使我能讓你們各個都證得阿羅漢果，你們要不要？」剛開始說要，但你跟他說：「證阿羅漢果是什麼內容呢？是要把所有東西都捨棄，財、色、名、食、睡全部都捨了，眷屬也捨了，並且死時把自己也捨了，入無餘涅槃後沒有未來世，這就是阿羅漢的境界，你要不要？」這時一定告訴你：「不要。」但終於好不容易說服了十百人願意證，證得阿羅漢以後會不會退轉？會。其中一定會有不少人退轉。要是交代他們說：「每天讓你賺幾萬塊錢，而且盡未來際每一世都這樣好不好？」「好。」會不會退轉？保證不會。

流轉於三界中的法一定不會使人退轉的，偶爾有人退轉就稱他爲阿羅漢、緣覺、菩薩；所以咱們是退轉於世間法的人，傻蛋一個。眞是傻蛋一個，正在賺錢的時節竟然說：「好了！到這裡爲止，不再賺錢了。」然後就開始修行，所以我四十幾歲退休，不賺錢了，就是這樣。這不正是傻蛋嗎？啊？不是喔？可見你是從佛法來看我，但從世間人來看我時這眞是傻蛋。而且出來弘法以後從來不收人家錢財金銀珠寶等供養，自己還出錢來護持正法，並且自己也來作義工，這不是傻蛋嗎？是傻蛋！啊？不是啊？可見諸位是菩薩！但從世間人眼光來看，這眞是傻蛋；像我這樣作，如果不是證得深，保證會退轉。

然而我們這種傻蛋從世間人來看就說：「**退轉於世間法了。**」如果要他們來證得這個境界，保證他們不必多久就退轉了。如果在世間法中流轉，告訴他們說：「**保證你世世婚姻美滿家庭和樂，五子登科，而且財富具足，讓你世世都這樣好不好？**」一定說：「好。」會不會退轉？絕對不會！保證他不退轉。所以只有會退轉的法才是眞正的法，因爲難忍，沒有辦法安忍。把自己捨棄而證得的二乘無生法，很難安忍，所以才說是「**無生忍**」，不然就得改爲「**無生得**」了；世俗人根機淺，忍不了，悟得二乘或大乘菩提時就無法忍，在善知識攝受下，勉強忍住；但是過一段時間依然無忍，所以稱爲退轉。菩薩是把自己奉獻出來，要去證大乘無生法忍說：「**一切諸法本來無生，**

本來都無所得。」只有傻不啦嘰的菩薩願意這樣修證，所以一般人走上這一條路不退轉也難，根機不夠深厚的人會退轉才是正確的，表示這個法不容易「忍」。不能安忍就表示沒有無生忍、或者沒有無生法忍，能忍就有無生忍或是無生法忍。既然實證以後說是要忍，就表示這不容易安住，因此有時有人會退轉，這才是正確的法。

又如律部《菩薩瓔珞本業經》中 世尊也講過，無量無數劫前淨目天子、法才王子、舍利弗曾經證悟，可是沒有善知識攝受，因此退轉以後無惡不造，結果當然是要下地獄；世尊是保留他們的面子沒有說：「他們下地獄承受多少苦，然後又回來才遇到我釋迦如來才證悟。」幫他們保著面子。但是既然說十劫之中退轉了無惡不造，下一句是什麼，想一想就知道了。所以會退轉的法一定是很難安忍的，才是正法。

那麼眞正「得清淨梵行」的人是「於空無所得法無疑無悔」，「無疑無悔」眞的很難，要入地以後才不會再有一念生疑，但這很難。不會一念生疑，對自己在這一條路上繼續行走下去永不後悔；眼見眾生在世間法上種種享樂的境界，而自己全心全意爲眾生付出都沒有後悔，這很不容易。有幾個人對於世間法可以享受而放棄不享受，專門去當傻瓜、去為眾生付出的？大家都是求名、求財、求權位，而你這個傻蛋什麼都不要，只是為眾生付出，這當然要「無疑無悔」才能辦到。

可是這個「無疑無悔」究竟是從什麼樣的心境來的？就是下一句「深入通達」；當你證悟之後斷了我見、我執、我所執，並且於般若「深入通達」之後，你會看到自己未來最多不超過兩大阿僧祇劫就能成佛，也看到自己在世間法中抵抗五欲的能力是多麼堅固！而這一些都是從「深入通達」的功德顯現出來的。如果不是「深入通達」，終究不免被世間五欲所影響；有時就會涉足於五欲之中，然後隨著五欲漂轉，漂轉一段時間後又想：「欸！還是回來正法中吧！」為什麼會這樣想？因為知道那不究竟。可是當你「深入通達」以後就不受影響了，菩薩道該怎麼走，利樂眾生時該怎麼作，你就繼續走、繼續作，因為這時「不依一切我見人見」。

「不依一切我見人見」為什麼可以抵禦五欲的誘惑呢？諸位先想一想看，財、色、名、食、睡或者色、聲、香、味、觸，這五欲如果離開了人類這個五陰，還能存在嗎？所以一切都為了這個五陰，不管將來科技多麼發達，同樣都爲這個五陰。現在有錢人玩私人飛機，一架私人飛機動輒幾億元；沒有錢的人玩什麼機？玩手機，這便宜多了，大不了兩、三萬塊錢臺幣就有高級手機；但是你注意看，不論飛機、手機，都是爲五陰而設計的，所以私人飛機上也會有臥室、化妝室，甚至有的私人飛機還可以有一個小小的泡澡缸，在天空也可以泡澡欸！（大眾笑…）至於無線電等則是基本配備。

那麼這些是爲什麼而設計的？五陰啊！正是因爲這個五陰。設計手機時怎麼樣聽得清楚，該怎麼樣的設計才好拿，要怎麼樣好操作，怎麼樣可以通話方便，通話以後又要如何可以方便紀錄，又不會忘失別人的電話，還有其他一大堆的設計。現在手機可不得了，我那手機裡面有好多東西從來都沒用過，也不知道怎麼用，後來我女兒說：「您怎麼都不用 LINE，幹嘛不用？」我說：「什麼叫 LINE？」後來她終於幫我弄好，我就這樣用，眞方便！可是就常常被打擾了，有時候女兒、有時候兒子 LINE 一下來：叮咚、叮咚。這些又是爲什麼而設計？都爲五陰啊！一切莫不爲五陰而設計，表示人們對五陰的自己是非常在意的；所以凡夫悟的境界是不離五陰的，那一定不會退轉。

反過來說，如果能夠把自己給砍了，不受後有，他還會被這些我所影響嗎？絕對不會。所以你叫阿羅漢捨下一切，那都沒有困難；你叫諸地菩薩捨下一切，也沒有困難，因爲我見都不存在了，人見也都不存在了！假使我見不存在，人見也不存在時，還有兒子女兒嗎？還要有 LINE 幹什麼？都不需要了！都是因爲我見所以有人見，有人見時：「**那是我的老師，那是我的學生，那是我的朋友。**」就有一大堆。所以你看現代洋人發明臉書讓大家來加入，成爲自己的眷屬攀緣不夠，還要攀緣不認識的眷屬；聽說可以直接把圖文貼上去公開，喜歡加入我的群組就來，同時把自己的私事全部公布出去。因此有的人就這樣遭來黑道匪徒覬覦，人之無智以至於此。

這一類人你要他修行好不好？不好！很困難的，因爲他們都在我所上面用心。如果你能夠把「我」給丟了，表示已先把我所的執著捨棄了，否則你如何能夠把「我」丟了？因此阿羅漢與菩薩要捨棄一切都很容易，可是這裡面還有個差異：畢竟菩薩不是阿羅漢，因爲菩薩被十無盡願──也就是被十大願──所「繫縛」了，心甘情願。這十大願，當菩薩想要進入初地時要在佛前發心，這一發心就永遠「綁住」了；菩薩從此以後能不能捨離十無盡願？能！只是不願意捨離；他連命盡──連未來際的命──都能捨了，豈有不能的道理呢，但他不想捨離，因爲掛念著往世無量劫以來的父母、子女、師長等。《梵網經》菩薩戒裡面不是說了嗎：一切男子是我父，一切女人是我母，我生生無不從之受生。

所以不要像某些人看見自己的父母孝順得不得了，看見別人的父母時老是用眼睛瞪，焉知那些人上一世、上上世，或者一萬劫前、一大阿僧祇劫之前不是你的父母？可是世人沒這個觀念；而菩薩就不捨棄這一切人，因爲知道只有緣深緣淺的差別，無量劫來無不是眷屬。所以有的人十世之前成爲父母子女，有的人百世之前，有的人百劫之前，有的人是百億劫之前不等，但都曾經互爲眷屬，因爲每個人的過去世都有無量劫。那麼阿羅漢是把這一些捨了，很無情的入無餘涅槃去；菩薩則不然，有能力取證涅槃卻記掛這些有情，所以寧願被十大願綁住；不是沒有能力把它解開，是不願去解開；而且菩薩有智慧看到說，阿羅漢所證的無餘涅槃只是個方便施設，其實不是究竟的涅槃；因爲阿羅漢沒有斷除習氣種子，而且無始無明隨眠也沒有斷除，還在變易生死的境界中，不能說是究竟的涅槃。所以菩薩願意陪著眾生步履蹣跚也無所謂，就一步一步慢慢地向佛地前進，因爲他已經「深入通達」一切法本來無生，所以他從來「不依一切我見人見」，得要這樣子才能夠說「名爲得清淨梵行」。

說到這裡又糟糕了，因爲你得要去尋找一個「得清淨梵行」的人來修學成佛之道才好走，那就要把眼睛擦亮一點。所以末法時代學佛眞的可憐，可憐的不是你們，你們已經走進正覺了；但是會外可憐的人很多，有的人被情綁住了，得要等他師父死了才會到正覺來；有的人被表相綁住了，瞧一瞧說：「你們正覺也沒有兩百公頃土地，去到祖師堂一看，才那幾千坪，建築物又不大。」他們不會看門道，只看表相。所以他們就繼續跟著「未得清淨梵行」的大比丘們去學法。如果將來把 世尊開示的這句話整理好印出去以後，我想我又要得罪人了。

可是末法時代說法能不得罪人嗎？除非我也來搞鄉愿，否則還眞作不到。很多困難的事情我們作得到，就是這一點作不到；因爲如果要鄉愿的話，就得要容許「相似像法」廣大弘傳；可這麼一來就違背 如來的告誡，因爲 如來早就說了，如來的法不會像載著很多很重石頭的大船突然間頓時沉沒，而是會漸漸沉沒；漸漸沉沒是因爲到「像法時期」開始，「相似佛法」看起來就好像是佛法，像法開始興盛起來時，了義的正法就被淹蓋了，那時了義正法就漸漸滅沒，好像一艘大法船漸漸地沉沒。

所以我們現在建造了這一艘大法船，得要把它造得很堅固，隨時準備著，哪裡破了個小洞就趕快補起來，並且要去把那一些仿冒的假船一一插上旗桿標示為「**相似像法**」；要這樣大家才分得清楚什麼才是眞正的正法，然後正法才得以繼續弘傳、繼續流通利樂人天。所以尋找「**清淨梵行**」的人得要有因緣，假使因緣不夠，他老是著眼在表相，他們其實是適合修學「**相似像法**」的人。因為諸位不看表相，所以能夠進入正覺中，這麼多年繼續安住下來。那你們實證「**空無所得法**」的人，可以為我證實這一點；還沒有實證的人將來也會為我證實，那就大家輪番為我證實我所說的是如實語。所以我每年都有人為我來證明，豈不快哉！

每年禪三被我印證的人，都會寫出見道報告來為我證明：「**您講的正確，您解釋了佛陀的聖教，佛陀確實不二語，誠實語，如實可證。**」這就是我的人生中最快樂的事。假使世俗人來讚歎說：「**蕭老師！您現在是大師了。**」我都不想聽，因為他那個讚歎沒有意義，為什麼呢？因為他不懂「大師」的意涵。你想，他見到某某山、某某山的堂頭和尚時都叫大師，而我也被叫大師，那我豈不跟他們一樣了？眞倒楣。這樣，他們讚歎我「大師」有什麼意義？所以我一點也不會高興，因爲言外之意我跟他們是一樣的，豈不成一丘之貉？所以我不要當大師，我還是當我的蕭平實。這就是說，法的實證要依世尊的聖教來學、來修、來證、來得。所以 世尊說的：「我說此人名爲得清淨梵行。」雖然說得嚴苛，我們依然要至心信受而且願意永遠奉行！

接下來 世尊又說：「舍利弗！若有比丘成就如是無所得忍，雖現未得無餘涅槃，我記是人彌勒佛時當在初會；時彌勒佛歡喜三唱：『是人能於釋迦牟尼佛法中，成就無所得忍。』」世尊這裡又授記了。呼喚了舍利弗，也就是要讓大家注意接著要說的話。例如我在說法的過程中，如果突然呼喚了某某人，諸位一定會特別留意：到底老師要說什麼？所以 世尊爲了讓大家留意，再一次呼喚「舍利弗！」接著說：「如果有比丘成就了大乘法中說的這一個無所得忍，雖然現前還沒有證得無餘涅槃，我授記這個人在彌勒佛時，將會在龍華三會的第一會中參與法會；那時彌勒佛會很歡喜的三度高聲地說：『這個人能夠在釋迦牟尼佛的正法之中，成就了無所得忍。』」

現在這個「無所得忍」得要略說一下，否則到底是怎麼樣才是得到「無所得忍」，心中都不知道，那就無法確定將來 彌勒佛龍華三會的第一會時能不能參與其中。因爲參與其中是有好處的，那時當場要證阿羅漢果的。「成就無所得忍」是說，你證得一個法，這個法於一切法中普遍存在，但是從來無所得；你證得這個法而如此現觀之後，能接受、能安忍，這就叫作「成就無所得忍」。有這麼一個法一直都跟你同時同處而不相離，五陰的你於一切法中有所得，祂於一切法從來無所得。

怎麼樣叫作所得？可不能像那一些世俗大師講的：「人家今天供養我五千萬元，有所得；這某乙今天來見我都沒有供養我，那我就是無所得。」如果有大師這麼講，就告訴他：「原來您是有所得大師。」也許他跟你抗議：「欸！剛才某乙來見我，我就無所得啊，怎麼會有所得？」這時你得要告訴他說：「原來大師您誤會了。」他當然要問你：「我哪裡誤會？某乙沒有供養我，難道我不知道嗎？」「所以我說您誤會了。」然後好整以暇告訴他：「某乙遠遠來了，您有沒有看見某乙？」他一定說：「我又不是瞎眼，我怎麼沒看見。」你這時還不要告訴他說：「這就是有所得。」你就繼續問下去：「那某乙走過來的過程，繞著寺院前彎彎曲曲的花道走過來，您都看清楚了吧？」他心裡面開始起疑：「怎麼問我這個？難道我會看不清楚嗎？」馬上就答覆你：「我當然看得清清楚楚啊！」然後你再問：「那他到您面前禮了三拜，您看清楚了沒？」他就說：「我當然看清楚啦，我生受了他的三拜，怎麼沒看見？」然後你就告訴他：「他沒有供養您，您很清楚是不是？」「是啊！所以說我無所得啊！」你就告訴他：「您都不知道已經有很多個所得了！當我問您有沒有看到他？您說看到了，看到了是眼觸色，您已經有這個所得。眞沒有所得時您就不知道他、沒看見他，那您已經看見了怎麼叫作無所得？他順著花道彎彎曲曲迤邐而來，明明看清楚了，就表示您領納他來的過程，就是所得啊！然後他來到您面前頂禮三拜，弄個不巧也許他正頂禮時，您心裏正在想：『這回大概又不供養我。』那您清清楚楚看著他禮拜，您心中清清楚楚明明白白，還能說無所得嗎？」

他聽到這裡大概額頭上已經三條線了！你繼續又告訴他：「然後他禮拜起來，跟你道個：『阿彌陀佛！』轉身走了，沒有供養您，您是不是清清楚楚明明白白？」不敢答話，他當然是清清楚楚明明白白的，可是他知道自己錯了，不敢答了。那你就告訴他：「那您就是對他這些境界都已經領受了，既然領受了爲什麼說沒有所得呢？單從看見他，到他離開爲止，有這麼多所得了，怎能說無所得？」這時候如果他夠聰明，就說：「請借一步說話。」把你請入會客室裡面慢慢說，這才是聰明的大師。

要像夾山善會那樣，正在講經時，座下道吾禪師聽到有趣噗嗤一聲笑了出來；他知道有高人來了，於是匆匆講完，請侍者把道吾禪師留下來，方丈室裡奉茶，才有後來的夾山善會禪師。那麼這時大師若是把你請入會客室奉茶了，你就得告訴他：「眞正的無所得法和您同時同處，您藉著六根門頭不斷地有所得，然而您這個無所得法陪著您在六根門頭，卻從來無所得。爲什麼無所得？因爲祂不領納六塵；既不領納六塵，沒有色入、沒有聲入乃至沒有法入，所以祂完全無所得。您遇到某甲受供了五千萬元，您的五陰有所得，而您的『無名相法』如來藏依舊無所得。要證得這一個『無名相法』，現觀祂從來無所得、現在無所得、盡未來際依舊無所得而能夠安忍，您才是證得無所得忍。」

你這麼一開示，對他而言，這可眞是聞所未聞法。但這個所未聞法對他而言，依舊不是醍醐，他還沒有資格醍醐灌頂，因爲第一次聽聞時一定聽不懂；然後你得要跟他提點一下：「要得『無所得忍』得要開悟明心，開悟明心是證得第八識如來藏，如來藏又名無分別法、無名相法，又名『金剛經』、『法華經』，通名如來藏。」這樣一說，他就可以懂了：「喔！原來我要求證如來藏。」那麼這樣子無所得忍的意思就瞭解了，他就知道自己的不足，未來應該如何進修。

世尊說：「如果有比丘成就了無所得忍，雖然現在還沒證得無餘涅槃，但是我授記這個人將來彌勒佛在人間成佛時，他會在龍華三會的第一會中；」現在先要提到爲什麼證得「無所得忍」的人，還沒有證得無餘涅槃。譬如諸位明心以後，你們現在多數人還沒有能力入無餘涅槃。有很多人對於我們提出這個說法始終弄不懂，因爲他們無法理解：「既然你都說菩薩悟了以後，三明六通大阿羅漢都聽不懂，因爲菩薩說的法太勝妙，既然如此，顯然菩薩的證量遠高於阿羅漢，那阿羅漢能取無餘涅槃，爲什麼你們菩薩不能？這好奇怪喔！」然而對我們而言一點都不奇怪，我們認爲這是理所當然，沒什麼可奇怪的。

因爲開悟的人不一定能證無餘涅槃，有的人開悟時可以證無餘涅槃，那就看往世怎麼修證。他們不瞭解的是佛法中區分爲兩個區塊，一個區塊是在現象界中修行的，叫作二乘菩提；另一個區塊是屬於實相法界的實證，叫作佛菩提，但他們弄不懂。不但他們弄不懂，甚至於被密宗假藏傳佛教黃教尊稱爲第二佛的宗喀巴也弄不懂，所以他把現象界中的二乘菩提錯會了，還拿來當作是大乘菩提；把現象界的法錯會了，還拿來當實相法界的法，顯然是不懂的。連宗喀巴都不懂，何況是末法時代這一些從《廣論》修學出來的大師們，因此他們不懂也就情有可原。但不可原諒的是：不懂裝懂，還去誤導眾生。

那麼這兩個區塊是完全不同的，菩薩實證了現象法界中所觀行的二乘菩提之後，還回頭在實相法界中有所修證；然而阿羅漢們只在現象法界中修證二乘菩提，他們的修證不涉及實相法界。所以菩薩在實相法界中實證了以後，所證得的涅槃叫作「本來自性清淨涅槃」，但菩薩不急於求證二乘菩提所證的無餘涅槃，因此菩薩證得「本來自性清淨涅槃」以後說法勝妙，非二乘聖者之所能知；那是因爲菩薩證的是實相法界的法，而二乘聖者不懂實相法界的法，然而菩薩證得「本來自性清淨涅槃」、了知實相法界之後，在解脫道中所觀行現象法界上的斷除我執的事，卻不一定有所修證，所以二乘聖者能取無餘涅槃，菩薩不一定能取無餘涅槃，這就是三賢位的菩薩。

入地的菩薩每一世都可以取證無餘涅槃，就不在 世尊所預記的這個範圍之中，因爲那是在佛世就已經成阿羅漢迴心修學大乘法了。所以 世尊這裡說的是三賢位中證得「無所得忍」的菩薩們，還得再「深入通達」才行。那麼證得無所得忍是因爲證得「無名相法」如來藏了，所以現前看見自己的如來藏於一切法中都無所得，心得決定而能安忍就稱爲「無所得忍」。有這個「無所得忍」的菩薩，不一定能證無餘涅槃；因爲在三賢位中有許多的實相般若需要修學，這個時程很久很長，悟後要學到入地，需要一大阿僧祇劫的三十分之最少二十三。所以入地很困難，但是得無餘涅槃很容易，因爲只要在實相般若去修學就夠了，等到 彌勒尊佛下生人間時，佛已經爲諸位預記「當在初會」。

彌勒菩薩成佛時在龍華樹下有三次法會，這三次法會都講二乘法，所以龍華三會三轉法輪都是聲聞法，然後才會有第二轉法輪講般若，第三轉法輪講唯識方廣諸學；那麼龍華三會第一會九十六億人成阿羅漢（當然那個億不是我們中國講的億，是以一千個千作為億），這樣的九十六億人，可也是非常多的；那麼諸位在正覺證悟之後，表示你將來在 彌勒尊佛龍華樹下第一次聲聞會時就要成為阿羅漢了，因為 世尊已經預記說：「**證得無所得忍的人彌勒佛時當在初會；**」而初會有九十六億人全部成為阿羅漢。

所以在 彌勒尊佛下生人間之前，你不必去修成阿羅漢，因為我告訴你，以你現在的心境來看，那個日子不好過，心是灰色的，好吃的食物不能去領會它，你只要領會了有一念生起：「**這個好吃！**」那你就不是阿羅漢了，就退回三果去了。那你要保持著阿羅漢的證境，你就不能領受那個好味道，吃時就只是觸，不可以品味食物中的韻味。如果出去弘法，路上看見好風景也不能特地看，看見了美女也不能欣賞，看見了俊男也不能欣賞，這就是阿羅漢。好屋子不能住，好的日用品不能用，嚴寒隆冬人家蓋蠶絲被，你說：「**不行！我只能蓋人造纖維的。**」一襲僧服萬把塊錢：「**太貴了，我只要穿一、二千塊錢的就好。**」就是這樣啊！阿羅漢就是這樣過日子，很怕退轉。

那你如果要每一世都這樣行菩薩道，我保證你行不了幾世就退回世俗法去了！所以繼續保持著菩薩的心境，好吃的盡管吃，不起貪多吃就好；原來吃兩碗飯，就繼續吃你的兩碗飯；原來是一碗飯的，繼續吃一碗飯。不必因爲這個很好吃，而我不能吃，就瞪著人家吃。那你行菩薩道還能行多久？所以繼續保持著菩薩的心境就好，不必急著說：「**我要趕快斷五下分結、五上分結。**」快快樂樂行菩薩道豈不妙哉，可別說：「**不妙不妙，阿羅漢果無法證。**」不必急，反正 彌勒尊佛來人間時你就成爲阿羅漢了，現在只要在佛法上把三賢位該學的都學上手就行。所以老爸說：「**你好久沒有陪我出去遊山玩水。**」你說：「**好，下週就陪您去。**」無妨跟他去欣賞山水，有什麼不好的？回家以後該用功時繼續用功，繼續在「**一切法無生**」上面來用功，也就是於無所得法這個實相法界上面繼續遊心；但是斷我執的事、斷我所執的事慢慢來，不急，佛都沒要求你證得「**無所得忍**」以後馬上就證阿羅漢。佛沒有這樣要求，已經跟你預記：彌勒尊佛時你在聲聞三會的初會中可以證阿羅漢果。

那麼 彌勒尊佛來人間成佛還有多久時間？五億七千六百萬年，在這麼長的時間，好吃的繼續吃，只要有在「**無所得忍**」的智慧上面繼續用功就行。

假使你家萬貫家財，好衣服你就繼續穿，有什麼不行。不必現在就急著灰心泯智，因為你不是要走解脫道的路。所以快快樂樂行道，快快樂樂修集福德，把將來在 彌勒佛座下時想要入地所需要的福德和智慧趕快修集起來，這才是正經的。

如果你已經證得阿羅漢果，而竟然還沒有通達無生法忍，那時你的心境會是枯槁的；枯槁的心境還能去攝受眾生嗎？攝受不了的，因為連堂上兩尊活佛你都不記掛，還會去攝受眾生？才怪咧！所以菩薩的心態是要很正確的。那 佛已經預記你悟了以後，將來在 彌勒尊佛座下龍華三會的初會時就證阿羅漢果，那你又何必急呢？所以就繼續好好修學菩薩道，努力把福德累積起來，努力把相見道位中該修的「無所得忍」修好，到時候龍華三會的初會之中 彌勒尊佛歡喜三唱說：「你某某人，能夠在釋迦牟尼佛正法之中，成就無所得忍，所以你今天在龍華三會的初會中，證得阿羅漢果。」

這樣子快快樂樂修到 彌勒尊佛來，才是最好的事，為什麼老是要把自己搞得心境枯槁，家裡人都看不慣：「學佛都學到變這個樣子！」所以家人快快樂樂說：「新年到了，快樂過新年！」你可得陪著家人快快樂樂過新年，可別說：「這都是人間施設，年有什麼好過的。」我告訴你，你下輩子甭想要攝受他們，因爲他們對你討厭，下一世你弘法時，他們見了你就不相應。所以你要怎麼樣？隨著江湖人講的那一句話說「眞人不露相」；當然從禪師來講，眞人每天在你眼皮底下分明來來去去，哪能不露相？但我們現在講的是說從世間法的層面來看，你證悟了，不必讓人家覺得你證悟了，除非你遇到眞正學佛的人而想要攝受他。

家人如果不學佛，你就不必一天到晚擺著說：「我是證悟者。」引生他們的煩惱，那你未來世還能度他們嗎？所以這一段時間你就是快快樂樂學佛。我們正覺有一項主張：大家學佛的過程中都要快快樂樂。身體是很辛苦，爲了作功夫和學法等，當然都很辛苦，但心情無妨是快樂的。因爲雖然這個法很深，但是我們知道可以實證，學起來就是這麼快樂；去爲眾生作事雖然身體很辛苦，但知道自己的福德不斷在累積當中，將來就有證悟的資糧，那心情當然也是快樂的啊！

就這樣快快樂樂的學佛，未來 彌勒尊佛龍華樹下聲聞法會時，你會在第一會中被 彌勒尊佛之所讚歎。而 世尊怕有人不能信受，特地再強調一遍：「舍利弗！若在家出家成就此忍，我說是人必得涅槃。」所以不是只有出家人能得涅槃，就告訴你們說：「**你們或者在家人或者是出家人，只要能夠證得無所得忍，將來彌勒佛龍華三會時，你在第一會中就可以證得阿羅漢果。**」必得無餘涅槃。

必得無餘涅槃就表示什麼呢？接下來或者一佛、二佛、三四五佛，你可能就入地了，因爲你入地所需要的另一個條件就成就了，就是永伏性障如阿羅漢。因爲你那時要迴心大乘，再起一分思惑留惑潤生，盡未來際行菩薩道，所以你成爲阿羅漢時——證得涅槃時，要入地的另一個條件便成就了，而那個條件是要依現在證得的「**無所得忍**」來成就。

你看 世尊多麼慈悲！都爲你們安排好了，只是大家不知道而已；那現在大家知道了，回家路上可想著：「**如來多麼慈悲爲我安排好了！**」所以回家口渴了，倒了一杯開水，浮一大白，慶祝一下。今天講到這裡。

《佛藏經》我們上週第九頁第一段講完了，今天要從第二段開始：

經文：【「舍利弗！若有人受如是教已，聞空無所得法即時驚畏；是人可愍，無有救者，無有依者，直趣地獄；何以故？舍利弗！於佛教中驚疑畏者，

是人則爲具足惡道；所以者何？我常自說，有所得者是惡道分，何以故？舍利弗！佛所得法無有差別，是與非是若可差別，是有所得。舍利弗！人寧成就五逆重罪，不成就我見、衆生見、人見、壽見、命見、陰入界見，貪著持戒著持戒見，貪著三昧著三昧見，依於佛想得於法想，於僧斷事成就身見，何以故？於佛法中成就身見，不在僧數。」】

語譯：【世尊又開示說：「舍利弗啊！如果有人領受了這樣的教導以後，聽聞到空無所得的法，立刻就驚嚇畏懼了起來，這是可憐愍的人，這個人是沒有辨法得救的人，他也是沒有所依的人，死後會直接下墮地獄；是因爲什麼緣故而這樣說呢？舍利弗！於佛的教導之中生起了懷疑驚嚇畏懼的人，這個人就是具足惡道種子；爲何如此呢？我常常自己這麼說，有所得的人於惡道有分，是什麼緣故而如此呢？舍利弗！諸佛所證得的法是沒有差別性的，是以及不是如果是可以區分出來有差別性，這就是有所得的法。舍利弗！身爲一個人寧可成就五逆重罪，也不要成就我見、衆生見、人見、壽見、命見、陰入界見，也不要去貪著持戒而執著說自己是眞實持戒的人，也不要去貪著禪定或智慧三昧而執著說自己是有禪定、有智慧三昧的人，不應該有這樣的見解，依於佛的認知而在法上面生起得到佛法的認知；如果是依於僧眾所斷的事相，當他執著自己已經斷了某些事相時，他其實是成就了身見；為何這麼說呢？凡是在佛法中成就了身見的人，他都不是住在僧眾之數中。」】

講義：世尊講這些話很重，真的很重，不曉得我該不該如實說。為何我這麼講？因為我若是依照 佛的開示如實說明，又要得罪天下僧寶，一切佛法中的出家人全部得罪；可是我若不如實解說出來，我又得罪諸位，因為諸位來這裡就是要聽我如實解說啊！兩頭都難，這怎麼辦呢？（大眾答：要如實說。）要如實說，那我就像南部河洛話講的「把心一橫」就說了。世尊在這一段聖教中不斷地呼喚「舍利弗」，接下來這兩段中也是不斷呼喚「舍利弗」；為什麼要這樣呼喚？就是要提醒大眾注意啊！希望大眾不要遺漏了任何一句話的意思。

現在世尊呼喚說：「舍利弗！如果有人受持『無名相法、無分別法』這個無所得法的教導以後，他聽聞到空這個法，聽聞到這個無所得法，心中就覺得很驚嚇，」一般人剛開始一聽到空、無所得，大概都無法認同，因為一般人生來就是要得，生來就是有，從來不離欲界有。但是進到佛門中來學法，竟然說一切皆空；這跟從小開始就當學生，一直學到社會上就職剛開始一兩年還是在學，也是當學生；但學生是爲了什麼？學生就是學著怎麼生存，爲了生存的目的，就是爲了這個五陰的我；學佛以後竟然說五陰也是空，然後又說修學佛法很不容易，而且很不容易證；很不容易而證了以後竟然說是無所得，那我學佛幹嘛呢？

所以如果學佛剛開始就遇到這個「**空無所得法**」時，周遭的親朋好友都認同這樣的法，一點點驚訝都沒有，都沒有被嚇著；那他看看說：「**大家都沒被嚇著，只有我心裡面害怕，那可能是我錯了。**」如果周遭都是初學者，大家聽了面部都很驚訝的樣子，互相看來看去，沒有人不驚訝，那時他眞的就會嚇著。所以剛開始還是寧可講一點次法：施論、戒論、生天之論。但是這個了義法，「**非遇上根，宜慎辭哉**」；即使六祖傳的那麼淺的法，懷讓禪師都特地吩咐說：如果不是遇到適當的人，若不是上上根器，就別跟他講這個法。那你想《佛藏經》這個法可深了，而且講的是空無所得啊！

六祖還強調說：「**何其自性能生萬法。**」一般人聽了還比較能接受；但 佛在這一部經說「**空無所得**」，而且針對有所得的法，針對有修有證還加以破斥，那你說這種法可以輕易對一般人說嗎？我看是難哪！所以今天既然接受諸位請求要如實講，那我就如實講；人家說：「債多不愁。」臺灣一句河洛話說：「死豬不怕開水燙。」反正我出來弘法二十幾年得罪的人也夠多了，得罪的次數也很多，不差這回，就如實講了！

「空無所得法」才是究竟法，這個究竟法在天臺宗有這麼一說：眞空妙有。說這眞實的空卻是含藏著很多微妙的有，先從這個角度來講空無所得。一般人若是聽到我們講的這一部經的講記，就比較能夠聽得進去，否則讀到這裡時一定受不了。眞空妙有的意思是說：假空就沒有妙有。這表示佛法的弘傳之中有人說的空性，那空其實是假的，他是誤會空；他們認為只要覺知心中不牽掛煩惱、不牽掛財產、眷屬、名聞、權力等，然後又靜坐到心中沒有妄想雜念，那就是證空了，認為這時的覺知心就是經中 佛所說的空性。他們也認為在這個境界中沒有任何一法可得，因為什麼都不存在，只剩下覺知心一念不生，什麼都無，所以認為這眞的叫作無所得。

然而問題來了，既然說「眞空妙有」——眞實的空可以函蓋一切微妙的三界有，那微妙的三界有到底是什麼？譬如人類最高可以當到金輪王，也算是妙有，是人間的妙有；但這個金輪王卻要由空性來出生、來維持，否則這個妙有即不能存在，這才能說爲「眞空妙有」。那麼我們就問他們：「既然是眞空妙有，你坐到一念不生時說是空性，說是無所得法，那請問你：這個空到底是不是眞空？」他一時不察，回答你：「是眞空。」然後你就告訴他：「那你這個眞空裡面的妙有是什麼？能不能出生金輪王？」這下可就傻眼了！眼睛瞪得大大的一臉茫然；因爲他不知道你問他的這個是什麼道理，他想：「眞空裡面爲什麼會出生一個金輪王？那是不是我打坐時觀想出來？」他一定誤會。你就說：「不然！因爲金輪王，王有四大天下，甚至可以上去忉利天中與釋提桓因分半座而坐；但他這個金輪王的五陰卻是由他的空性出生的，那你說，當你坐到空無一念時就是空性，就是無所得法，請問你這個五陰，是不是你所認爲的這個空性所生的？」

這時他不知道該怎麼答了，因爲他沒有觀行過，無法證實是否如此；沒有觀行的原因是因爲他從來不曾想到這個問題，因爲他的思慮太淺，不及於此。那你就接著說：「人間金輪王算是妙有，那如果欲界天，欲界天最高的是他化自在天，他化自在天的天王也是由他的空性所出生的，那個空性才能叫作眞空。而他化自在天的天王是欲界天中最妙的妙有，那你這個空性能不能出生這樣的五陰？先別談轉輪聖王，也別談他化自在天的天主，只談你人間這個不很高尚的五陰就夠了。」

此時他眞不知道該怎麼答，你就可以準備結束這個話題，就說：「那色界天的妙有，無色界天的妙有，聲聞、緣覺諸佛菩薩的妙有可就不談，談這兩樣就夠了！顯然你所謂的空性不是眞空，因爲沒有能夠出生妙有的功德。你這個所謂的空性不過是覺知心，只是離念靈知而已；這個離念靈知得先要由你這個色陰，還要有意根同時存在，來接觸了五塵上的法塵以後，你這個覺知心才能出生，才有你這個離念靈知所謂的空性。你覺知心是被生的，怎麼能生人家？顯然你這個不是眞空，這叫作假空。」這一說，他的臉要是沒有垮掉一半，大概額上也是三條線。所以若是以空度眾生時不能單說空，要先說「眞空妙有」。

如果要是遇到一個喜歡禪的人，就告訴他：「六祖大師講『何其自性能生萬法』，所以這個空，不是空無所有的那個空，而這個無所得也不是對世間法都無所得的那個無所得，因爲這是從眞如的自住境界來說。」這樣眾生就比較容易聽得進去：「原來不是叫我要進入斷滅空。」心裡面想說：「好在我沒有誤會。」那麼「無所得」，你就接著跟他談：「你說你那個離念靈知是空，空中無所得；那麼我問你：『當你坐到離念靈知的境界，旁邊一隻貓弄倒了你的花盆，你聽到了沒有？』」他總不能說沒聽到，除非他睡著了。他會不會是入了二禪等至位而沒聽到？保證不可能，因爲我出來弘法二十幾年，還沒有看到一個證得二禪的人，連初禪人都沒有，不要說二禪人，那他當然更不可能。

所以他只好答：「有聽見啊！」但是會附帶告訴你說：「可是我一念也不動，還是無所得。」那你就說：「你聽到了，請問你覺知心有沒有領受聲塵？你有領受了，就是有所得。就好像人家送禮物來給你，你沒有接受才能夠說無所得，你接受了就是有所得；那你覺知心領受了沒？」喔！這下又讓他張口結舌。那麼接著就看你要不要接引他了，如果不想接引他，你就說：「不要講太多，再講恐怕你不懂，就跟你 Say goodbye 吧。」轉身就走了。

如果你有心要度他，當然就要好好跟他談：「空指的是什麼？就是你身中本來具足圓滿的空性心，叫作眞如，或者叫作如來藏，又名阿賴耶識、異熟識。」你就告訴他這個名目：「而這一個心能夠出生你這個五陰，所以能夠輾轉出生萬法；而這個空性心於三界六道的萬法之中從來都不領受，色、聲、香、味、觸、法，祂都不領受；你在人間生活賺錢有所得，成就名聲有所得，成立了家庭有所得，你剛剛出生就已經有所得了：你得到一個家庭。一直到老都還在得，因爲你不斷在諸法中去領受；可是在你有所得的一生當中，你這個空性心什麼都不得。賺了很多很多財產，你的空性心也無所得，都歸你五陰得，你的如來藏從來不得，這就是人間的法！」

諸位也可以去翻翻《六法全書》，民法中不管〈物權編〉、〈債權編〉去把它翻出來：財產、名義、眷屬等都歸誰得？歸五陰得。所以開宗明義就先告訴你：「人之權利義務始於出生，終於死亡。」權利義務在死亡時全部消失。假使如來藏能得，天下大亂了，那是不是證悟的人可以說：「我死了以後，所有權利義務都由我的如來藏來領受。」那你孩子不在背後罵死了：「這個老爸眞可惡，死了還要霸占財產。」對啊！那名山道場徒眾們也要罵：「你這個開悟的師父眞可惡。」因爲他開悟後就霸占著不放，「死了還歸他，我們什麼都不能幹。」徒弟們是不是要罵？對啊！本來準備要上來當堂頭和尚的都沒希望了。

可是會不會出現這個事？不會的。永遠不可能，因爲如來藏既不領受六塵，制定法律的人也無法看到如來藏在哪裡，或是在掌理這些財產，也看不見，要怎麼制定法律說誰的如來藏可以擁有財產，永遠都不可能。而且如來藏於一切法都無所得，若非藉著名色，無形無色的祂根本無法擁任何一法，所以有所得的都是五陰。因此這個色身努力工作，覺知心就想：「我現在賺到一百億元、一千億元。」覺得很歡喜，永遠都是五陰名色得的。能不能單由色陰得？能不能單由覺知心識陰得？都不行。得要五陰和合具足才能得。那麼離念靈知正好符合這個條件，離念靈知就是五陰中的一部分，離念靈知也不能離開五陰的其餘四陰而有所作用，所以離念靈知正是有所得法。

他要是不信，再告訴他說：「譬如你當年考試，考到了第一志願臺大醫學系。」以前第一志願都是醫學系，現在醫生好像不是很多人想要當，因爲不好當。現在也許法律系或是什麼系最熱門。譬如你考中臺大最熱門科系，那你是不是有所得？你看到那個錄取通知單，或者看到榜單上：「哇！我考中了！」考中了，當你看到時當下知道自己考中，就是有所得了，可是你身中的空性如來藏依舊無所得。祂的無所得是一直到你老後不得不死了，捨棄一切時祂依舊無所得，這才是眞正的「無所得法」。然而你這離念靈知是五陰中的一部分，你考中臺大時會說是身體考中的嗎？不會！你一定說是這個覺知心考中的。你成家立業了，打下一大片江山，說公司擁有幾萬個員工，事業飛黃騰達，你會說是這個色身拚出來的嗎？不會。你一定是說：「我這個覺知心很努力工作，所以我拚出來。」

可是你這個覺知心其實是包含你的色陰在內而說的，因爲你這個心不能離開色陰而存在。那麼這樣你這個離念靈知是有所得還是無所得呢？喔？他聽清楚了、聽懂了，就會知道：「唉！原來我這個離念靈知心不是空性，不是無所得法。」聽完了，他如果夠聰明，一定要趕快合掌：「請問師兄（請問師姊），您這麼有智慧，哪裡學來的？」（大眾答：正覺。）你們都代我講了，那時你正好告訴他。你們剛剛講「正覺」兩個字，是因爲你們能把這一些理講得很清楚，讓知見不夠的人也能聽懂，他就知道你的智慧很深妙，那你也就度了他。這樣他聽了以後就不會驚畏，否則一般人聽了一定很驚嚇：「什麼？學佛以後一切都要空掉？怎麼學佛以後全部都無所得，我是不是全部都要丟掉？」

誤會是很常見的事，所以很多人剛讀到《金剛經》時不能接受，因爲從經文的字義上看來就是一切要空掉；不但一般人，連印順老法師都是如此，所以他才會說「般若就是一切法空」，才講是「性空唯名」。這表示他的智慧跟一般世俗人是一樣的，只是因爲他年輕時就出家，喜歡表相的佛法，經教讀很多，所以他認爲自己都懂了；那他懂的目的不是爲了要實證，而是因爲：「我示現爲一個完全懂的人，就表示我是一個證悟者，我是有實證的人，在佛教界就可以成就一番名聞。」他的地位就拉上來了，所以後來不是被尊稱爲「導師」嗎？到現在爲止，我都還覺得你們尊稱我是導師，而我到底該不該用這兩個字？因爲「導師」已經被污名化了。還該？你們還說該？

話說回來，一般人如果不是因爲事業不順、家庭有事、爲了求平安順利，因此聽人家建議每天課誦《金剛經》，否則的話他讀了《金剛經》是不會接受的，爲什麼？因爲《金剛經》講來講去都是空。那人家告訴他說：「你只要誦《金剛經》，就一切順利了。」就賦予《金剛經》一個妙有的功德，爲了那個功德的存在，所以他願意課誦。印順何嘗不是如此，他也是爲了示現說：「我懂般若。」所以他接受自以爲是的一切法空說，還是落在「有」裡面、還是有所得啊！

那麼一般人沒有如實理解空性和無所得的眞實義，只聽到表相上的意思，心中就害怕。如果像我剛才這樣解釋了以後，知道原來無所得法、空性是可以出生妙有的，就不會有所驚畏了，否則一般人心中產生的驚畏心緒或心情都是正常的。如果有善知識教授之後讓他誤會了，不曉得「空無所得」這個法能生妙有，他只聽一半——眞空，沒聽到妙有，就想：「那一切都空了，我學佛是爲了什麼？那我證悟了以後是不是變空了？是不是一切都失掉了！」所以「即時驚畏」。世尊說了：「這個人很值得憐愍。」爲何這個人值得憐愍？「因爲這個人不可救藥，害怕空無所得的人沒有人能救他。」問題是爲什麼沒有人能救他？因爲沒有大善知識。當大家講來講去都在講空，都在講無所得，而他和講的人一樣都無法了知眞空妙有的道理，一直落在空裡面，因此這個人是沒有辦法被救的人。

「無有依者，直趣地獄；」還有一種人也是不可救的——喜歡空。不管什麼佛法他都說是空，然後得要每天去托缽才能圖個溫飽，他也覺得無所謂：「反正修苦行嘛！每天辛苦出來托鉢只能勉強溫飽，這也行啊！總還不至於被火燒吧？」但是這種人也是不可救，他認爲這樣修空就是正道，認爲這樣就是佛法。著空的人不可救，著有的人還可以救；現在這裡講的是說，當你告訴他：「你所要悟的標的是無所得的，你要證的那個法是永遠無所得的；有所得的你證得以後要轉依祂，所以說是無所得。」他心中害怕，心想：「那我要不要學這個法？」乾脆不要學算了，由於這個緣故，他沒有辦法得救，只好回歸世間法；回歸世間法以後去幹什麼呢？去營謀世間利益，與人家勾心鬥角造作惡業。但他爲何要這樣作？因爲他心中無依無靠，他的依止是世間的名與利，是世間的權力，唯有以此作爲依靠，可是這一些都不可依。

對於學佛人來說，必須要有兩個所依；第一就是善業，第二就是淨業。如果實證佛法，就有第三個所依，就是這個「無名相法」眞如第八識。經中常常說人們面臨死亡捨報時，茫無所依，所以心生恐懼；但是如果信因果、造善業的人，他們心中沒有恐懼，因爲他們知道自己有善業作爲依憑，一定可以往生善處，來世不會難過。如果有修行淨業的人，這個善德當然更大，所以也不必憂愁；因爲有這個淨業作爲所依，來世至少還是個修行人。但是這兩種學佛人的心中畢竟都還是有一點不安，因為他不知道死後會生到哪裡去，那麼缺少了這個所依，因此就得要一直想著：「我這一世造了很多善業，我這一世還修了很多淨業。」然後隨著這種善念而往生善處。

那你也許說：「欸！我有開悟啊！可是我死了以後，到底要生到哪裡去？」有時也是會有這個疑惑的，那我就要反問了：「那你死了會生到哪裡去？」也許一時沒想清楚說：「那是我問老師的問題啊！您怎麼還來問我？」我就問了：「那你生從何來？」「生從如來藏來。」「那死了呢？」「喔！原來如此。」終於弄清楚了，死後就回到如來藏去；既是回到如來藏去，下一世出生時不也是在如來藏裡面出生嗎？那如來藏在哪裡你不是知道了嗎？對啊！那你怎麼不知道要在哪裡出生？就在如來藏中出生啊！「生從何來？死往何去？」就這麼簡單的事，想那麼複雜幹嘛呢！那麼你弄懂了這一點，就會知道：「我有這個如來藏為究竟所依，所以未來世五陰出生了，還是在我如來藏裡面，不外於如來藏。加上此世有種種布施，又修習種種淨業，所以下一世緣熟了，我還幹我的菩薩去，還有什麼可憂愁的呢？」所以捨報後發了願，又在人間找個適當的父母投胎去了！

反過來說，世俗人聽到「空無所得」這個法，誤會了！沒有善知識好好爲他詳細解說，恐懼了！因此這個人就會回到世間法中，爲了名聞利養眷屬財富而作種種不好的勾當，於是死後「直趣地獄」。想想看，世間人很少有人嫌錢太多的。但是一般人希望錢多、財產多，卻是正當營生去賺來的，不是用詐欺的手段賺來；可是你們看，有些很有錢的人除了錢滾錢以外，還要運用不正當的手段巧取豪奪。不必談到別的地方，單看小小一個島的臺灣電視新聞以及報紙不也常常在登嗎？有些是過去式，有些是現在進行式，這一些人爲什麼要這樣作？是因爲他們心中無有所依！他們想的是：「我只要有很多的財產，那就一切都有了。」有一句話說：「富在深山有遠親，貧居鬧市無人問。」我幾乎都忘記這兩句話了，這很現實啊！

所以他們想：「咱家只要有錢，還怕沒有老婆嗎？還怕沒有親戚嗎？」他們是這麼想的。其實不只這麼想，他們想的可多了，所以全球各地都有事業分布，那裡也買個房子藏了一個女人，叫作金屋藏嬌；到了另外一國又有一個分部，又買了一個房子又來一遍，就到處都有房子和女人；所以等他死後一個又一個冒了出來都要認祖歸宗，爲了什麼？都因爲錢；這就是世俗人。其中不能否認也有極少數人正正當當賺錢而累積財富，我們不能評論他們；但大多數都是勾心鬥角巧取豪奪，否則如何能夠從一個很貧窮的狀態忽然變成一個世界聞名的大企業。這一些背後所造的惡業，等到死時就是「直趣地獄」。為什麼會這樣呢？因為他除了在世間法造作惡業以外，並且還會誹謗正法。只要有人一談到佛法，他們就說：「那是胡說八道，什麼空了、什麼無所得？」大惡業全部都具足了，於是死後「直趣地獄」。

但為什麼是這樣呢？世尊有解釋：「何以故？舍利弗！於佛教中驚疑畏者，是人則為具足惡道；」因為這個人，對於空法、無所得法不能信受。不管他無法信受的原因是誤會或者智慧不夠，總之他不信受正法。不信受正法時，如果偏偏又是個出家人，怎麼辦？你可不要怪我說：「你為什麼要提出家人？」我告訴你，因為這段經文　世尊是為出家人講的，最後一句不是告訴大家說「於佛法中成就身見，不在僧數」嗎？假使出家了，如果他是外道出家人，咱們不管；假使他是在佛法中出家了，結果「聞空無所得法即時驚畏」，這個人確實可憐愍。

諸位想想看，為什麼這個人可憐愍？為什麼他「無有救者」？諸位看釋印順是最現成的例子，他於佛法中出家領受了這樣的教導之後，乾脆說這個空就是一切法空，說無所得就是一切法斷滅無常，說這樣就叫作眞如、就是般若；他還拿一個帽子扣到 佛陀頭上去說：「**我講的這些法就是釋迦佛講的。**」那你想這個釋印順可愍不可愍？那釋印順這個人有救或者無救？諸位這樣就瞭解了。那他死時有什麼所依？沒有所依啊！因爲他死時已經很清楚明白：對於蕭平實給予他的評論，自己一生都無法回應。這個絲毫不肯示弱的人，面對蕭平實那麼多的評論，終其一生竟無法回應一句話，這表示他知道自己作了什麼樣的業；他既沒有善業作爲所依，又沒有什麼布施的福德，而佛法中應該作爲所依的眞如他又沒有證得，然後又把正法的根本否定。

不但否定，還把正法不斷切割到七零八落，所以他的師父太虛法師說：釋印順把佛法割裂到支離破碎。然後佛法三乘菩提的根本第八識妙眞如性被他否定了，由於這個損減執而成就了毀謗見；他又用細意識來取代第八識眞如，說細意識常住不滅，由於這個增益執而成就了建立見；那你說他還能得救嗎？他還有什麼善業淨業作爲所依呢？想要生而爲人還得要有基本的「人的格」作爲所依，但他偺格失去了，人格也失去了，因爲他把三乘菩提的根

很多種，譬如人有人的眾同分，人的眾同分跟三惡道的眾同分最明顯的差別，第一就是兩腳行走，是直立行走，所以跟畜生眾同分很不一樣。人的眾同分都是有兩隻手，不像禽類牠雖然有兩腳，可是沒有兩手，只有兩個翅膀而沒有手。還有，人類的眾同分，臉是平面的，不是嘴巴非常突出的，這就是人的眾同分；還有一個眾同分就是一定是以兩隻腳在路上走，不是用飛的也不是用四腳行走，這就是人的眾同分。其餘細項的眾同分就是說，人的兩手、兩腳和身體都是直立的，兩個眼睛、兩個鼻孔、一個嘴巴，還加上這兩個耳朵，這是表相上看得見的眾同分。如果狗的眾同分，那就是身體橫著走，用四隻腳走路，渾身長滿了毛，嘴是突出的，這就是狗的眾同分。同樣的道理，人有人的眾同分，魚有魚的眾同分，鳥有鳥的眾同分，天人有天人的眾同分，乃至餓鬼、地獄各有不同的眾同分。但不管怎麼樣，意思就是說，這個「分」講的是每一種類有情各有一個同樣的模式，那個同樣的模式就叫作「分」。這一分那一分，同類都一樣；這一分不同於那一分，有互相不同的地方時，就是異類。

那「惡道分」講的就是說他的如來藏中已經蘊含了將來往生惡道的種子

了。世尊說：「我常自說，有所得者是惡道分。」因爲出家以後落入有所得法的人，會從世間法的角度來看佛法，因此他會曲解佛法；可是誤會了佛法跟曲解佛法，這二者的差異很大。誤會佛法的人，只要有人告訴他誤會的所在，聽明白了就會改正；但曲解佛法的人寧死也不改，還是要繼續曲解到底，所以這個人是「惡道分」。

爲什麼是「惡道分」？世尊又有開示：「何以故？舍利弗！佛所得法無有差別，是與非是若可差別，是有所得。」到這裡，世尊已經呼喚三遍舍利弗了！意思是說，這一些都是重要的佛法，不要把它輕忽了。「佛所得的法是沒有差別性的，如果所證得的法中，是可以有『是』和『不是』兩邊相應的話，這就不是無所得法了！」這話怎麼說呢？也就是說，當你眞實證悟時，要檢查一下，看你所悟得的那一個法，也就是空性「無名相法」，祂的境界中有沒有是或不是可說？你證得如來藏時就說是證得空性了，那你所證的這個空性自己的境界中有沒有對或者不對的事？凡是能夠認知這個對、那個錯，已經是落到三界法中了。換句話說，一定是落入意識境界中。而如來藏的境界中—「無名相法」的境界中—沒有是或不是可說。

所以你想到說：「聽說這房子要跌價了，我來賣哪一戶好不好？如來藏你告訴我。」也許你想：「如來藏不會講話，那怎麼辦？不然我擲筊好不好？如果可以，你就給我三個聖杯。」但你再怎麼擲也沒有用，如來藏才不理你。因爲祂不作分別，祂的境界中沒有對或不對可說，也沒有應該或不應該可說。也就是說，祂是一個無差別法，祂對待三界任何境界，對待三世十方一切有情一體看待。怎麼樣一體呢？都不了別。所以我的如來藏不會討厭你，你的如來藏也不會討厭我；我的如來藏不會想要跟你的如來藏作「拜把兄弟」，你的如來藏也不會跟我的如來藏說「咱們來結拜作個拜把姊妹」，如來藏不會這樣；因爲祂完全不分別，所以祂的境界中沒有任何差別可說，這樣的法才是諸佛所證、也教給菩薩們親證的法。

如果你出來爲大眾說法時評論道：「某某大師這樣講錯了。」又說：「某某大師這樣講對了。」這些錯與對，都是你意識心的事，不是你的「無名相法」如來藏的事。如果有「是」或者「不是」而可以有差別指認出來，這就是有所得法。聽到這裡就要學著怎麼用，譬如有人一向跟你爭執說：「當我們打坐，坐到完全無念時，就是無分別。」你就記著這句經文，告訴他：「佛所得法無有差別，是與非是若可差別，是有所得。」唸完了就告訴他：「你現在保持離念，住在你所謂的空性境界中；在你所謂的無所得境界中，請你保持離念，十分鐘後再跟我講話，現在起都要離念。」開始看著手錶，然後你就開始說：「你這個人是忘八蛋，我這樣罵你是對的；我這個人不說謊，即使我現在騙你，我也是對的。那你說，我到底這樣講對不對？」

然後你就不講話，別講太多，否則他會亂掉；等十分鐘到了，你說：「十分鐘到了，請問：你一直都離念，你也說一直都是無所得、無分別，那我剛剛講的到底有沒有道理？」他一定脫口而出：「你根本亂講，你這樣講完全不對。」你就告訴他：「那你這樣就是有『是』或者『不是』，既然有『是』或『不是』，那你就是分別了，就有差別法了，所以你這個離念靈知不是空性。」他如果夠聰明，趕快禮拜說：「難得你這麼有心為我施設這個方便，感謝！感謝！」如果是無可救藥的人，那就臉上一陣青一陣紅，準備跟你打架了！所以你學到這裡就要會活用，佛法中有很多法是可以用來接引學人的；佛陀教給我們，我們就得會用，可不要法寶給了我們，我們拿著法寶歸法寶，不曉得怎麼用，那就不叫寶了。

不但如此，世尊又吩咐說：「舍利弗！」第四次呼喚了，就吩咐說：「一個人寧可具足成就了五逆的重罪，也不要成就我見、眾生見、人見、壽見、命見、陰入界見，也不要貪著持戒，貪著持戒見……等。」話說回來，五逆之罪具足成就，是何等的重罪！但 世尊竟然說「人寧可成就了五逆的重罪，不要成就我見、眾生見……等；」想想看，邪知邪見的可怖之處竟然到這個地步！諸位現前可以看得見，顯然任何人若是具足五逆重罪時都還不如釋印順的重。你們看他表相都不接受供養：我不貪財，我不貪名，什麼都不貪。他住在新竹那個地方叫作「蘭若精舍」，「蘭若」是什麼？就是不貪財利、清淨修行的空閑處，就等於「獨處空閑」的意思，他在告訴大家什麼意思？是說：我是個不貪名、不貪財、不貪世俗利益的人。

可是問題來了！他卻「成就我見、眾生見、人見、壽見、命見、陰入界見」等。我現在這樣公開指控他，也許有人說：「他有我見嗎？他都成佛了欸！因爲他的傳記叫作《看見佛陀在人間》。」但他到底有沒有我見？咱們來合計合計。他認爲細意識常住不壞，認爲細意識就是空性，分明成就我見。他又污衊中國禪宗，說禪宗祖師開悟就是悟得直覺；那直覺是不是在識陰的範圍裡面？是。但禪宗祖師有那麼倒楣嗎？會落到直覺裡面？不可能啊！直覺只不過是意識心或者六識心的心所法，就是五遍行跟五別境和合運作時，不起語言文字妄想直接的了知，正是識陰的內我所，還談不上識陰。他這樣認定，顯示他「成就我見」。

如果是細意識，他所謂的細意識就是把意識砍成幾個部分；意識有雜染的部分，那就很粗；意識若沒有雜染，而且如果能離念而回歸到直覺來，那就是人間的細意識了，他認定這細意識是常住不壞的，因為他繼承宗喀巴的思想。但是問題來了，細意識是不是意識？（眾答：是。）請問，你們是不是比釋印順有智慧？（有人答話，聽不清楚。）是嘛！要答大聲一點。他說細意識常住時，似乎又認為細意識不是意識；若不是意識，幹嘛要叫作細意識？而他所說的那個細意識本質，其實正是直覺，也就是意識心的心所法；但心所法排行第幾啊？咱們算算看，意識的出生，第一要有意根，第二要有五色根——要有這個身體；第三要有六塵中的法塵，這樣看來意識排行已經是老四了，那麼意識的心所法直覺，就要排到第五成為老么了；那他這個不是落在我所裡面嗎？他連我所都斷不了，何況要斷我見？所以他連聲聞初果都沒有。然而 佛說了：「人寧成就五逆重罪，不成就我見……」這是出家人最必須重視的地方。

先談到這裡，我們就來談談「五逆重罪」。五逆是多麼重的罪！殺父、殺母、害阿羅漢、破和合僧、惡心出佛身血，這都是很重的罪。因爲父母是天下至親也是至恩，若沒有父母，哪來的自己呢？若無父母，想要投胎還投不成呢！一定得要有父母，接著再辛辛苦苦拉拔長大。大家想想看，現在看見兒子媳婦添丁弄瓦時，心裡都覺得說：「好在我的兒子女兒都長大了，不然要養到什麼時候。」老了再要養子女時，心裡都覺得手軟。父母把我們從那麼小養到大，這恩德很難回報；所以天下於己有最大恩德的人當然是父母，而竟然有人殺父、殺母，這是世間最重的逆罪。殺害阿羅漢，阿羅漢是出世間的聖人，遠比父母更貴重，因爲父母看見了天主還得跪拜，可是阿羅漢不跪拜天主，反過來天主要禮拜供養他，而竟然有人把他殺害了，這個罪更重了！

至於破和合僧，世間有僧團，不管是聲聞僧團或者菩薩僧團，僧團本來應該和合一味，有需要時法主會吩咐；譬如 佛陀住世的時代，佛會吩咐各人到四方去弘法，但依舊是同一個僧團；菩薩僧團就比照 世尊這個告誡，一代一代傳下來也不曾分裂過。而僧團的和合共住、和合弘法讓正法久住，是三界中鼎鼎重要的事。爲什麼是三界中鼎鼎重要的事？因爲三界中的最究竟法無過於了義佛法，所以勝義僧團的和合共住是諸天所歡喜的。假使僧團分裂，諸天見了都不喜歡，因爲會想要去分裂就表示背後有某一些因素存在，那一定是不好的事，諸天不喜歡看到，而菩薩僧團自古以來沒有分裂過。

但諸位也許想到：既沒分裂過，怎麼會有部派佛教，後來總共分裂爲十八個部派？我說那都是聲聞教中的分裂，因爲部派佛教本來就是從上座部分裂出來的，然後大眾部又一直分裂出去。留在上座部的大部分是聖僧，後來其中的凡夫僧又再分裂出去一次。凡是有實證的聲聞聖僧都不會搞分裂這回事，所以分裂出去的大眾部都是凡夫僧，這些凡夫僧繼續再分裂出去，後來成爲十八個部派。這一種情況的發生，是諸天最不喜歡看見的，所以諸天大大不安；由於佛法是三界中最重要的事情，所以僧團的和合是最重要的，這也是忉利天的諸天天主最關心的事情，因爲會影響到天眾的興衰。既然這是三界中最重要的一個團體，而竟然有人在其中挑撥去分裂，這個「破和合僧」

當然其罪更重。

最後一個是「**惡心出佛身血**」。越到後面的罪越重，譬如說破和合僧的罪比害死阿羅漢更重，因爲僧團的和合可以使僧團中的凡夫僧最後也得實證，至少可以證得初果；但是破壞了和合僧團而分裂出去以後，那些凡夫僧將永遠是凡夫僧。所以這罪遠比害死一個阿羅漢還重，因爲害了很多人無法證果，也使正法勢力越來越衰微。正法僧團如果和合共住，會陸陸續續有阿羅漢出現於人間，聲聞法就不會很快沒落。但聲聞法因爲分裂的緣故成爲部派佛教時期，聲聞法很快就沒落了，因爲能證聲聞果的人越來越少，所以部派佛教很快衰微了，所以這是很重的罪。（編案：聲聞法的實證，於西元五世紀時已經斷絕，直至今天正覺繼續弘化時才又復興，終於有人能證聲聞果。）

如果分裂菩薩僧團，這個罪比起分裂聲聞僧團又重很多倍，因爲聲聞法要依菩薩法才能存在啊！聲聞法只能使人成爲聲聞聖僧，菩薩法卻可以使人最後成佛，不只能使人證得聲聞果而已。所以破壞菩薩僧團，遠比破壞聲聞僧團的罪更重；但佛教史中不曾有過分裂菩薩僧團成功的例子，就像現代正覺僧團被幾批人企圖分裂成二個，但至今都沒有成功，他們最後都失敗。假使僥倖成功，那就是無間地獄業，所以最好是不要成功的好。

最後一個「惡心出佛身血」，這個罪又比殺阿羅漢的罪更重了；因爲應身佛是一個三千大千世界的化主，不單單是這個地球上的化主，愚癡人竟然敢要謀害。即使害命不成，害佛身出血都是極大惡業，遠比殺害阿羅漢、殺害菩薩的罪更重。應身佛都有密跡金剛暗中保護，害命一定不會成功，頂多就是出佛身血。報身佛不必密跡金剛保護，因爲沒有誰可以傷害祂；至於化身佛與法身佛，當然更沒有誰能傷害。作了傷害應身佛的事，那罪特重無比，因爲這牽涉到正法是否住世的問題，也牽涉到應身佛弘化時八相成道過程被打斷的問題，所以根本罪特重，一定是無間地獄或阿鼻地獄的重罪。

但是出家以後具足造作這五件逆事，罪還比成就我見輕，爲什麼如此？現在問爲什麼！因爲出家之人以弘法爲要務，有一句話說得好：「出家人是專業修行人。」那些六識論的比丘尼們最喜歡講這一句話：「我們是專業的修行人，在家人懂什麼？」但她們不知道我比她們更專業，我是把事業休了專心修行的人，所以她們腦袋有問題，老是弄不清楚。造作了這五件逆事具足了，這個罪都還比成就我見的出家人輕；因爲出家人一定會爲人說法，說法時老是落在我見教人同樣落入我見中，這一生講下來要誤導多少眾生？所以這個罪最重。看來好像是沒有罪的事，怎麼變成罪這麼重？竟然說「人寧成就五逆重罪，不成就我見」，原因就在這裡！因為身為出家人領眾說法時，絕對不能誤導眾生。

所以聰明的出家人，人家來問了義法時就謙辭說：「這個我不太懂，我的所知是這樣，我就告訴你，是不是正確？你自己判斷看看。」這樣他就無罪。但釋印順不是這樣，他是刻意把法扭曲，然後說：「這是佛講的，這就是佛法。」斬釘截鐵的說那是佛法。不但如此，還不許人評論他；只要有人對他所說錯誤的地方拿出來評論，他馬上就回應，讓人家無法招架。所以他因為成就我見而導致成就破法謗佛的重罪，而且一生誤導學佛人其數甚多！如果不是我們出來救護，那一些人就會繼續跟隨下去，結果都會同樣「成就我見」。

那麼「眾生見、人見、壽見、命見、陰入界見」，我們前面都講過了，現在就不必再解釋，不用浪費時間；因為我們才講到第九頁，上一週把第一段講完時已經是第五十三講了。這五十三講整理出來等於幾本書？大約五本。這短短的一部經，依這樣的講法，全部講完時究竟要成爲幾本？所以我們後面這些要講快一點，不要重複。所以我見乃至陰入界見，我們就不再解釋，因爲前面都解釋過了。

接下來說「貪著持戒著持戒見」，有沒有這樣的法師？有！有的法師修苦行，持戒很清淨，絕對不貪財，一生非常謹愼守戒。然而有個問題，他瞧不起別的法師們；譬如假使有一天過河，有個女弟子過河站不穩，就快要跌下去了，他也不肯伸手去拉一下，寧可讓她跌下水，然後叫徒弟去拉她；當他聽到說有一個法師因爲座下比丘尼快要跌倒，那法師馬上伸手去把她拉住，沒跌下河去，他就批評：「欸！比丘竟然還拉女眾的手！」然後就大肆評論：「我從來都不這樣作，比丘應該是持戒很清淨的。」

有一個故事說，有個禪師因爲某個緣故，所以把某一個女人揹了，揹到一個地方讓她安頓下來，然後就繼續走；結果他的弟子過了幾天才向他提這件事情，勸說：「師父您這樣作不好，一個比丘怎麼可以揹著女人。」那禪師告訴他說：「啊？你到現在還揹著那女人？」所以針對那位「貪著持戒著持戒見」而評論另一位法師的持戒比丘，你該怎麼告訴他？應該告訴他：「原來你還揹著女人！」應該這樣講。他一時間會意不過來，你就告訴他這個故事：「你老是把持戒放在心中，這不是心地戒。眞正持戒是應該用道共戒、定共戒來持，怎麼持呢？無戒可持、無戒可犯。你老是把戒相放在心頭抱得緊緊地，就是『貪著持戒』，你這個人就是執著於持戒的見解，這跟第一義不相應。」要這麼告訴他。

談到這裡又回來說，世尊如此開示：「舍利弗！人寧成就五逆重罪，不成就我見、眾生見、人見、壽見、命見、陰入界見，貪著持戒著持戒見。」持戒不該是很好的事嗎？持戒清淨是讓人欽佩的，爲什麼他執著自己持戒清淨也不對？有個問題來了：以前有一位大師持戒非常清淨，可以說世所罕見，他也有神通，這樣的人持戒是最清淨的；然而捨報之後爲什麼墮落鬼神道？因爲虛妄說法。

有人把他開示的文章給我看，那是很早以前，那時我去請人製作佛像，就是現在我家佛堂裡供著那一尊，那位製作佛像的師傅拿給我看說：「這樣講對不對？」我說：「怎麼會對呢？」那位法師是怎麼說的？他講的內容當代還沒有人講過，是因爲他講到眞如，我說：「欸！還有人講到眞如，這個不錯呢。」可是一讀下來，不敢認同。

他說一萬隻螞蟻的眞如合起來是一個人的眞如，一千個人的眞如合起來是一條鯨魚的眞如。那雕刻師問我說：「這樣講對不對？」我說：「這樣不對。」「爲什麼不對？」「因爲眞如唯我獨尊，不可分割合併的。」那位法師就因爲這樣虛妄說法，結果捨壽墮落鬼神道。好在有人用無相念佛的功夫迴向給他，第四次迴向之後他就沒有再來討功德，表示往生善處去了。那諸位想：這不就是「貪著持戒著持戒見」，再加上我見而作的佛法思惟？正是如此啊！依於我見而想像眞如、而作出這樣虛妄的開示，導致這樣的結果。他墜落鬼神道中，那鬼神道是不是「惡道分」？也是啊！這就是一個殷鑑，而且這個殷鑑不遠，才二、三十年前的事，所以眞的要遵從　佛的告誡：「人寧成就五逆重罪，不成就我見……」等。今天講到這裡。

《佛藏經》上週講到第九頁第二段，今天要講剩下的兩行，首先要講「貪著三昧著三昧見」，延續這一段前面　世尊的開示。這一句是說：「一個人學佛之後寧可成就五逆重罪，也不要成就我見、眾生見」乃至「不要貪著三昧，著於三昧之見。」這裡講的「三昧」含義很廣，三昧大略分爲兩種：一種是定境上的三昧，一種是智慧上的三昧。這個「貪著三昧著三昧見」，在　佛世這麼開示是有那個必要的，因爲古時佛門中的凡夫以及外道凡夫，證得禪定三昧的人數並不少。如果這一句聖教我在十年前來說，或者十五年前來說，只怕是沒有知音，而且還會惹來很大的是非；因爲到了末法時代二十世紀末，我們正覺的書還沒有印出來很多，我們是不是有禪定的實證，佛教界也不明白，就貿然來講「貪著三昧著三昧見」，恐怕會招引更多的罵名，害人造口業。

但即使十五、六年後的今天，我們書中說了禪定的內涵以及修證的原理與正見，這時佛教界雖然對我們正覺的內涵比較有瞭解了，但是要跟他們講這一句「貪著三昧著三昧見」，其實也還是早了十年；不過好在聽講者是你們而不是他們，將來整理成書出版到這部分經文的解說時，已是四、五年後的事了，就不會有問題。因爲末法時代佛教界一切大師、小師們，對於「三昧」的定義已經無法瞭解了，必須由我們來說明清楚：「三昧」有禪定的部分，也有智慧的部分。禪定的部分既然談到的是禪定，一定是要證得初禪以上才叫作禪定，否則只能稱爲未到地定，也就是還沒有到達初禪地。好在十幾年來我們有不少書籍講過了初禪、二禪的實證道理和境界，而我們也把智慧門的三昧講得更多了，所以現在來爲諸位講解這句聖教可以說是恰到好處，正是時候。

這《佛藏經》將來整理出版，出版到這一句的講解時應該已是四、五年後的事，因爲《法華經講義》最少二十五本，這二十五冊一年只能出版六冊，等於要四年多一點，再加上《佛藏經》現在才講到第九頁已經五十四講，今天就是五十五講了；大概九講到十講會成爲一輯，所以最快要五年。也還不知道《法華經講義》二十五輯能不能出得完？搞不好還會成爲二十六輯（編案：共二十五輯，已出版完畢），所以等到將來《佛藏經講義》出版講到這一句時，佛教界應該可以接受我今天講的，諸位是先聽爲快。

禪定的三昧剛剛我們作了一個名目上的解釋，因爲書中已經講過了，這裡不再談，可是「智慧三昧」還是得要再定義一下。爲什麼「智慧」也是「三昧」？譬如在菩薩道中所應該要修學的次法已經具足，聲聞道中該斷的我見也斷了，斷我見時應該用來配合、用來支持的未到地定也修成了，接下來就是應該要證悟明心——就是禪宗說的破初參，又名破本參。終於有一天證悟了，證悟之後是不是眞的可以不退轉，這是個大題目；假使所悟的內容是世間五蘊的範圍之內（悟錯而落在我見中），那就保證不會退轉；連凡夫都可以悟的內涵也就都不會退轉，因爲大家都很喜歡自我，「我」是誰都愛的，所以一定不會退。但是這個不可思議的法是難悟也是難信難忍的，證悟之後很有可能會退轉。看我們正覺同修會弘法以來前後三批人退轉，也證明這是個事實。

所以你們證得如來藏之後，我得要不斷考驗到非常通透，而且可能會退轉的後路也全都被我斬斷了，讓你退無可退——想要回到五蘊我裡面去也回不去了。這時心中很篤定，就認定這個如來藏我，確認五陰我是假的，這時就說你心得決定，心得決定就是定，就是五個別境心所法「欲、勝解、念、定、慧」中那個定。「定」又名制心一處，就叫「三昧」，所以當你證得這個金剛心如來藏以後，心得決定而不改變了，就叫作「金剛三昧」，所以「金剛三昧」是智慧。但是這個智慧要能夠心得決定而不退轉，除了我見要斷得徹底，也要有未到地定作支撐以外，還得要福德夠，知見也圓滿了，於是證悟時才能心得決定，就不再退轉。不退轉時有了這個定心所相應，就叫作「三味」，這就是大乘法中菩薩們所應該證的第一個三昧，叫作「金剛三昧」。

這個「金剛三昧」，在《菩薩瓔珞本業經》中有說過，在《楞嚴經》中「觀音圓通法門」也有說過，但這是「智慧三昧」而不是禪定三昧。所以三昧必須分成兩種，一個是禪定的三昧，另一個是智慧方面的三昧。而這兩種之所以被稱爲「三昧」，都是因爲定心所的緣故，也就是制心一處、心不改易。禪定是把覺知心降伏制伏而住於一念不生的定境中，所以叫作定；「智慧三昧」卻是把覺知心制伏下來，住於所證的實相境界中，心得決定、心不動搖，這樣的制心一處同樣是「三昧」，所以「三昧」有兩種。

「三昧」的定義說清楚了，那麼證得三昧的人是不是一定都會「貪著三昧」？爲什麼有人點頭也有人搖頭？我要相信誰呢？通常證得禪定「三昧」的人會貪著，因爲禪定三昧有境界，在那個境界中使人產生喜樂；例如初禪有五支功德：覺、觀、一心、喜、樂，有這五支功德時當然歡喜快樂。若是初禪還沒有具足的人，也許他空閒下來沒事就進入初禪等持位去享受胸腔裡的快樂，這就是佛世比丘們的娛樂之一。比丘們都是以此爲樂，如果他的初禪圓滿具足了，不必作意，不管在忙或者講經說法時，那個快樂始終會在胸腔裡存在不會消失，所以他不用起作意來受樂；在作事情或講經說法的同時，也能享受那個胸腔之樂，因爲它自然就會存在，只是比較微細、比較細緻。所以一般人證得初禪時會起貪著，這都是正常的，沒什麼可奇怪，這就是「貪著三昧」。

可是菩薩證得初禪、二禪時不會貪著這個快樂，因爲菩薩證悟後是以離見聞覺知的「無名相法」如來藏作爲自我，從五蘊我或者從五蘊所生的諸法我，來看這種禪定之樂時，不過就是水上的浮泡一樣虛幻不實；因爲連五蘊都虛妄了，何況五蘊所生的這個快樂我所，因此不會貪著這個三昧。不貪著這個三昧，就不會執著於「三昧見」。那什麼是「著三昧見」？也就是他自認爲超人一等，因爲別人沒有證得「三昧」而他有證得，所以優越感不知不覺表現出來。別人當然會感受到，而且是會很明顯感受到的；因爲他常常會談起禪定的境界，常常向別人顯示或常常談起，就表示他是已經「著三昧見」。這是禪定方面。

如果是「智慧三昧」方面，證悟的人如果有轉依成功，就不會貪著「金剛三昧」，又名「智慧三昧」，當然就沒有「著三昧見」的問題存在。如果沒有轉依成功，當他剛找到如來藏時，真的還會貪著這個「三昧」，雖然他的智慧依舊在。那什麼叫作「貪著三昧」？這當然是講貪著「金剛三昧」。譬如一個人讀了蕭平實的書五、六本，腦袋中整理整理、思惟思惟，他想：「我知道了，就是這個。」然後瞧不起一切人。豈止瞧不起一切人，連幫他證悟的蕭平實都不瞧在眼裡。讀了蕭平實的書自認為悟了以後，反過來評論蕭平實：「唉呀！他在講什麼？講到零零落落那麼複雜。」假使哪個正覺的弟子遇到了，就告訴他：「倒不如您自己寫一本來瞧瞧，要不然請您老講一部經，大家來同享法樂，得麼？」我想他老哥就不敢吭聲了。這個就叫作「貪著三昧」，其實他並沒有轉依成功，還不是真正的「三昧」。

且不說他這個三昧是真的假的，因為自我弘法以來，會外很多人讀了我的書，自認為悟了來找我，卻是一個個都悟錯了！往年在臺灣有很多這種人，由於當年還沒成立同修會，所以有的甚至由我在家裡親自接待，但是沒一個是真的。後來同修會成立了，幾年後我們立了規矩，不單獨接見外賓，也不為他們勘驗，全都要在禪三時才會由我來勘驗。

這幾年大陸倒有一些人讀了幾本蕭平實的書以後自稱開悟，然後出來否定蕭平實；那你們想這個人會是開悟者嗎？如果他眞的悟了怎敢否定我？因爲他悟後（我說的是眞悟），公開否定我時不等於否定自己的所悟？那一定是所悟與我不同，就是悟錯了。如果他眞的悟了，來當我的徒孫還差不多；我不是誇口，確實是如此；因爲根本就通不過勘驗，都是落在五陰裡面，要不然就是好像悟對了，可是那五陰老是沾黏著、撥不開，你們說這到底算不算悟？爲什麼你們都搖頭？因爲這叫作眞妄不分，我見具在。這種人在祖師座下是要挨棒的，那麼這樣的人就叫「貪著三昧」。

要是悟得眞，他很清楚知道五陰是假的，成功轉依了如來藏以後，如來藏沒有你我他，也沒什麼多一無，如來藏中一法不立、一切法空，哪有什麼「三昧」可以貪著的？「貪著三昧」的原因是什麼？很簡單：「因爲我有開悟，你們沒有開悟。」就是這個「我」還沒死掉；「我有開悟，你們沒有悟」，表示他的我見還沒斷，我見還沒斷的人可能是開悟的人嗎？佛門中沒有這種開悟啊！所以「貪著三昧」的人不是眞正開悟者。

因此我們正覺同修會中證悟的人在社會上行走，不會用下巴看人，爲什麼呢？因爲五陰這個我是假的，對方的我也是假的，同樣都是假的，有什麼可以傲視於人的？再從如來藏的境界來看，我的如來藏「無名相法」不分別你我，永遠沒有高下可分；對方那個如來藏「無名相法」亦復如是，哪有什麼可分別的？這麼觀行清楚以後，不管見了誰，都不會用下巴瞧人家，因爲大家都平等；這樣才能夠說他有妙觀察智，同時生起了平等性智。

佛門中沒有不證妙觀察智、沒有不證平等性智的開悟者。如果一個開悟的人老是瞧不起人，路上看見了出家人就搖頭，你們當然知道他爲什麼搖頭，他搖頭是說：「出家了都不懂求開悟證般若，好笨！」他當然是憐憫心，但那是不是帶著一分歧視之心？是了！那就是「著三昧見」。正是「貪著三昧」而「著三昧見」，因爲他心想：「我都證悟了，我有金剛三昧；他出家幾十年，七老八十了還不懂。」所以才搖頭。可是我們正覺同修會中不許有這樣的人，如果誰哪一天在路上走著，看見出家人就搖頭，我剛好在背後看見了，我就會當黃雀，就得好好再整理他。

也就是說你要是悟得眞，就表示你轉依成功了，轉依成功的人不會「貪著三昧」。怎麼說呢？當你轉依如來藏時，來看看如來藏：祂會不會貪著這個「金剛三昧」？不會啊！永遠都不會，因爲祂根本不了知「金剛三昧」。

祂也不開悟，悟的是你；開悟是你五陰的事，不是祂的事，與祂無關；祂既然不證「金剛三昧」，何需要「貪著三昧」？所以祂沒有「三昧」可貪。要證三昧、要發起智慧的是你，可能「貪著三昧、貪著智慧」的也是你，而你是誰？是五陰。所以當你眞正轉依成功時，站在如來藏的立場來看三昧，沒有這個「金剛三昧」或名「智慧三昧」可以貪著。眞悟的沒有這個「智慧三昧」可以貪著，就不必「著三昧見」，就不必一天到晚跟人家炫耀：「這個開悟是如何如何，多麼勝妙，但你們不懂。」一天到晚都在講這個。又不是上座講經說法，一天到晚講，見了某甲時講、見了某乙也講，乃至見了某戊某己某庚某辛時也講，他不煩，人家倒是煩了，有智慧的人就會說這個人「著三昧見」。

眞正轉依成功時是一切都放捨了，所以禪宗祖師手裡的棍子常常要打人，爲什麼要打？因爲他對那些證悟的弟子常常會出題目考一考，隨便問個什麼，看來好像是閒話家常，其實不然；假使弟子答了一句話落在五蘊裡面，棍子就往頭上敲過來，然後就問：「你還在不在？」問「你」還在不在？當然你的如來藏不會消失對不對？意思是說：「『你』這心有沒有住在『金剛三昧』裡面？」住在「金剛三昧」就是事事以如來藏爲轉依，不落於事相中，這在禪宗裡面叫作「管帶」。有沒有聽過「管帶」？還眞有不少人聽過，但大部分人沒聽過。

這個「管帶」，可別像瞎眼阿師胡扯，老是說：「我們要把離念靈知看好，不要去貪著攀緣五塵。」那不是正確的管帶，不是眞悟禪師說的管帶。所以有的弟子回答禪師說：「我管帶時就是說，假使像一條牛在阡陌中走著，如果把頭扭到右邊去偷吃了禾，我就把牠拽回來；如果往左邊偷吃了禾，我又把牠拽回來，久了牠就乖了，不再偷吃禾。」於是他不免要挨棒，因爲管帶不是要你管帶這個覺知心離煩惱，而是叫你要依止於如來藏，放下其他的諸法，以如來藏爲歸；假使落到五陰中、落到十八界中，就把自己離念靈知心拉回來，還是以如來藏爲歸，才叫作眞管帶，不是管覺知心的事。表面上看來都是覺知心，但內涵不同，所以轉依成功的人不會「著三昧見」，因爲從「金剛三昧、智慧三昧」的內涵—從所證的如來藏妙眞如性—來看時，並沒有三昧可說；證得「智慧三昧」的人是你五陰，不是如來藏。

眞正佛法講的是如來藏自住的境界和因此而生起的般若智慧，在如來藏的境界中沒有「三昧」可言。所以《大般若經》中一直在講「一切法空」，原因在此。一切法空並不是斷滅空，是說依於這個實相境界來看待一切法時，一切法都不存在了，所以才叫作一切法空。不能把那個前提砍掉而只要後半句，那不是完整的佛法。所以凡是眞實證悟之後可以有分別智慧，來了別全天下大師們誰悟錯了、誰悟的對；可以了別那些悟錯的大師們如何誤導眾生而加以拈提，用這個方法、用這個手段救護眾生；但不可以起輕想，不可生慢心，否則就不免成爲一個「貪著三昧著三昧見」的人。

接著下一句：「依於佛想得於法想，於僧斷事成就身見，」這兩句要一起來談。學佛的人總是有 佛存在心田中，任誰都不會否定這一點；即使悟後進修成爲妙覺菩薩、一生補處，亦復如此。可是從般若實際理地來說，卻不允許有佛想，爲什麼呢？如果你心中有佛，那你就不是轉依如來藏，就是已經落在五陰的境界中。禪門不是有一句說得很有名嗎？有時世俗人還會引用：「佛來佛斬，魔來魔斬。」聽過吧？不懂的人就說：「你大逆不道，你是三寶弟子，竟然敢斬佛。」他不懂佛法有事相上說的，也有從理上說的，分不清楚。沒看見那老趙州嗎？有一天竟然說：吾不喜聞佛。只要唸一聲「佛」，老僧我就得漱口三天。他就是這麼說的，所以說：「佛之一字，吾不喜聞。」說我不喜歡聽到有人講一個「佛」字。

有的禪師是連佛法都不喜聞的，聽到佛法就得洗耳三日。如果有個人學淨土求生極樂世界，一天到晚來到他面前唸佛，如果在他身邊唸上一整天佛號，他耳朵可得洗到壞了，因為才聽到一個字就要洗三天；那他是不是大逆不道？不是，他是從理上說的，用這個來開示眾弟子們。也就是說：「**你們身為我老趙州的弟子，不應該一天到晚談著佛，你們要設法把本來面目找出來，依止於本來面目，這時你就無佛可成，無佛法可學。**」因為在「**無名相法**」如來藏的境界中沒有佛可說。所以證悟之後在事相上越發對 佛陀恭敬，一切飲食衣服醫藥，凡是可以用來供佛的都先供上去，撤下來才可以自己用；但是從實際理地來看，沒有佛可言，因為佛也就是無垢識，因地就是第八識阿賴耶識，祂的境界中無一法可得，何況能有諸佛如來？

而示現在人間的應身佛也是這麼開示給我們，也告訴我們說：佛來人間應化只是一個示現，不是眞佛。眞佛是如來藏，可是如來藏的境界中從無佛想，在那個境界中從來不了知佛或者非佛，也不了知人、我、眾生。所以你假使住在如來藏的境界中，若是有佛出現了，那就不是如來藏的境界，不是眞如，就是悟錯了，當然「佛來佛斬，魔來魔斬」，一概都斬。你能夠這樣子，釋迦老爸倒是高興了。初學不懂的人就說：「原來釋迦牟尼佛這麼顚倒，人家要把祂殺掉，人家都討厭祂，祂聽了還喜歡人家喔？」正是！因爲祂要教導給眾子女，而你們都是祂的子女，祂教導給你們的就是：涅槃的本際是如來藏獨存的境界，在那裡面沒有佛可說；連佛都沒有了何況能有魔？所以禪師們才會說「佛來佛斬，魔來魔斬」。因此依佛修學是對的，但是實證的境界中不應該有佛想，這才是身爲大乘佛弟子所應該證得的境界。

當你證得這個境界了，佛就喜歡你！你如果沒有證這個境界，表示說你還要修行一段很長的時間，然後有一天證得了，佛見了你才會歡喜。你可別說：「欸！這樣你是不是在指控佛陀偏心？」我有沒有指控？你們不需要替我搖頭啦！我來解釋給初機學人聽；譬如說每年夏天結夏安居，到了解夏那一天，爲什麼叫作「佛歡喜日」？因爲在那結夏安居三個月中，大家精進修行而有許多人證果或是證悟了，所以在解夏那一天大眾一起自恣——大家各個起來報告，各自陳述自己的證果或是證悟狀況，所以那一天又叫作「自恣日」。佛陀聽了當然很歡喜：「某甲悟了，某乙也悟了，張三也悟了，李四也悟了，」一直到「王五、趙六等人都悟了！」佛當然心大歡喜，所以叫作「佛歡喜日」。

可是當你證悟時，佛陀當面問你說：「你悟了，那你現在有沒有看見我釋迦牟尼佛？」你要怎麼答？怎麼答？「沒有看見？」記上一棒！不能答沒有看見，該怎麼答呢：不審。應該答：「不知道。」不應該答「沒看見」。當你答沒看見時就表示你有看見（大眾笑！）對啊！因為這是一體兩面。沒看見時就表示剛才有看見。那現在聽到這一句問話就答「沒看見」，其實是一體的兩面，還是同一個覺知心，落在覺知心境界中，這時你的指導師父就可能瞪你一下。禪師也是如此勘驗，所以徒弟答了以後，禪師當下打了他一棒：「未在，更道！」說你不是住在如來藏裡面，沒悟入如來藏的境界，要求你再講一遍。於是天童宏智正覺只好重新再講另外那一句話，他的師父丹霞子淳就說：「又道不借！」——剛剛你還說「不借夜明簾」！又打了一拂子，他會了，這樣才算認可。

所以 佛陀聽到你開悟問時，問你說：「你現在看到我沒有？」你應該說：

「不知道。」不應該說沒看到，因爲有看到跟沒看到是同一個覺知心。那你說「不知道」，不知道就沒所謂有看到、沒看到可說。所以你看禪門古人的施設多妙！怕弟子們悟不了，所以每天早上起板之後盥洗手面完了，都要到和尚方丈室前問訊，那時要怎麼說？「不審！」對啊！就是如此。這是每天提示他們，叫他們自己提示自己。洗手面完了到和尚方丈室面前，就站在門外開口，意思是：「老和尚！我不知道。」然後就下去了。每一個人每一天都這樣，目的何在？就是要你去找那個不知道的心。讓你時時刻刻都記住：「我有一個不知道的心，要把祂找出來。」所以這「不審」兩個字就常常掛在心中。

有時老和尚遇到普請，他就到田裡繞一圈，也許把弟子的尖嘴鋤取了過來，拿高高地問他：「是什麼？」這弟子答：「不審。」老和尚就問他：「不審個什麼？」道理就在這裡，就是經教中這裡講的「不應該依於佛想」啦！你如果「依於佛想」，有事相上的佛也就有你，不是在「無名相法」如來藏的境界中。話說回來，當你有佛想時就會有法想，所以「依於佛想」的結果就「得於法想」。從事相上來看有十方諸佛，也有現前的應身佛，這樣一來就成爲五蘊相待的局面，那就有人相、我相、眾生相、壽者相了，這不是金剛之法。

金剛之法是無相的，從來都沒有我相，哪來的人相、眾生相、壽者相？依於這樣的金剛之法而住時迥然無佛，所以沒有佛可說。這是講實際理地的境界，就是妙眞如心如來藏這個「無分別法」的自住境界。正因爲一般人不懂「依於佛想」，所以說：「我歸依釋迦牟尼佛，我要好好學佛。」哪一天來到 世尊前胡跪而求：「世尊啊！我們應該要如何學法呀？」這不就是「依於佛想得於法想」嗎？於是 世尊說：「你去找舍利弗」、「你去找迦旃延」、「你去找目犍連」等，就說：「讓他爲你剃度，請他教你。」那麼師父就會爲他講許多法，他聽了以後想：「原來有這麼多法。」所以他心中就想：「我得了這個法，得了那個法。」可是他得了這個法、那個法時，得的是誰？（有人答話，聽不清楚。）爲何聲音這麼小？當然是五陰得法呀！所以「依於佛想得於法想」時，表示他還在五陰的層面中，還沒有跳脫於五陰之外。

所以當有人告訴我說：「大陸有個什麼人讀了老師您的書，說他開悟了，又在批評您。」我說：「那他就是有佛、有法了。」因爲他若是眞悟了，怎麼可能評論一個寫書出來使他開悟的人？表示他還有佛想、還有法想，才會對根本上師作人身攻擊！而且他也應該正式寫出文章來點評：蕭平實什麼地方錯了，爲什麼錯。卻又不敢，那這樣的人有沒有開悟？就很容易判斷了。因爲他顯然有法想，正是「依於佛想得於法想」，所以就落在五陰境界中。更何況還有一種人讀了我的書自認開悟以後，也要開宗立派勸募錢財，有時抽抽菸，有時翹起二郎腿來還會抖腳。好厲害！世間有這樣的證悟菩薩，眞的很厲害！因爲我永遠學不來他那個樣子。可是我說所有諸地菩薩諸佛都比他差，沒有一個人學得來，這表示他「依於佛想得於法想」。

眞正實證以後不依佛想、不依法想，就這麼住；該利樂眾生就去利樂，該爲眾生說法就去說法，說完之後什麼都丟了，無一法可得，就是這樣住。所以有時我遇到某一些有神通的人，他們都搞不清楚我是誰；他們眞的弄不清楚，因爲我心中沒有法。平常除非是無相念佛，不然就是腦袋空空如也，那有神通的人沒有辦法測知我腦袋裡在想什麼，因爲我用思惟觀，沒有語言文字的行相，有神通的人根本不知道。有一次我遇到一個眼睛瞎了的人，那人還眞的有神通，不過我認爲那是鬼通，他問：「先生！你是拿香的，還是歸依的？」雖然他看不見我，但他的感應或是鬼神告訴他：這是個修行人。因爲修行人跟世俗人不一樣，還有就是世俗人的腦袋沒有停過；可是我跟他說話時他又不知道我有什麼心念，因爲我用的都是思惟觀，所以他根本不知道我，就問了兩句話。

我當初才弘法不久，問他：「不知道你問的是什麼意思？」他就解釋：「拿香的就是一貫道，歸依的就是學佛的三寶弟子。」我說：「我是歸依的。」很奇怪，每一個人去找他看病，他都跟對方說：「他們家的某某事……」，有時會說：「你們兩個地方有某事，」或者說：「你們那裡的自來水品質很好。」可是遇到我時沒話可談，只好從這裡開端。這就是說，眞要轉依成功時確實心中無物，所以你要他心中產生一、二句話還眞難，因此那些眞有神通的人弄不清楚你到底是什麼意向，他完全不知道，只好正式開口問你。所以眞實轉依成功時，除非你爲眾生作事、爲眾生說法時，否則心中無念，表示心中沒有佛、沒有法、沒有僧，心中什麼都沒有，這樣才是具足佛法僧的人。

那麼「依於佛想得於法想」，表示他落在五陰之中，所以有佛有法；當他心中有佛有法時，接著就是下一句：「於僧斷事成就身見，」「僧斷之事」

到底是什麼？也就是說，出家爲僧時有些事情你必須要斷絕，必須要斷絕的無非就是世俗事。出家後於世俗事就能斷絕，這個不容易！有好多大法師都是年輕時或者三十來歲出家，到七老八十以後，一天到晚都還記掛他出家前所生的子女，這是末法時代出家人中很平常的事情。可是別人不同，別的師兄弟有一天終於出來責備他：「**你都出家幾十年了，還在記掛俗家的事，這樣不對！我從來都不記掛俗家的事情。**」爲什麼呢？因爲他很絕情。

他是個絕情的人，可以不必記掛俗家的事，然後以此爲傲，認爲自己能夠作到這一點，是可以傲視他人的，所以他一天到晚指責別人：「**某甲你這個斷不了，某乙你這個也斷不了。**」一天到晚指責別人，他卻沒想到一件事：他一天到晚指責別人時，是有幾根指頭指著自己？眞的如此，因爲這表示他正好是「**成就身見**」，佛的開示眞有道理啊！爲什麼他會一天到晚指責別人這個也不對、那個也不對呢？因爲他認爲自己這個也斷了、那個也斷了。當他這樣看待自己與別人時，不就是住在五陰中嗎？假使離開了五陰，從「**無名相法**」如來藏的境界來看時，沒有斷與不斷可說了。但他眞的被　佛預記了兩千五百多年，因爲　佛這部經是兩千五百多年前講的，而他現在還在犯，正好是「於僧斷事成就身見」。

因為落在我裡面，落在五陰身中，所以一天到晚比較：「我這個也斷了，我那個也斷了，但你們都沒有斷。」於是他就用這個「僧斷」之事來指責別人，他一天到晚想要當老大。你們可別說：「出家了，還爭什麼老大？」事實不然，各大山頭沒有人在爭老大嗎？那些山頭都是一派又一派，裡面都是好幾派；如果只有兩大派，那算是很好的了。曾經有一個大山頭，兩個主要的法師在大殿中互相爭執；俗人是喝酒划拳，他們是吵架在那邊划拳，弄得臉紅脖子粗。好在有個師姊很有智慧，走過去輕輕合掌說：「兩位師父！乾脆到殿外用打的比較快。」這兩個人才警覺，各自離開，不然他們划拳可能要划上一小時，這是末法時代的佛教寺院正常的事情。可是當你轉依於如來藏時不需要分派別了，有什麼派別可分？如果分派別時，那表示已經「成就身見」了。假使分派別時一天到晚指責：「欸！你們這樣也不對，那樣也不對。」殊不知自己已經具足顯示「身見」出來，這個「身見」好像大拇指一樣，大家都看得清清楚楚。

所以於事相上說，應該有佛有法，也應該要有「僧斷事」，就是由僧眾來決定寺中大部分的事；於種種「僧斷事」應該讚歎，可是在第一義諦之中這一些都不存在。因此諸經中諸佛菩薩開示時，祂是從次法上或者從事相上所作的開示，或者是從第一義諦來說明理上的妙法，讀經讀論的人要先分清楚。可是二十世紀末、二十一世紀初的佛教，可憐的就在這個地方，大家始終都是理事不分，他們讀經讀論時永遠都從五陰十八界的境界去讀、去理解，所以把理說的部分也當作事說的內涵，於是他們把理說的內容都當作事修來修行，因此什麼都不要分別。我以前不是報告過諸位嗎？有一位比丘尼，人家去寺院裡面作義工，過堂時她拿了一碗狗屎放在餐桌正中央，就這樣和大家一起過堂；信眾們覺得噁心，不太吃得下飯；工作了一個早上，中午吃飯竟然吃不下去，那個表情不會很好看，沒想到她老姊說話了：「我們修行就是不要分別啊！你們不要看它是狗屎，心中不要分別就對了，儘管吃飯。」

我聽了轉述時就說：「我當時要是在場，就問她：『師父！您怎麼都不會夾到狗屎。』」（大眾爆笑…）對呀！這樣問就好了，不用再問第二句。這表示什麼？（有人答話，聽不清楚。）對嘛！她就是有分別，才永遠都不會夾到狗屎吃。表示她誤會般若無分別的正理，她是把佛菩薩理說的境界拿來當作事修的法門。佛菩薩講的不分別是說：你自己的實際理地如來藏妙眞如心從來不分別，你要去證得祂；證得祂以後要去瞭解祂更多層面的不分別。那是理上的修行，不是要她在事修上把理上的正理拿來修；那是理，不是修。但她弄不清楚就混在一起，這就是末法時代學佛人的悲哀，因爲連各大山頭的大師們也都如此，不是只有小比丘尼如此。

不相信的話，我講一位大師，姑隱其名。有一次他講禪開示時說到「無分別」，他說：「今天過堂有人供養了葡萄，那葡萄又大又香又甜，我正在吃著，就有弟子來告訴我說：『師父！您有分別了，您今天貪吃，多吃了好幾顆。』」其實應該說師徒兩個都起貪了，師父多吃幾顆他也知道，對不對？所以這個弟子也是貪，兩個都在分別。可是大師怎麼說呢：「我就跟弟子開示，雖然我多吃了幾顆，可是我依然不分別，就這麼吃了就是。」問題是爲何他會多吃那幾顆？啊？爲什麼會多吃啊？（有人答話，聽不清楚。）對嘛！就是好吃。但爲什麼知道好吃？因爲分別了。所以他們都弄錯無分別的正理，連大師都會弄錯，還狡辯說他沒有分別，說他只是順著那個口味多吃了幾顆而已，沒有去分別。

問題是，佛說的無分別是講這個眞如心無分別，不是要你覺知心無分別。所以把理上的境界拿來當作事上的修行，眞是錯得離譜。連大山頭的大師都如此，你們說末法時代的佛教徒可悲不可悲？如果眞的要像他們說的「**修行就是要修到無分別**」，那好！嬰兒出生之時，每一個人都要去頂禮，因爲嬰兒的分別最少。除非肚子餓了或者尿片溼了，否則他不會分別、不會哭的，只管睡覺，那他應該是最有修行的人。同樣的道理，眞正修行的人都應該到醫院去，面對那些植物人都應該好好禮拜，植物人都不分別呀！不是嗎？那他就是修行最好的人。眞是豈有此理！所以不分別的意思是說，是理上的境界——眞如心「**無名相法**」的境界，不是叫人家事相上要修成不分別。如果修行最好的人，依他們的說法應該是什麼人修行最好？那就是傻瓜呆修行最好了，大白癡就是大修行人；但如果眞是這樣的話，又如何能教導人家成佛？又如何教導人家實證「無分別智」？又如何能教導人家見道乃至修道成佛？

所以說，眞正修學佛法的人一定要把事與理分清楚，事與理能分清楚以後才懂得怎麼下手修行。但是末法時代的大師們連這個也弄不清楚，就事、理不分，把理上的開示拿來當作事修的法門，這是末法時代佛門中的正常事。就像我們弘法早期，一直說明開悟就是要證如來藏，但是卻有好多道場私下都在流傳一句話：「**佛法有八萬四千法門，為什麼一定要跟他們正覺一樣修學如來藏法？**」很多道場都這麼講，那邊傳過來這樣說，另一邊傳過來也這樣說，東西南北方的道場都一樣的說法。殊不知如來藏是實證之標的而不是法門，法門容有八萬四千，也就是說你要進入這個佛法的殿堂，要得到殿堂中的一切寶物，有八萬四千個門可以進來；可是不論你從哪一個門進來，進得門來都是同一個殿堂，那個殿堂叫作如來藏。可是末法時代的大師們，連證悟之標的以及證悟的方法都混在一起，那就好像把工具當作成品，這不是很愚癡嗎？

譬如有一個人手很善巧，拿著一根鐵絲，又拿著一把尖嘴鉗，於是他開始製作而成為一輛小小的三輪車，好可愛！可是這個成品三輪車，跟那一把鉗子一樣不一樣？不一樣；一個是工具，一個是成品。佛法修行亦復如是，如來藏是所證之標的，而參禪的法門、修行的法門只是工具，但他們竟把工具當作成品，又批評：「爲什麼一定要跟你們正覺修什麼如來藏法門？」他不知道如來藏是實證之標的，不是法門，到處都是這樣的道場。後來有個道場公開提出來質疑，我們就在《宗通與說通》書中講清楚，印出去以後，大家讀了才終於恍然大悟；不是開悟的悟，是悟得：「這個是工具，那個是標的。」你們看，知見差這麼遠！所以在佛法中理與事分清楚是最重要的事，但這卻需要善知識來教導。

那麼於理上　世尊說得非常多，這《佛藏經》我們講到現在爲止，都還在說理，講那麼久了也才講到九頁；已經有五十五講了，都還在說理。那麼這一段還有一點點說事的味道，這是告訴大家說：「要依理不依事，如果依事的話，聽聞到眞正了義的空法、無所得法，心中就會驚畏。」如果能懂得眞實理，依理而修，當他聽聞到「空、無所得法」，心中就很坦然、很安定，不需要叫誰來幫他安心，自己就安了。但那一些有所得的人不能接受如來藏空性，不能接受如來藏的無所得境界，因此他們落入有所得之中，佛就說「有所得者是惡道分」。

世尊這一段經文最後作了一個總結，這一段經文說：「若有人受如是教已，聞空無所得法即時驚畏；是人可愍，無有救者，無有依者，直趣地獄；」講到後面時又說：「貪著三昧著三昧見，依於佛想得於法想，於僧斷事成就身見，」講了許多開示後提出理由來，說爲什麼這樣的人是「惡道分」？說這樣的人死後會下惡道。所以 世尊說：「何以故？於佛法中成就身見，不在僧數。」這是一個很嚴正的宣示，意思是說，於佛法中出家了，不允許有身見。想想看 佛的要求如此，到了末法時代的今天，能有多少出家人辦到？除了來正覺同修會學法的法師以外，哪一個不具足身見？你們可以去檢查。

好在咱們把《阿含正義》七輯寫了出去，希望現在佛門中有很多人不必被 世尊這兩句話所訶責。但爲什麼 世尊要求在佛法中出家的人不許有身見？因爲既然在佛法中出家就是要接引眾生，接引眾生的人自己於佛法都無實證，才會有身見；如果自己有身見，沒有實證初果，又如何接引眾生？世尊如果眼巴巴望著這一些人能夠弘揚正教，豈不是緣木求魚？簡直是去樹上釣魚；所以才說：「於佛法中成就身見的人，不在僧數。」才會導致捨報後「直趣地獄」。

爲何這麼嚴重？因爲出家以後理當爲眾弟子們說法，可是說法時卻拉著弟子們同樣墮入「身見」之中，說這就是佛法；言外之意是說：這就是釋迦牟尼佛講的。因此成就謗佛惡業，而且也成就破法惡業，因爲佛法不是這樣說的，但他說這就是佛法，於是成就謗法惡業。而他自己這麼作，是在誤導眾生，祖師們就罵這樣的人是「一盲引眾盲，相將入火坑」，所以「成就身見」是出家人所不允許有的。

那麼我要問大家說：有沒有人想要「成就身見」？你們都搖頭。不然你們去問那一些誤導眾生的大師們，他們出家幾十年了，你們去問他們：「您想不想『成就身見』？」他們不肯答覆，反而會罵你，因爲覺得你是在質疑。可是你如果改天先打個電話去：「我是某某居士，我有新臺幣一億元，我帶了支票，想要供養大師，請大師給我十分鐘請法。」一定會接見你。那你到了那一天，一億元支票奉上去了，恭恭敬敬禮三拜，然後很客氣很婉轉的問他：「師父！您想不想把身見斷除？」他看在一億元的面上，不能罵你而說你來質疑他，他一定會告訴你說：「我早把身見斷除了！」那你問他說：「既然身見斷除了，師父您爲什麼又說『開悟的實相境界就是離念靈知』？離念靈知是識陰呀！」他如果眞要斷除身見，聽到你這麼一講，趕快就把離念靈知心否定，趕快把離念靈知丟了。可是他丟不丟？不肯丟；就好像看到你那一張一億元的支票他也不肯丟，一樣抱得緊緊的，兩者都抱得緊緊的。都是口說要斷身見，實際上不肯斷。末法時代這些大師們大多數如此，有機會的話，如果眞要救他這個師父、這個大師，應該把這一段經文抄給他。如果他讀了還斷不了身見，五、六年後我們印出來了，再把整頁經文的說明印給他，否則你對他也無可奈何啊！

那麼出家之人在佛法中修學是不應該有身見的，因爲這會導致佛教日漸衰亡，所以 世尊才會說得這麼斬釘截鐵、不通商量。那我們看看現代有好多人其實都是非常大膽，動不動就稱證得阿羅漢，證得三果、四果，或者說他開悟了，又說他是四地、五地證量；可是這些四地、五地的菩薩封了弟子作初地菩薩以後，竟然沒有初地的本質，連明心的智慧都沒有，全都經不起考驗。不曉得他們現在還有沒有這樣自稱，因爲我們講經時講過，話都會傳出去。一個人要入地之前除了要大福德，接著得要有第一分的無生法忍；但不只如此，還要有十無盡願的增上意樂，而這個增上意樂也得清淨了才行；但是這樣的初地菩薩，所證的解脫果不能輸給聲聞慧解脫者，他還得要有慧解脫的果證；得要有四果的解脫，要這樣才能入地。

然而那個自稱四地、五地的「菩薩」這一些解脫果都沒有，第一分的無生法忍也沒有，增上意樂他也沒發，因爲他是個一貫「盜」的外道；那麼慧解脫的實證他也沒有，因爲他的我見都還沒有斷除。那慧解脫的菩薩至少要有初禪的實證，他卻是連未到地定都沒有，這樣就說他已經是五地了，還眞容易封！自己冊封最容易了，但那不就像是半夜關起門來，把燈關了穿起龍袍，戴起皇帝的寶冠自稱皇帝嗎？那有什麼意義？關起門來說了算，開了門就不算，這些人膽子很大。我說這種人比起那一種沒看見佛性自稱看見、沒過牢關自稱過牢關的人還要大膽，所以最大膽的人都在會外，不在會裡。我們會裡十來年前有人沒看見佛性自稱看見了，沒過牢關自稱過牢關了，結果還勞動我們孫老師去高雄救他，但他也離開同修會了。（編案：後於二〇一六年突然暴斃，得年六十。）但他至少眞的有明心，比會外的人要好多了，所以那些大膽的都不在會中。

我說修學佛法膽子小一點比較好，實事求是才對。得是實證上現觀了，再從三量來檢驗；當三量都檢驗過了，確認無誤，也不必自謙未悟，因爲眾生需要你。如果沒有經過三量的檢驗，譬如現量檢驗不能通過，或者聖教量、或者比量檢驗不能通過，最好是丟棄而從頭再來參究，這樣最安隱。因爲每天晚上疊兩個枕頭睡都沒問題，什麼都不必管，這樣才是最好的，學佛就應當如此。所以我如果睡覺時，就把什麼都忘光光，好好睡上一覺；如果睡覺時還在那邊想東想西、想那個法這個法，暗地裡忖量著：我是不是真的證果？或是想著：我證得第四果了，好厲害！其實是下地獄比較厲害。但咱們都不管它，睡覺就好好睡覺，這才是好日子。

睡覺睡得安心，不正是好日子？人家問：「日日是好日，爲什麼日日是好日？」禪師通常回說：「日來一飯，夜來一眠。」對啊！白天好好吃這麼一餐，過午不食，但至少有這麼一餐吃得安隱；晚上我睡得很安隱，什麼都不必管，什麼都不用擔心；即使臘月三十快到了，老閻要算總帳了，也無所謂；因爲沒有帳可以給他算，老閻算不到咱家頭上來，這樣睡得就安心。

這部經中　世尊的開示內涵，也許佛教界始終讀不懂，那我們對他們就要有這分悲心，要好好把它講解出來，並且不厭其煩而說得很詳細，讓他們將來從第一輯讀到最後一輯，發覺前後都沒有矛盾，說這才是眞實法，於是就能發起大信，眞學大乘，可不像印順前一段跟後一段就自相矛盾。由於我們的解釋非常詳細，有時一句四個字就得講兩個鐘頭，所證的法、所說的法如果不是眞正，講得越詳細時敗闕就越多，自相矛盾的把柄就顯示越多。可是我們講得很詳細卻不怕人家找碴，他們找來找去只能找到要喝的茶，清香飄逸、絕俗脫塵，對他們有利益，卻始終找不到小石頭的碴，所以我們還是寧可把它講詳細一點；苦口的是良藥，婆心懇切不在話下，目的就是爲了救他們。如果他們能夠被救起來，不要等捨報以後下墮，未來世地球上的佛教會更加復興。

所以有的人以爲說：「這蕭平實老師在咒人。」但我何曾咒人？我是要救人。因爲他們下去對我沒有利益，他們若不下去，下一世再來時都會成爲正信的佛教徒，佛法力量更多更大，這才是對正教最有利、對眾生最好的事！所以那一些太大膽、動輒稱悟的人，我們還是要藉這一部經中的眞實義來幫助他們、救助他們，希望他們每一個人這一世命終之前都懂得懺悔滅罪，然後下一世我們再來時，佛教界都是上善君子，全部都是「諸上善人」；大家於佛法都有正見，不「於佛法中成就身見」，都可以位在「僧數」中，那麼要把佛教再復興個一千年、兩千年，不爲難事！接著下一段經文，看 世尊怎麼爲我們開示：

經文：【「舍利弗！佛弟子眾，心無分別。舍利弗！佛弟子眾無不善者，無破戒者，無破見者，無破威儀者。舍利弗！何等爲惡不善？」佛告舍利弗：「於佛眾中，不在僧數，名惡不善。謂心心數法與諸緣合，無眞實事，但作分別，以分別故計有所得；是人乃至所有言說心心相續，乃至善不善法，於聖法中名惡不善。何以故？舍利弗！所有樂處中必有苦，如來法者滅是苦樂。」】

語譯：世尊接著又開示說：【「舍利弗！佛弟子四眾，心中沒有分別。舍利弗！佛弟子四眾沒有不善的人，沒有破戒的人，沒有破見的人，也沒有毀破威儀的人。舍利弗！什麼樣的人是惡不善之人？」佛陀告訴舍利弗說：「於佛法四眾之中，而他不在僧眾之數裡面，這樣的人叫作惡不善的人。這就是說，心與心數法及種種的緣和合起來而稱之爲僧，並沒有眞實存在的僧這件事，都只是作了分別，由於分別的緣故、錯認而執著有所得的法；這樣的人乃至於所有的言說心心念念前後相續不斷，乃至於思惟和討論到善法與不善法，這樣的人在聖法之中都叫作不善的人。是什麼緣故而這樣說呢？舍利弗！世間所有快樂的處所之中都必定也有苦惱，而如來的法中是滅除掉這一些苦與樂的。」〕

講義：這樣依文解義以後會不會覺得奇怪？「佛弟子眾，心無分別」，如果佛弟子眾全部都心無分別，那張三來了就不知道是張三，李四、王五、趙六、王二麻子來了也都不認得，才叫作心無分別啊！這到底是什麼道理？一定有道理，否則 世尊不會這麼說的，因爲 世尊是一切智者。這意思其實是說，凡是佛門中已經眞實證悟的弟子四眾，所證所轉依的心都是無分別的。也就是說「佛弟子眾」有表義上的佛弟子，也有實義上的佛弟子；就好像「僧」有勝義僧，有假名僧；有勝義僧，有凡夫僧，道理是一樣的。因爲《佛藏經》是了義經，說的是眞實理，而不是像二乘菩提都在現象界裡面解說五陰、十八界等法的苦、空、無常等，所以才說「佛弟子眾，心無分別」。

這段經文中說的是理，可不要像那些瞎眼阿師一樣，把理當作事拿來修行。如果哪個大師把理說當作事修拿來開示，那麼您就說：「我明天要來向大師作大供養。」明天去時弄個大紅包，裝得厚厚的供養他，禮了三拜你就走了，別等他打開紅包袋；等你離開了，他想「這是一大疊鈔票」，沒想到抽出來一看時竟是冥界的鈔票，他會不會很生氣？一定會找你，你就說：「對啊！這是供養啊！但供養時有理供養、有事的供養，我對您作的事供養雖然很差、很下劣，可是我的理供養非常殊勝。」你就告訴他理供養與事供養，他一定聽不懂什麼理供養、事供養，也許不高興地說：「來來來，你明天再來，咱們好好商量，講清楚。」你就說：「好！師父我明天一準來。」那去了該怎麼說？下回分解。

《佛藏經》今天繼續講第九頁第三段的第一句「佛弟子眾，心無分別」。上週我們最後說到對大師應該作一個教育，該怎麼教育？讓他瞭解這樣才是眞的無分別。那麼講到見了大師時應該作供養，供養時一個大紅包奉上去，結果裡面只是一疊冥紙，這時就看大師修養好不好；因為他們談不上修行，修養還勉強可以談一談；如果他修養夠好皺起眉頭來，質問你：「你昨天不是說要作大供養？」就從紅包袋裡抽出那一疊冥紙說：「難道這疊冥紙就是最大供養嗎？」他一定會質問你，沒有破口大罵就算他修養好，修行他當然談不上，一定及不上你；因爲你竟然敢用冥紙來供養，一定背後有法，才敢次日再來；等他質疑之後你就告訴他：「大師！您說的心無分別，那麼您剛才打開紅包袋子一眼看到時，您都還沒有語言文字，竟然已經知道這是一疊冥紙，已經知道這不是一疊鈔票，那麼請問，剛才您的離念靈知是不是有分別？」

他聽你這麼一說，那個不悅就改變了，這時不叫作不悅，要叫作什麼？啊？叫作「心驚」！外帶兩個字「膽寒」。是不是？是啊！因爲你這麼一講，他知道痛處被你踩著了，這時要是夠聰明，趕快吩咐：「侍者！請方丈室裡奉茶。」侍者趕快把你引到方丈室，到方丈室奉茶時你可就是上賓了，等閒人哪能輪到進方丈室奉茶，最多是會客室就算了。但你竟然可以進方丈室，這時你大概有六、七分可以斷定這個大師可度；他如果就像一般接待一樣會客室奉茶，你就知道：「沒什麼機會可度了。」爲什麼呢？因爲方丈室裡奉茶，等閒人等不得過來的，誰都不許探問，那就是等於關起門來說話，即使門沒關也沒有人敢闖進來的。

這時候你該怎麼爲他開示呢？你就應該說：「師父啊！我今天眞是個大

供養，這個大供養遠超過臺幣一千萬元、一億元。」那他一定覺得納悶，可是心中還是很想知道這是怎麼說的，因爲你敢這麼說，一定有來由，他就得要問你：「不知大德您，」這時候不知不覺就合掌了，「不知大德您這紅包裡裝了這麼一疊冥紙來供養我，而說是大供養，請示教！」這時你得要爲他解釋：「等閒人等，我還不肯用這一疊來供養，因爲您是一代大師，值得我這個供養。」然後就爲他條分縷析：「我若供養了您一張一億元的支票，也不過就只剩下這二十年可以享用吧，讓您可以掌控二十年，之後您走了，這些錢依舊不歸您掌控；可是我這一疊冥紙供養您，您生生世世都會記得我這個功德，這遠比世上的一億元供養還要偉大。」

當然他會覺得奇怪：「這一疊冥紙的供養怎麼會比一億元現鈔的供養偉大？」你就說：「我這麼一次供養，得到的好處遠比一億元美元的供養還要偉大，那臺幣一億元不算什麼啦！那麼我紅包裝了這疊冥紙，對大師您作了供養，這供養裡面有事供養，也有法供養。那事供養其實不算什麼，不過就是一個紅包袋子加上一疊冥紙，然而我這個法供養可貴重了，豈止價值連城，簡直是無價！」到這裡停了下來看著他，只顧看著他，什麼都甭講；看好一會兒，他終於忍不住：「請問大德，你這個法供養在哪裡？我還眞看不出來，能不能再開一條縫給我。」希望你門縫打開一點讓他瞧得見。你就說：「行！爲了大師您座下這麼多弟子。」就把給他的紅包袋子，冥紙抽了出來，在他眼前晃：「是什麼？」然後往他的書桌一放，桌子一拍！走了！不必再閒話。他要是會了，就知道你說的如實不虛，因爲這眞是無價，沒有人買得起——你供養他的法沒有人買得起。要是你離開時他依舊不會，可是看你走了，急了起來趕快呼喚：「侍者！侍者！留客！留客！」

人家大師都喊留客了，你還能走嗎？當然不能走，只好又回方丈室了。回方丈室來，他又求你，對不對？你該怎麼說？你就說：「請引退侍者。」侍者出去了，你就說：「借你的耳朵說話。」你就靠過去，很輕聲告訴他：「你不可以跟人家講喔。」然後就走了！這時你都和盤托出了，對不對？要是他看看你還在停車場尙未上車，侍者奔忙來問了：「這到底是什麼？」欸！你就請侍者轉呈他：「請轉呈堂頭和尚，三十年後說給作家知。」然後上了車子開了就走。搞不好過個一年、兩年他會了，那你說，他會了以後是不是該來拜訪你？該啊！這一見你就說：「大師今兒可眞的懂得什麼叫『心無分別』

了，豈不見經中道『無分別中能廣分別』，大師您今天來到舍下，一路上廣作分別，卻無妨依舊心無分別啊！」你說他能不聽你的嗎？當然得要聽啊！因爲你是他的得法和尚呢！

這就是說，眞正的「心無分別」確實難了知，自古以來都已錯會，然而末法時代可說是「於今爲烈」，諸方都想把覺知心變成無分別心，錯會了佛陀的意思；假使修學佛法是要把覺知心變成無分別心，乾脆甭學了，就當個流浪漢、當個癡呆漢還好一些，至少還懂得什麼叫作有錢、沒錢，至少還懂得什麼叫作肚子餓了、飽了。竟然一個好好的人，有家室、有錢財，在社會上也能行得開，什麼不好幹，偏要把自己變成一個癡呆漢，這沒道理吧！喔？所以說佛法的修行不是要把覺知心變成無分別心，無妨覺知心比以前更能分別，因爲更有智慧了，但又無妨自己本來就有一個心是無分別的，使自己可以連貫三世而不受三世的限制，這樣才是心無分別的眞實義。

大家在大乘法中修行說得都很自豪：「我們學的是大乘！」這「大乘」兩個字講起來還眞的有那麼一分豪氣，可眞要修行起來各個都是要把自己變成個石頭木塊一樣，難道讀經時都沒看見 世尊語言一大堆，像個石頭木塊嗎？都沒看見　世尊智慧勝妙無與倫比嗎？難道　世尊說法時是什麼都不分別、都不知道的一個癡呆漢嗎？不是啊！世尊分別得很詳細，甚至告訴我們說祂是為我們而作分別。甚至當我們聽不懂時用譬喻為我們開解，所以常常說「智者以譬喻得解」，那不都是在分別嗎？為什麼連這個表相都沒看清楚，而只看著那「文字相」說的「無分別」，然後每天坐在那邊無所事事、一念不生，什麼都不分別；不分別地坐了五十年以後，臨命終時說：「糟糕了！我出家五十年，什麼智慧都沒學得！」那時再來分別可來不及了。

所以「心無分別」的道理一定要弄清楚，不可以人云亦云。也就是說還沒有實證之前要有正知正見，實證之時要有見地；不管學的是三乘菩提中的哪一種，都必須要先有正知見，否則永遠跟見地絕緣。因此　世尊這句話講的「佛弟子眾，心無分別」，這個心講的是「此經」如來藏，講的是第八識「無名相法」、「無分別法」。換句話說，世尊這一句話定義很嚴格，再聽一遍：「佛弟子眾，心無分別。」大家讀了這一句話捫心自問：「那我是不是佛弟子眾？」到底是不是？是喔？不簡單！敢答「是」，這是在正覺講堂。其實說正格的，也只有在正覺講堂才能這麼答；是因為你以如來藏為歸，自然就是「心無分別」;「心無分別」才能叫作佛弟子眾。

如果不知道自己有一個眞實心是無分別的，就沒資格自稱佛弟子眾！唉呀！我這一下又當惡人了，是不是？是啊！又當惡人了！因爲大家讀不懂，混著矇著過去就罷了，我偏偏把它講白了，又得罪大師了。我講的意思是說：佛弟子四眾所證的心是無分別的。如果他們還落在意識心上，那就是有分別。心有分別，這一句話反面解釋就是說：他不是佛弟子眾。我把世尊的話講白了，又是得罪天下大師們，怪不得連我都要說「這蕭平實眞的是惡人」。可是明知道是個惡人，還要繼續扮下去；我若不扮，誰來扮？大家都要當好人，那我這個傻瓜不求名聞利養，就由我來扮吧！總要有人來幹這個事情，否則佛教中的四眾弟子怎麼辦？所以當個眞正的「佛弟子眾」還眞的不容易啊！

然而剛剛講的「佛弟子眾」，還只是從事相上的知見上來講，如果眞正講到實證的層面，這可得要親證了第八識「無名相法」、「無分別法」，才可以眞的安住於如來藏的無分別境界中，這時就稱爲實義的「佛弟子眾」，不再是表義的「佛弟子眾」了。如果這樣子作，在會外還是會招惹是非的；因爲將來這部經的講義整理成書印好了流通出去，人家會說：「你這個蕭平實眞是哪壺不開提哪壺，明知道我們沒有證得第八識『無名相法』，你偏要這麼講。你知道什麼是『佛弟子眾』，什麼人非『佛弟子眾』，擺在心裡就好了，爲什麼還要提出來講，讓我們不能作人？」所以我又招惹人了。

這樣看來，普天之下要找到幾個眞正的「佛弟子眾」還眞的不容易。那什麼時候可以當個眞正的「佛弟子眾」？只要進了正覺，努力把該有的功夫鍛鍊起來，該修學的正知見修學好，該除的性障除了，見道該有的福德培植了，何愁不明心？所以從今天起改姓賴——賴在正覺就好，次第修學上去就是了。以後人家問你說：「貴姓大名？」你就說：「我賴某甲。」他呢：「他賴某乙。」另外一個呢：「賴某丙。」「你們都姓賴？」「對啊！我們都姓賴，我們就永遠賴在正覺。我們還有一個共同姓名，就是賴正覺。」對啊！所以佛陀在理上對「佛弟子眾」的定義是很嚴格的，有時爲攝受眾生又有方便善巧，有時誘導也蠻多的，全都要看 佛世尊開示時，是在什麼樣的前提下所講的。

這樣子「佛弟子眾，心無分別」的道理如實了知了，接下來說：「舍利弗！佛弟子眾無不善者，無破戒者，無破見者，無破威儀者。」「佛弟子眾」為什麼沒有不善的人？三句不離本行，咱們家賣的就是如來藏；而且這是無本生意，拿你的如來藏賣給你，我都不用花本錢，你們也不用付錢給我。佛弟子眾為什麼沒有不善者？一定有道理啊！也就是說，從實相法界來說，假使所悟是離念靈知，那是意識，甚至於大部分修行人都是落在識陰的境界中，因為有能見能聞的六識具足，當這六個識具足時，當然也可以說：「我身為佛弟子，一向行善。」然而有時不曾起過惡心嗎？

譬如家裡孩子不聽話，一天到晚老是玩，課業都不作，那妳身為母親該教養他，教導時不免有氣，因為講了一次、二次、三次都還沒有聽，到第四次時心裡有氣，口氣就不好了，這時心是善是惡？是善還是惡？善喔？惡喔？我告訴你們，善惡都有。妳是為了他可以趕快把功課作好，這是善，但口氣是惡，那妳還能夠說「無不善者」？這時是有善也有惡。甚至一直講到晚上八點鐘先生回來了，問到孩子的功課，妳說：「還沒有寫完，我已經喊了老半天，喊到快氣死了！」「喊到快氣死了」表示什麼？表示有惡心了，是善中有惡。而這孩子的爸聽了受不了，很快走過去一把拉過來就打，他這時也有惡心了。

然後明天早上，『上人』打電話給我，看得起我，有個執事要我去作。」趕快出門。忙了一天，心裡好高興，心想：「我今天作了一天，功德好大。」回到家裡還在想：「我今天都是善心。」沒想到看見孩子不在家，跑出去玩了，又氣起來，等他回來問：「功課作好了沒有？還沒有作好為什麼跑出去玩？你好大膽子。」這時氣呼呼的連自己都伸手打了孩子，不是留給先生打。那到底這個心是善還是惡？時善時惡呀！

因為善與惡是兩邊，這兩邊其實同一體；意識本身如果有善，就會同時擁有惡心所。所以惡人有時也會造善事，惡人有時也有惻隱之心。有時不只是小說裡這樣寫，人間還眞的有這種事；把人家抄家滅門以後，看看剩下一個嬰兒什麼都不知道，突然間一念惻隱之心抱回家養了。古時就已經有這種事了，一直到現代都還有；養大以後如果沒有什麼因緣，直到死前才告訴他，你想這孩子怎麼辦？痛苦死了：「眼前這個老爸是殺父仇人，卻又把我養到這麼大，還留下一大筆財物給我。」你說他該怎麼辦？又感恩又怨恨，他得要經過一段很長時間轉折才會想通說：「雖然他殺了我父母，可是我的父母養我不過就那一個月，好歹他把我拉拔到這麼大，算了！」不能一笑泯恩仇，但就是無可奈何，就算了，因爲笑不出來。

所以只要是意識在作爲，就會時善時惡，因爲惡人也有惻隱之心，他也不全是惡心。因此眞正的「佛弟子眾」是永遠沒有不善心的，這意思同樣在告訴我們：從理上來說，你得要眞實證悟了第八識，現前驗證自己有個第八識實相心，是永遠「無不善者」，才是眞正的「佛弟子眾」，才是住在「佛弟子眾」之中。因爲這一部經是了義經，不是「爲人悉檀」所說的。至於怎麼樣才可以永遠沒有不善？就只有這「無名相法」如來藏才可以永遠沒有不善。

這樣看來，歸依了三寶，你們也證悟了，可以稱爲眞正的「佛弟子眾」，然而探究下來，眞正的「佛弟子眾」究竟是誰？啊？原來還是第八識如來藏，連你這個五陰都沒資格，好可憐！但問題又來了，是如來藏祂自己就可以當「佛弟子眾」嗎？也不行，還是要由你這個五陰來當，這樣才叫作事理雙全。修學佛法到了末法時代，都只在事上著眼，都想從事上去修，想要修到最後把事變成理，卻不知道理與事是同時並存的，這就是末法時代學佛人的盲點。

那麼這樣子講解後，諸位就瞭解「佛弟子眾無不善者」。當你有一天作了一件事情旁人看了認為不恰當——佛弟子作這樣的事情不太好，那他拿這一句話來問你說：「佛有講『佛弟子眾無不善者』，你現在有惡心，所以你現在不算『佛弟子眾』。」那你怎麼說？你應該說：「你只看到我的不善，你沒有看到我正在不善中永遠都有善心，永遠離惡法的。」他正要張嘴問你，你就胸前一把抓過來：「是什麼？是什麼？」看他怎麼辦？嚇死了！這就夠他好好去反省一週了。所以「無不善者」得要理事雙全才有資格說，單從事上來說，或是單從理上來說都不通；因為善與不善是你五陰的事，當你能夠了別「無不善者」時，依舊是你五陰的事，而第八識「無不善者」是被你了別的，祂這個「無不善者」卻不知道自己永遠「無不善」；祂得要與你和合運作，才能夠成就 世尊這句開示：「佛弟子眾無不善者。」

接著「佛弟子眾……無破戒者」。我們正覺弘法到現在，一貫道有一句話終於不太敢說了，以前他們老是評論：「你們佛教出家人一天到晚都在犯戒。」他們現在終於不太敢講了，因為我常常質問他們：「你們連戒都不敢受，憑什麼批評佛教出家人犯戒？」他們因此不敢再講了；然而 世尊說：「佛弟子眾……無破戒者，」如果將來再遇見一貫道的人說這句話：「地獄門前僧道多。」你就答他：「對啊！地獄門前修道的人很多，都是你們一貫道。」答他們這樣就好了，「因為你們這句話中有說僧與道，『道』不就是你們嗎？難道僧還會是你們？」這是他們自己講的呀！接著再反將一軍：「佛陀明明開示說『佛弟子眾……無破戒者』，你看到人家破戒時，當下有個沒有破戒者，那才是真正的佛弟子眾，你為什麼沒看到？眼見如盲！」戳著他的鼻子罵，這一下管叫他嘴掛壁上。所以真正的「佛弟子眾」是從來都沒有破戒的。

破戒在人間是很平常的，所以在三大阿僧祇劫的菩薩道中，重戒不犯、小戒不斷都很正常；如果不是這樣，誰能憑菩薩戒修上三大阿僧祇劫？都不可能啊！如果每一世都用聲聞戒而想要修學佛道，難哉！難哉！也就是說，把握住一個根本，依那個根本的戒法去修，小戒也沒有辦法完全遮止。舉個例，說殺戒好了；你出去為眾生辦事情等，能保證每天沒有踩死過螞蟻嗎？不能保證！去到寺廟裏作義工時，那草地裡踩上去，薄薄的一兩分泥土下面不會有有情嗎？你都沒踩死到一隻嗎？所以說這是很正常的事。

不講那麼遠，講近一點好了；孩子感冒了，是流行性感冒，那你帶孩子去看醫生時，有沒有辦法開口說：「拜託醫生你開個藥，讓他會好，但是不會殺死細菌病毒，要不然我就犯了殺生戒。」能不能這樣講？不行。如果那醫師比較粗魯就告訴：「那你找別的醫生去。」那你沒辦法了，藥拿回家時孩子不肯吃，你得要餵他吃；原來是孩子不想殺生，你想要殺生呢！對啊！你想殺死細菌，也知道還是得要殺。明明知道這藥灌下去，那一些細菌要死很多，也許不是細菌而是病毒，病毒也是有情，否則怎麼會變種？那你看這一下殺死多少有情？也是殺生。明知這藥餵下去，孩子身上的病毒細菌會死，你也得餵。那你需不需要餵了藥以後就去 佛前懺悔？不需要。可是你明明殺生了。事實上也從來沒有人餵藥以後去 佛前懺悔的，所以你沒有辦法說：「殺生業，我絕對不犯。」不可能的。

經律中的記載也是如此，佛陀出外遊行三個月回來，叫阿難去打掃浴缸，阿難：「諾。」去了一會兒就回來，好快！原來他不敢打掃，因為浴缸裡面好多蚊蟲的幼蟲，他就報告。佛開示說：「我沒有叫你殺牠們，我是叫你把浴缸打掃乾淨。」阿難很聰明，一聽就懂了，就去打掃乾淨，沒有所謂犯了殺戒的事。雖然髒水都清理完以後，那些蚊子細蟲、幼蟲都死了，有沒有殺生？有殺生之相而無殺生之根本，因為那個心不是為了要殺牠們，沒有那個根本罪，那只是蚊蟲的業力所感而招來業報，隨著水而流出去以後也有一些流入河中而不會死亡的。所以當你眞的如實理解大乘佛法時，要知道正當身上看起來有所破戒時，而其實並沒有破戒。

譬如你每天晚上沐浴，沐浴時有沒有殺生？誰敢說沒有？你洗手時都殺生了！當你拿個肥皂不斷地洗，那些細菌被肥皂洗走了；牠本來是生存在你的皮膚上，被你沖走了牠就沒命，那你不是殺生了嗎？你能說：「沒有！我沒有殺！」所以哪一天再有一貫道的點傳師膽敢來質問：「你敢說你一生都沒有破戒嗎？」你就說：「沒有啊！我其實一生都沒破戒。」就這樣答。你們出家了不要怕他們質問，佛法是很活潑的，要現學現用。然後他也許窺視你很久了，哪一天這麼問而你這麼答了，他當面就質疑你：「我那天明明看見你在掃地時，把一隻蟲給掃死了，你明明犯了殺戒，竟然敢跟我說沒犯戒。」你就告訴他：「原來你的心這麼壞，你都只看見破戒者，你都沒有看見我有一個永遠不破戒者。我已經爲你很分明開示，你還聽不懂，還來責備我，忘恩負義！」罵回去！這才是正覺中出家人的本分，對不對？對啊！他也無可質疑。

要是有一天他忍不住了，又來找你問：「你那一天這麼罵我，我回去思前想後，想了一個月，還是覺得你講的沒道理，因爲我明明看見你殺生，你犯戒了，眞的犯戒！」你告訴他：「你看見的只是一個幻象——虛幻的五蘊在犯戒，眞實的我從來沒有犯過戒，不但今生不犯，無始劫以來都不曾犯過，何曾有戒可犯？而我眞心之中連戒都沒有。」他如果還要再開口，你就說：「不用講了！三十年後告訴行家去。」這就結了，因爲那種人是沒有緣的人，跟他扯那麼多幹嘛？辦正事要緊。

同樣的道理，學佛得理事雙全才可以，單從理上來看，或是單從事上來看都不行。單從事上來看時，明明把某些蟲掃死了，那就是犯戒；可問題來了，眞要說到犯戒，掃死那一些蟲是誰幹的？這到底是誰犯戒？因爲你如來藏要是不在的話，你五陰幹得了嗎？所以還得要如來藏跟你一起來，否則那一隻蟲依舊活蹦亂跳。但是如果你要把如來藏牽扯進來說：「欸！如來藏！是你跟我一起犯戒。」我告訴你，如來藏根本就聽不懂你在講什麼，祂也不知道什麼叫持戒？什麼叫犯戒？祂有什麼戒可犯呢？然後你把五陰轉依於祂，五陰的自己不算數，你就說：「我以如來藏爲主，如來藏不知道犯戒，我就沒犯戒。」這樣好不好？（大眾答：好。）所以這時你就知道：「佛說的對：佛弟子眾……無破戒者。」至於事上的部分，不小心把某一些蟲掃死了，也可以再起了善心，挖個小小墓幫牠們安葬，讓牠們入土為安，大不了再跟牠們唸十分鐘「南無阿彌陀佛」；依舊是「無破戒者」，這眞是「佛弟子眾」。

接下來說：「佛弟子眾……無破見者，」這下問題來了，我們正覺打從弘法五年之後，就開始破斥那一些邪見者，到現在還在破。我們說自己是擁護正見、弘揚正見，說他們是在破壞正見，所以說他們都是「破見者」。但不管是他們在破壞正見，或者我們在破壞他們的邪見，通稱為「破見者」。一切見都要破斥，這不是搬磚頭砸自己的腳嗎？有的人也許這時逮到機會說：「您今天講到這裡，我正要問您：你們正覺有沒有『破見』？」他的質疑有沒有道理？看來是有道理，所以結論是……（有人答話，聽不清楚），對啊！結論當然是「沒道理」，因為道理永遠在證悟者身上。當他們否定了如來藏以後，所說永遠都沒道理，這就是腳踏兩條船的好處——一腳踩在實相法界，一腳踩在現象法界，兩邊都通。

這讓我想起一九八九年去印度朝禮聖地時，聖嚴法師有一天晚上召集幹部們講了一堆話，然後說：「有個人腳踏兩條船，」我當然知道是講我，他那時誤認爲我是去跟現代禪學法了，所以是腳踏兩條船的人，就問大家：「到最後這個人會怎麼樣？」大家很歡喜答覆說：「會掉到海裡去。」但我有沒有掉下去？（有人答話，聽不清楚。）有啊！我掉到法性大海裡去，如今還在遨遊。當年還沒有破參，不會答他這一句，眞笨！當年要是已經破參，就會答了。不過當年破參也不好，答了讓人家大師當場沒面子。這就是說，身爲眞正的「佛弟子眾」，永遠都是腳踏兩條船，這兩條船並行不悖，一條船叫作現象法界，一條船叫作實相法界。當人家從現象法界來問時，你就從實相法界來答；人家從實相法界來問時，你就從現象法界來答，管教他丈二金剛摸不著頭腦。如果是想要度的人，而且看對方因緣成熟了，才直接指點來改正他的知見。

「破見」通常講的是破斥正見一類的事，破斥正見的事不是現在才有，佛世就有了，例如六群比丘、善星比丘。又如嗏帝比丘，他還沒有成爲阿羅漢以前也是個「破見者」，後來他成爲阿羅漢以後就不再幹破壞正見的事了。那麼他們從此以後眞的是永遠不「破見」，因爲他們都要把正見教導給各自座下弟子們了。但是如果有一天人家來問你：「爲什麼『破見』這回事在佛教中那麼重視？」你一聽就知道這是從現象界來問的，他是好心好意來問，因爲他是個初機學人，學佛以來可能還不滿一劫、五劫，你就好好教導他：「因爲正見將導眾生邁向正道，邪見則會將導眾生下墮三塗，所以破壞正見的事在佛門中是一個很大的禁忌。」因爲破壞正見者等於是破壞佛法者，往往「破見者」的罪比嚴重破戒者要重。

譬如說那些喇嘛們，假使他們有受比丘戒、比丘尼戒（我是說假使，事實上他們絕對不受），假使他們受了正統的佛戒，那他們繼續修雙身法，就像達賴講的博愛那樣，而且用非佛法騙取弟子眾的錢財，一收就是幾百萬元、幾千萬元，那是不是兩個很重的罪都犯了？正是大邪淫、大竊盜。這兩個最重的罪，根本、方便、成已他們都具足了，那他們死後不免要下地獄。另一個人叫作釋印順，臺灣佛教界尊稱他爲導師，卻把三乘菩提的根本砍掉，說沒有如來藏，說沒有地獄道的有情；他又說羅漢法就是佛法，而且他的羅漢法還是錯誤的；那麼他號稱度了很多人，結果本質是什麼？正是邪見啊！而且誤導了好多比丘尼現在繼續沈迷於他的邪見，那他的罪跟那些喇嘛們的罪哪個重？那個「他」是誰？我指的是釋印順。因爲喇嘛們最多在世間法上利用假佛法騙錢財、騙色，他卻是騙人家的法身慧命，成爲「破見者」，所以他的罪遠比喇嘛們更重！因爲他在「破見」時是根本罪、方便罪、成已罪都具足的，正是一個具足的「破見者」。

講到這裡，哪一天也許他有個門徒來問你：「請問你：我們釋印順導師，是不是『佛弟子眾』？」他的料想中會預設一個答案，認爲你會告訴他說：「不是。」但你得要突出奇兵，告訴他：「是。」他會覺得很奇怪。但正要這樣子才能度他，這就是你的方便善巧；你就告訴他：「釋印順一生不斷的破斥佛法中的正見，可是我依舊說他不是『破見者』。」他當然很好奇：「你有什麼理由說他不是『破見者』？」這時如果他夠聰明，就會想：「今天有妙法可聞。」你就告訴他：「釋印順這個人只是個五陰，五陰生滅無常，生滅無常的五陰終歸於滅；五陰滅了，『破見』的事過去了，這就是他講的緣起性空。然而從實相法界來看他一生『破見』的事，其實他從來沒有『破見』，因爲他自有本心如來藏，這個『無名相法』從無分別，何曾『破見』？」你這麼一說，他的眼睛就亮起來：「還好！還好！我的導師沒有破見。」

這時你該從實相法界轉個彎，就告訴他：「但他一生『破見』很嚴重，爲什麼很嚴重呢？因爲他一生都把三乘菩提的根本加以破壞，就像他的師父太虛法師講的：印順把佛法分割到支離破碎了。所以他是個具足的『破見』者。」那他又擔心起來：「那他『破見』以後，現在到底怎麼回事？」你就安慰他說：「你也別擔心，他在地獄受很多苦楚時，他也沒有受苦楚。」他一聽：「啊？有這回事？」你就說：「我今天沒空跟你講很多，你要知道詳情，請到正覺來，等你會了，你就知道我沒騙你。」這個門徒終究被你度了進來，未來世你成佛時還怕沒有人可用嗎？

也就是說，眞正的佛弟子要看見實相法界的眞我從來沒有「破見」；即使是釋印順一生破壞佛法正見，但是當他正在「破見」之時，他的眞實我第八識依舊沒有「破見」；因爲了知什麼是正見、什麼是邪見，而自己對於經中某一些不認同的說法加以推翻的事情，都是他五陰的事，跟他的如來藏無關；如來藏從來不了知什麼是正見、什麼是邪見，怎麼會跟祂有關呢？然而正當他在造作「破見」惡業時，卻又是如來藏在支持著他、讓他去作，那麼看來他的如來藏和釋印順這個五陰又不能夠撇清楚說：「我完全無關。」所以事實上是非有關非無關。釋印順死後下了地獄時，他的如來藏要不要跟著下去？要啊！因爲跟祂非無關；那麼下去以後換了下一世的另一個釋印順五陰在那邊受苦，他的如來藏受不受苦？不受。所以看來又跟祂無關——非有關，因爲造業者應該去受，不造業者不受。

可是那時他一定大喊：「冤枉啊！閻王爺！」爲什麼要大喊？因爲他會義憤塡膺，眞的很生氣跟閻王爺質疑：「那是上一世的釋印順幹的，又不是這一世的我幹的，爲什麼要我來受？」這閻王爺假使是個菩薩去當的，他就告訴釋印順說：「那你問問你的如來藏，看看你該不該受？上一世一直堅持要繼續『破見』，那也是你啊！」他爭辯說：「哪裡是我？那是上一世的釋印順。」閻王老爺就告訴他：「你這個作主的心還是上一世同一個心，上一世你作主要『破見』，這一世你還抱怨什麼呢？獄卒！拖下去，再烤一遍。」

所以，於佛法中眞實見者一定會很心悅誠服接受 世尊這個開示：「佛弟子眾……無破戒者，」爲什麼呢？因爲雖然有「破見」，可是那個「破見」的人依菩薩的智慧來看卻是沒有「破見」，這是由於眞實的佛弟子是如來藏「無名相法」，從來都不是指五陰，這是從理上來講的。可是從事上來說，眞正的「佛弟子」五陰得要實證第八識「無名相法」，親眼看見這個「無名相法」從來不「破見」，這樣子你就可以說：「我是眞正的『佛弟子眾』之一。」

接著世尊又說：「佛弟子眾……無破威儀者。」「威儀」的內容講得很廣，菩薩戒中主要是十種威儀，可是廣而說之八萬四千細行莫不是威儀。菩薩修到六地、七地都還免不了有種種細行的威儀不很好，例如須菩提，他修到三地、四地、五地時，瞋的習氣還是會留存不少，所以別的部分他都斷除了，就是瞋的習氣一直要到七地滿心才有辦法斷盡。也許他在四地、五地常常去十方世界度眾生，但是感應到他的化身去說法的人，常常有時候會被他嚇一跳，因爲他會瞪人；假使你問的題目不得體，他可能就瞪你，他的習氣就是這樣，那他是不是「破威儀」？這也是破威儀。

菩薩不可以瞪人，你們曾看見我瞪過誰？同樣的道理，只要他瞪了人，就是「破威儀」。好了，那問題是他都到四地、五地了，怎麼可能不在「佛弟子眾」中？一定在，但是你感應到，或者說你不是感應到，而是親在他的座下修學，有一天又被瞪了，那他明明就是破威儀；可是不論他或者你，都會繼續認同說「佛弟子眾……無破威儀者。」因爲你們都很清楚知道，那不過是他的習氣種子，你們早就見怪不怪了！能夠跟隨他整整一世，一定有一個好的相處之道。如果跟隨他、當他的近身弟子，被瞪時該怎麼反應？有個辦法很簡單，吐個舌頭趕快走就好了，不要等他罵。老實講，到了四地、五地不會罵人了，他只是會瞪你，你裝個可愛就走了，沒事。那他到底有沒有「破威儀」？有啊！可是實際上又沒有「破威儀」，因為如來藏從來沒有「破威儀」，這時你就會認同這句話。

那麼到底有沒有「破威儀」？當人家來說：「你師父今天這樣算是『破威儀』喔！」你說：「不！我師父今天沒有『破威儀』。」儒家不是說要「為賢者諱」嗎？那佛家應當如何？為聖者諱——要為自己的師父隱諱，你就堅持：「沒有！我師父今天沒有『破威儀』。」他也許跟你爭：「我就明明看見你師父今天瞪你瞪得很兇，他只是沒開口罵而已。」你說：「不！不管他怎麼瞪，都還是沒有『破威儀』，因為當他瞪我時，看來好像有『破威儀』，但那不是我真正的師父。」他這一聽，覺得奇怪：「他明明就是你師父啊！你每天奉侍他，而且你也當眾叫他師父，怎麼又不是你師父？」你就說：「不！他雖然是我的師父，但我還有一位真正的師父。」他說：「哪一位？」你說：

「須菩提尊者啊！」那他一定聽不懂：「那你講的就是他，怎麼又說他不是你真正的師父，說你還有另一位？另一位是誰，你倒是講清楚啊！」你還是說：「須菩提尊者！」他依舊聽不懂，那你就告訴他：「算了，我再怎麼講你也聽不懂。你就姑且信了我的話，我的話，我師父沒有『破威儀』就對了。等你哪一天會了，你就知道我告訴你的沒有錯，我師父眞的沒有『破威儀』。」

你這樣說明，成就了佛陀這一句話：「佛弟子眾……無破威儀者。」所以你看世尊這樣短短幾句話講解起來是那麼活潑的佛法，可是往往聽末法時代大善知識解釋這一些時，就一板一眼、一個字一個字慢慢唸給你聽；他們眞是用唸的，都是事先寫好然後一字又一字唸出來，你們聽了不知所云，他們自己其實也不知所云，跟你們一樣。所以了義法難弘揚的原因就在這裡，因爲弘揚者不但要知其義，還要全面懂得理事兩面的含意，再加上一些譬喻和善巧方便、言詞方便來說明，你們聽了就懂。否則只是大家一起合著演一場所謂法會的戲，演完後大家也覺得沒什麼味道，就只覺得說：「法會完成了，有功德。」就這樣而已。那麼這樣的了義法，你要是眞實懂了，其實這裡面沒什麼難處，難的只是你要怎樣說得生動、明瞭，讓人家聽了就能懂。

但是眞正要爲人解說，其實諸位也不必擔心說：「我啊？被蕭老師說我下輩子就得出來度人，我能嗎？我看到麥克風就發抖了，哪能？」你們可別這樣想，只要繼續熏習，也許到臨命終要走時，再想想這個問題說：「看來應該也不是很難，我下輩子可以試試看。」因爲你到那個時候已經很通透了。這是一個佛弟子——不是聲聞弟子——遲早都要走的路，所以總是要努力去修學，不要原地踏步；老想要當聽眾，就不會進步。

這樣子看來，顯然 世尊這麼短短的一段開示，都是從理上來說的，所以「佛弟子」不但「無不善」，而且「無破戒、無破見、無破威儀者」，這當然就是「無名相法」如來藏妙心的境界；除此以外，沒有一個佛弟子是作得到的。但是這時又不可以把一切都推給後面的如來藏去，因爲事修還在五陰自己上面；如來藏中所含藏我們的種子，將來能不能究竟清淨，還得看我們現在能不能好好修。我們修清淨了，如來藏中含藏我們的種子就清淨了；所以理是如此，但事修不可廢，還是要在事修上面自己繼續去努力。

接著又從另一個方面來說：「舍利弗！何等爲惡不善？」佛告舍利弗：「於

佛眾中，不在僧數，名惡不善。」「於佛眾中」下面要加個逗點。這一句又怎麼說的？世尊又呼喚「舍利弗！」也就是要他留意接著要講的話：「既然佛弟子都沒有不善，沒有破戒，沒有破威儀，那麼到底什麼叫作『惡不善』？」這裡面有文章的，因爲你如果單單從正面來說，所要表達的眞實義將無法具足彰顯出來，因此還得再從反面來說一遍；因此又呼喚：「舍利弗！什麼叫作惡不善？」接著馬上告訴舍利弗說：「在佛門四眾之中，只要你的位階不屬於僧眾的這些人數之中，便叫作惡不善。」爲什麼我說四眾而不說是二眾？這個稍後再來談。先說這個「僧數」，前一段最後一句說：「於佛法中成就身見，不在僧數。」這個「僧數」的意涵就講清楚了。大乘法的四眾弟子中都是在修學佛法，因爲都自稱是菩薩，受了菩薩戒在修學佛法了，可是在佛法中修學的人若是「成就身見」，就不屬於僧寶中的一分子。

僧寶是不是出家人？是不是出家人？是啊！不可以講不是。譬如《阿含經》中說證得初果，或者證得二果、三果、四果時叫作什麼果？叫作沙門果。沙門是什麼意思？是出家人，正是出家修行的人。既然叫作證沙門果，請問那個阿支羅迦葉，他當了半天的阿羅漢就死了，被牛用角把他牴死，那他是不是出家人？是喔？他是個牧牛的俗人，也沒有剃髮、沒有穿袈裟，他是不是出家人？依舊是喔？你們這麼篤定？佩服！因爲他證的是沙門果，證的是出家果。所以有人聽到消息說他中午害得 佛陀沒有辦法去托鉢，要再多餓二十四小時，強留 世尊爲他開示、證阿羅漢果；然後他去牧牛，爲了保護一條小牛，那小牛大概是調皮，有一隻母牛很生氣用角要撞牠，他想這是自己養的母牛，就過去喝止，沒想到母牛不管他、或者不小心一刺就把他給刺死了；中午當阿羅漢，都還沒有到傍晚就死了。

後來人家來問 世尊：「**這阿支羅迦葉死後到哪裡去？**」因爲 世尊沒有當場授記，他們來問，世尊說：「**東西南北四維上下都無所去，他已經入涅槃，他是阿羅漢。**」所以就吩咐舍利弗等人一起去爲他闍維。舍利弗是何等人？竟然叫舍利弗率領所有師兄弟們去爲他荼毘，世尊吩咐要先供養他，然後才可以荼毘。那你想，他是不是證得出家果？他是不是出家人？否則他哪有資格讓舍利弗等大阿羅漢們率領著一群阿羅漢去供養他的屍身，然後爲他荼毘？對啊！因爲他證的是沙門果，他已出三界了。

他只有當半天的阿羅漢，但還有人比他更短，就是 佛臨入滅前來的那個須跋陀羅。他當的更短，佛即將入滅了他才肯來；佛為他開示以後他成為阿羅漢，他知道 佛陀馬上要入滅，竟說：「我不忍見佛陀入涅槃，所以我先要入涅槃。」佛陀的度量夠大，沒有罵他，就說：「善哉！」意思就是「汝自知時。」於是他就在 佛前坐下來，直接入涅槃就走了。僧團對 佛陀的事情都還沒有辦，倒是要先辦他的後事。

那麼阿支羅迦葉是一個，還有另外一個在家人，叫作摩羅迦舅，也是證得沙門果，佛授他「第一記」，那也是沙門果，當然也是出家人；但他卻是一個住在世俗家裡的人，表示他們兩人都沒有身見，所以當然列在僧數中。你們看阿支羅迦葉，被母牛撞死了，佛還叫舍利弗尊者率領一群阿羅漢師兄弟去供養他的屍身，然後再為他火化；大阿羅漢一群聖人去供養他，如果不是出家之人，哪能夠得到這樣的待遇？佛陀這意思在告訴大家什麼道理？是說他「不成就我見」，他是「僧眾」之一。也許有人聽到這裡覺得有點怪怪的，不然來看 觀世音菩薩摩訶薩，他戴著寶冠長髮飄逸，天衣飄飄、胸佩瓔珞，手有臂釧、腳踩蓮寶，像個出家人嗎？不然再看 文殊師利、看 普賢菩薩好了，都不像個出家人；可他們是眞正的出家，阿支羅迦葉還比不上他們，舍利弗、目犍連、迦旃延沒有一個比得上他們，他們才是眞正的出家。因爲連三界愛的習氣種子都斷除了，才能成爲妙覺菩薩，猶如諸佛一樣，應念來到諸佛佛土裏助諸佛講《法華經》，怎能不是出家呢？但他們的表相卻都是在家人。

所以佛法中不論二乘、不論大乘，對於出家與在家，都不看表相，看你實證的本質。因此阿支羅迦葉、摩羅迦舅雖然都是在家人，我也說他們屬於「僧數」，不是在家人。所以阿支羅迦葉死時，大阿羅漢們還要去供養他。那這樣子又糟糕了，我講了這部經得罪多少大師，因爲「**於佛眾中，不在僧數**」就被 世尊名爲「**惡不善**」之人。所有「**不在僧數**」的人是什麼人？是「**成就身見**」的人，這表示釋印順是在家人還是出家人？（有人答話，聽不清楚。）對了！是在家人，你們講的喔！因爲他「**成就身見**」啊！那他座下一大票的比丘尼們有沒有「**成就身見**」？有喔？因爲她們到現在還在堅持著說：細意識是常住的；那都是「**成就身見**」者。「**於佛法中成就身見**」的人，「**不在僧數，名惡不善。**」這樣看來，末法時代的佛法可殤啊！原來佛門中眞正的僧眾是這麼少。

可是從另一方面來看，又是佛法可喜，因爲墮在「僧數」的僧眾越來越多了，而且現在這樣的僧眾琳瑯滿目多采多姿：有的僧眾穿著西裝，腳下是皮鞋，梳著西裝頭，還結著領帶；有的僧眾穿著花裙、花襯衫，點了胭脂也許還畫了眉毛，再加上一條項鍊，墜子是觀世音菩薩，這樣的僧眾眞是繽紛多彩；也有僧眾剃髮著染衣、燙了戒疤，腳下穿的是僧鞋。你們說這樣的佛教不興盛嗎？夠興盛了！所以我才說當代佛教可喜；這眞的叫作悲喜交集，眞的叫一言難盡哪！

那麼佛陀說：「於佛眾中，不在僧數，名惡不善。」一定有理由，所以接著馬上把理由告訴我們：「謂心心數法與諸緣合，無眞實事，但作分別，以分別故計有所得；」先談這一句：「也就是說，心和心數法與種種的助緣因緣和合，才能稱之爲一個『佛弟子』；其實沒有眞實的事情存在，只是人們去作分別而說這是『佛弟子』，因爲有這個分別的緣故，而錯認爲眞的有一個佛弟子。」「心心數法」到底是怎麼說？「心」當然大家知道，指的就是這個「無名相法」如來藏，這個「無分別法」才眞的可以稱之爲心；可是這一個心存在時，同時就有另七個心跟著存在，總共有八個，叫作八識心王，是可以用數目來計算的，因此稱為「**心心數法**」。

八識心王的法，在正覺弘法之前，其實曾經有法師寫書講過，只是很少人寫；但他們沒有實證，也講不出所以然來；所以正覺弘法之前的臺灣佛教界大都只知道一個心，就叫作覺知心。諸位不要認為我這個話是聳人聽聞，因為這是事實；例如我剛開始弘法那時還沒有正覺同修會，我在別人的處所總共三個地方說法，後來變成四個地方說法，所以那時我也很忙，每一週要出門最少四次；因為原有的三個地方就三次了，後來加上一個陽明精舍講經就有四次；後來還有週末的增上班就有五次，再加上週日還有一個禪門差別智的課程，這樣一週上課幾天？六天。可是那時並沒有像現在這麼忙，因為當初沒有想要成立教團，只是隨順因緣說法，所以那時每天都還可以打坐一個早上。當時雖然幾乎每天都要上課，因為上課也不必準備什麼，反正該講的就一直講；但現在忙死了，這是因為現在有規劃，大陸同胞作了中國夢，我也在作我的中國夢；我的中國夢就是復興中國佛教，不然中國二十年後或者十年後可能成為全球最大的基督教國家；那種宗教文化的侵略很厲害的，所以我現在就是作這個夢，希望此生把這個夢給完成，也就是中國佛教的再復興。

這個是題外話，因爲那時弘法早期還沒有正覺同修會，我們在石牌共修時，道場主人那位師姊有一天心血來潮，去農禪寺找聖嚴大師，告訴他說：「師父！佛性眞的可以看見欸！」那聖嚴大師當然要問啊：「佛性是個什麼東西？可以見？」他不相信，因爲他認爲佛性無形無色怎麼可以見？師姊告訴他眞的可以見，可是雙方的觀點沒有交集；一個實證者跟一個完全不知道的佛學研究所所長，竟然談不上話。後來這師姊說：「人家蕭老師教我們實證眞心，心眞的有兩個，一個眞心、一個妄心。眞的有另外一個眞心，我們平常這個覺知心是妄心。」沒想到聖嚴大師說：「哪來的兩個心？心只有一個，怎麼會有兩個心？胡說八道。」到了週三晚上又在石牌上課，我們又見面了，她就跟我講這件事，我當時說：「心豈止兩個？總共有八個。我們是方便說，是爲了幫助大家實證，才說有眞心、有妄心；但是單單妄心就有七個識了，他說的『心只有一個』，不符合佛法。」她恍然大悟說：「對了！我都忘了跟他講識陰六個識，還有意根。」忘得也太快了吧？

那麼你們看心總共有幾個？到末法時代大師們都還有淆訛，連佛學研究所的所長都還不知道人有八個識，像這樣的大師而說他開悟了，並且還公開宣稱他印證十二個出家弟子既明心又見性，還登在他們的月刊上公開，眞是厲害。他還有一招更厲害，人家來問：「師父！您有沒有開悟？」他說：「**我有沒有開悟是我的事，你不用問，重要的是我能夠幫你開悟。**」就好像一個不會游泳的人說：「**重要的是我會教你游泳。**」有時又說：「**講開悟的人就是沒有開悟的人，眞正開悟的人不會說他有開悟。**」過一會兒又告訴大眾說：「**師父我從來沒有說我有開悟。**」那麼這樣子，到底大家要怎麼認定他悟了沒有呢？當然會認爲說：「**師父沒有說他有開悟，那就是開悟了。**」好極了！那麼天下人應該都開悟了，因爲天下人都沒有說自己開悟了啊！（大眾笑⋯）那麼好笑？對啊！這個邏輯是不通的，眞的很奇怪！連這樣的大師都還主持佛學研究所，竟然也不知道人有八個心。

所以當年談到這個心，教大家實證這個心，這過程還眞是一言難盡啊！我們只好書裡不講，留在增上班來講，我們那時還沒有增上班，我就在三個地方講解《成唯識論》時才來講。那麼心有八個，這八個心還眞的巧妙，因爲你確實可以把祂們區分出來：人可以少掉這個識、少掉那個識而繼續存在、繼續活得好好的；所以有的人生來就是聾子，沒聽見，他沒有耳識，但他依舊活得好好的；有的人生來眼盲，沒有眼識，依舊活得好好的；所以顯然這兩個心是不同的，是可以區分的；那麼這個區分裡面還有一點文章，得等下回再來說明。

《佛藏經》上週講到第九頁倒數第二行「**謂心心數法與諸緣合，無眞實事**」，我們上週講到「**心心數法**」中的心，八個心有講過了沒有？八個識合起來時，其實就是眾生所知道的自以爲是的心。在佛法中，只有在一個前提下來說心只有一個，才是佛法，也就是《大乘起信論》中講的八識心王和合似一，全部收歸第八識阿賴耶識如來藏裡面，如是而說眾生心只有一個，叫作阿賴耶識；是以阿賴耶識來統攝一切心，而說心只有一個，這唯一的心就叫作如來藏阿賴耶識，這樣說就對了。但他顯然不是這樣，他甚至還把第八識否定掉，說沒有阿賴耶識，沒有如來藏；前兩年他們的官網還這麼說，不曉得這兩年有沒有改。心當然只有一個，哪來兩個？不然大家都要精神分裂了，對不？對了！然而問題是心眞的只有一個嗎？

譬如有的人生來眼盲，他沒有眼識；有的人生來耳聾，所以他沒有耳識，也就會是啞巴；你看見啞巴時就知道他沒有耳識。如果是因爲出了意外的狀況，所以鼻識、舌識壞了，這些心都是可以滅的。甚至於也可能有人沒有知覺，不知道痛癢，而且是生來就如此，那他就沒有身識；所以有的小孩子生來一天到晚碰撞身體，因爲他不會痛，所以覺得無所謂；甚至把手指拿來咬，咬掉了，因爲他沒有痛覺，覺得這樣咬很好玩，那表示他的身識是有問題了。這些例子，證明前五個識都是可以滅的。那麼意識更容易滅了，只要睡著就不見了，是夜夜斷滅的。可是往往這些識其中的一個或兩個消失了，人還活得好好的；而正常的人比這類殘障人士多了兩個心——眼識、耳識，表示這些心確實是存在的，從眼識乃至意識確實都存在著，這就有六個識了；然後睡著時意根還在運作，而意根是心，祂不是物，可不能像老糊塗印順法師講的「意根是腦神經」。

那麼 佛既然說有意根，然後又把識陰定位爲六個識，這是在《阿含經》早已明說的了：所謂「識陰」，是二法因緣生，或者三法因緣生。也就是藉根與塵爲緣而出生的，或者根觸（緣）塵等三緣而出生的，《阿含經》中明確定義，這叫作識陰；而意根又存在，不屬於識陰所攝，這樣顯然就有七個心了。如來藏不了知六塵，意根卻能了知六塵中的一小部分法塵，否則天搖地動大地震，你怎麼懂得醒來？正因爲還有意根在。而如來藏是不了別六塵的，顯然如來藏又不是意根，這樣就證明總共有八個識了，而這八個識的功能各個不同。

所以在增上慧學中，這八個識分成三大種類，第一個種類是指前六識，這六個識都說是「依他起性」，依於他法作因緣才能生起。那麼意根跟前六識不同，意根是一直都存在的——恆審思量；而前六識「審而不恆」。意根反過來「恆審思量」，意根是個時時刻刻剎那作主的心，祂恆時存在，無始劫以來到現在不曾間斷過；但前六識審而不恆，可以了知諸法但不能恆時存在，這二者的體性很不一樣。那意根就在這六個識以及色法等十一個法生起遍計所執，所以祂跟前六識的依他起性截然不同，當然是不一樣的心，很明顯是有七個心同時並存；然後這七個心都是由第八識如來藏中出生，如來藏不但能生這七識心，而且祂的特性又不一樣，所以如來藏「恆而不審」，永遠不間斷的存在，但是從來不了知六塵中的一切法，既然總共八個識分成三個種類的心，體性都不相同，當然正常的人們總共有八個心。

所以禪宗叢林裏面的規矩，起板之後，大家洗過手面，都要到和尚方丈室前問訊，道個「不審」。每天早上洗過手臉要去幹事、或是要早課之前，都得先去和尚方丈室門前說：「不知道。」然後才去辦事。就是要道「不審」，每天都如此；一直到什麼時候才可以不必上來講？悟了！悟者不必每天上來道「不審」，還沒有悟的人每天都要上來跟和尚道「不審」。這表示說，這個心從來不了知一切法，所以祂的特性「恆而不審」，那這三大類的識，一類是「恆而不審」而且能夠圓滿成就一切諸法，祂有這個眞實性，不管是染污之法、清淨之法都是由祂來成就，所以祂可以圓滿成就一切諸法，這叫作「圓成實性」。

第二個是意根，「恆審思量」，跟阿賴耶識不同。阿賴耶識「恆而不審」，意根恆，但同時又審又思量，還會作主。那麼前六識呢？一直在了知諸法，可是會中斷，所以「審而不恆」。前六識跟如來藏剛好對比，意根站在中間，所以祂兩邊都有一部分自性相通；如果不是意根作中介者，你前六識跟如來藏沒辦法搭配運作了。當然這八識心王互相之間很複雜，不單是這樣，因爲有不同的作用，所以有因緣、所緣緣……等差別不同，現在且不談它。只這麼最粗略的說明就很分明告訴我們：一個正常的人，或者說一隻正常的老鼠，一樣都有八識心王。

既然心有八個，當然不能夠說人只有一個心，除非他說：「人只有一個心，名為如來藏，亦名阿賴耶識。」那就對了，因為如來藏函蓋了七轉識。可是我們正覺同修會弘法之前乃至於到現在，沒有聽過誰說：「人只有一個心，那個心叫作眞如、叫作如來藏、叫作阿賴耶識。」沒聽過。看來好像我這個人當「寡人」是當定了。我當然沒辦法當哀家，因為哀家是王后當的。那這樣的八個心，你要是實證了以後好好去觀察，會自己證明這八個心的自性各個不同，功能自性都不一樣，這樣搭配起來剛好在人間生活，缺了一個你就知道苦了！這八個心就這樣剛剛好，不多也不少。如果誰說：「我最厲害，我證得第九識。」哪天遇見了，我就拿著棍子往他頭上打一個包，他正在摸著那個包時我就說：「對啦！你的第九識就在那裡。」妄想一堆，哪來的第九識！

這意思是說，人間高等生物都是八識心王具足的，不能多也不能少；多了會出問題，所以不可能多。多了出問題時，那問題是不可能解決的，那就不可能有多一個識的有情。少了呢？少了一識就會被人家認作是身心障礙者，所以剛好不多也不少。而他們八識心王的自性各不相同，配合起來剛好讓我們在人間運作，叫作天衣無縫。兩個人相處時多多少少都會有矛盾，大的矛盾、小的矛盾不可能沒有；親如父子母女都還會有矛盾，但是這八識心王之間從來沒有矛盾，所以眾生都覺得心只有一個。之所以覺得沒有矛盾，是因爲八識心王之間，互相之間都是等無間緣，所以不分彼此，那眾生不瞭解時就以爲心只有一個。

就因爲這個道理很難知，所以馬鳴菩薩需要那麼辛苦寫作《大乘起信論》。日本曾有一個短時間是有正法的，但後來東密一直興盛，正法就弘揚不起來，因此就有人公開否定《大乘起信論》，但是也有許多日本人認爲《大乘起信論》所說才是正確的，所以針對《大乘起信論》的眞與假，討論最多的是日本人，他們留下的文獻很多。但是爲什麼討論那麼多以後，日本人對《起信論》的眞僞依舊莫衷一是？因爲沒有講到重點。那我們不用跟他們討論是眞的或是假的，我們直接把這部論的道理講清楚，講清楚以後無可質疑，那就是眞的。你有能力就推翻看看，莫說他們沒有能力，就算實證的人也沒有能力可以推翻，何況他們都是沒有實證的人。

所以這八識心王不多亦不少，八個心就像兄弟和合一樣；大家雖然是分工合作卻不分彼此，彼此之間都沒有間隔。我記得臺灣四大山頭中，有個山頭曾經也很喜歡講唯識學，有一首類似打油詩的偈說：「八個兄弟共一胎，一個伶俐一個呆，五個門前作買賣，一個家裡把帳開。」既然懂得有八識心王，堂頭和尚開示說：「清清楚楚、明明白白、處處作主的心就是眞如佛性。」他們也會信，這才眞叫奇怪。既然說「一個家裡把帳開」，又說「一個伶俐一個呆」，顯然這兩個心就不同了，那個呆的幹什麼？呆的當主人，笨笨呆呆的，賺錢買賣都你們去賺，賺來的都給我。不管怎麼賺，賺來都歸我，然後你們七個心要什麼，我就給你們什麼；你們如果賺來金銀珠寶的種子，下輩子我就給你們現成的金銀珠寶；你們如果賺來的都是一些有毒的東西，我下輩子供應給你們的就是有毒的；你們也甭怪我，因爲這是你們賺來的。你們如果賺來好多的福德，下一世我就給你們福德果報，也甭感謝我，我也不期待你們感謝，因爲這是你們賺來的。那意根就很伶俐，幫這個呆子把守一切財寶，而這個傻瓜呆在《西遊記》裡叫作唐三藏，又名如來藏，收納全部種子，所謂肚大能容，容天下難容之事；什麼都行，都由著你們，這八個兄弟完全不一樣。

可問題來了，清清楚楚、明明白白又加上處處作主的心，在這八個兄弟裡面到底屬誰，總得弄清楚。佛法是互相連貫的，只是從不同的層面去說明，而不能說那歸那、這歸這，所以八個兄弟和合似一，這叫作唯一的心。但是因爲這八個兄弟自性互不相同，所以祂們的心所法就不一樣。這八個兄弟每一個都有五遍行——觸、作意、受、想、思，是各有五個心所法。那意根爲了要幫如來藏把守一切財產，不管那些財產來世會是惹事生非還是會累積而實現福德，反正祂全部把守，所以祂得要伶俐才行；祂伶俐時就必須要有一點了別性，當祂單獨存在時要能夠對法塵有少分的了別；當祂和前六識——特別和意識——同在時，祂就掌控意識的一切了別，所以很伶俐啊！這個意根還會感應到過去世、未來世的事物，所以祂的心所法當然要和第八識不一樣，祂得要在法塵上有一分的了別功能，其他的就不需要；所以祂得要有五別境中的慧心所的一小部分，那這個慧心所的了別功能很小，主要是在法塵上有沒有大變動等。可是一旦意識現起，當意識知道什麼時意根就知道什麼；就是意識的所知、祂移過來作為自己的所知，所以祂「恆審思量」，當祂需要作主時祂就直接作主，因此祂的五別境心所法只要那麼一點點就夠了，因為有意識幫祂作。那意識就不同了，意識五個別境心所法都具足，所以「欲、勝解、念、定、慧」五個心所法具足圓滿。

那麼前五識，祂們要面對六塵，但只在五塵上作了別，五塵上的法塵就歸意識去了別；那祂們要了別五塵，當然也得要有五別境心所法，這樣子就有五識；加上意識既然了別六塵中的諸法，祂就不離貪瞋癡慢疑等煩惱，再經由意識的思惟就會產生邪見，總名「惡見」，就是「五利使」。那麼有了貪瞋癡慢疑加上惡見，「惡見」本身就分為五個比較容易斷的結使，這樣一來祂就會有隨煩惱發生，所以有時這個根本煩惱附帶生起那個隨煩惱；隨煩惱大概分為二十種，這些心所法都可以數目計算。既然這樣子，後面就會有四個不定的心所法會出生，例如睡眠、覺（尋）、觀（伺），還有一個掉悔，總共四個「不定」心所法。

那諸位這樣算算看：五個遍行心所法、五個別境心所法、十一個善法、六個根本煩惱等心所法中，其中最後一個惡見是五個容易斷的小煩惱；二十個隨煩惱加上最後四個不定心所法，你看能不能算？當然可以計算。因爲可以計算，便叫作「數」，這叫作「心數法」。心有八個，心數法有五十一個。細分來說就不止了，所以「心數法」是可以數得出來的，因此就加上個「數」。那麼心法總共就是八個，心數法就有五十一個，這是最簡略的說法。這樣子心法與心數法弄清楚了，可以接著往下講。

「謂心心數法與諸緣合，無眞實事，但作分別，」也就是說，佛法四眾之中假使有人「成就身見」，他就不屬於出家僧人之類；不管你是剃髮著染衣，或者在家人身著華服，都不在僧寶之類，只要成就了身見。爲什麼說「成就身見」的人就叫作「惡不善」？是因爲他「不在僧數」；「不在僧數，名惡不善」的原因都是因爲：「成就身見」的人都認爲五陰、十八界是眞實我，有的人認爲全部都是眞實我，這是小孩子。假使有人活到七老八十了，都還說：「包括這個色身，就是眞實我，不只是覺知心。」那你就說：「原來您還那麼年輕喔？」他聽不懂，就問：「爲什麼說我年輕？我八十好幾了！」你就告訴他：「沒啦！您哪有那麼大歲數，您大概是三歲、四歲。」他當然不服氣，那你就告訴他：「對啊！因爲只有三歲、四歲的孩子才會說這個身體也是眞實我。七、八歲以後就知道身體會死掉，不是眞實的我；那您的看法跟三歲、四歲的孩子一樣，所以恭喜您年輕，您眞的還很年輕！」這就是說，他們都把五陰或十八界的全部或者局部認爲是眞實法。

你如果說，這只是世俗人才會如此；我說不見得，在我們正覺開始弘法之前，哪個大山頭不是把五陰的局部當作眞實我？只是把五陰的或多或少當作眞實我而有差別，同樣都不離五陰。那表示他們對五陰這個補特伽羅，也就是對於有情這個我認識不清。人之所以稱爲人，除了身體與畜生不同以外，最主要的就是人能夠用語言互相溝通，所以了別慧很強，因此導致有思想出現；可是思想到底是什麼？思想就只是人類五陰互相討論激盪增進以後出現的理論，並不是眞實法。

那麼當一個人不瞭解人類有情是由五陰、六入、十二處、十八界加上各種心數法和合而成立的，他就「**成就身見**」了！因爲他顯然不懂得「**心心數法與諸緣合**」，才能成爲一個人。之所以會有一個有情出現，都是因爲心和心數法—就是八個心法和五十一個心數法—因緣和合在一起來運作，而讓有情可以反觀自我，自認爲是個人。在心理學的層面說這叫作自覺，也就是覺知自己的存在。就這樣說我或者你或者他，有了他就有眾生相；但是其實一個人，人也就是有情；一個有情不過就是色身加上心法與心數法和合而成就，這是眾緣所和合而成就的。既是眾緣和合而成就的，表示他並非本來就有；非本來而有的法就表示有生，有生則必有滅，有生有滅顯然不可能是眞實我；既非眞實我，而把這個假我的全部或者其中的功能（功能又名爲「身」），把其中的功能當作是眞實的自我，這便是「身見」。

說到這裡，佛說「成就身見」的人「不在僧數，名惡不善」，道理就出來了。因爲他不懂得心法與心數法藉著眾緣和合才成立這樣一個人類的我，不瞭解而認作是眞實不壞的常住我，然而其實「無眞實事，但作分別」；這五陰、六入、十二處、十八界是加上心所法等和合運作，才能成立爲一個人，而他不曉得，只是自己在那邊亂作分別；分別錯了以後，就在分別完成時認爲說：「這個能覺能知的我是眞實存在著。」但其實他是錯誤的認知而產生了自我的執著，所以說他「以分別故計有所得」，因此說有所得法都是生滅法。如果學佛學到後來，是想要證得一個「有所得」法，表示他所想要的法其實是生滅法。只有「無所得法」才是本來無生、未來無滅的眞實法。

所以有的人學佛目的是想：「我只要學好了，就有六神通，可以飛來飛去。」這個神足通好不好？怎麼不好？好啊！好多人很想要，偏偏你說不好；是因爲你有智慧，才會說不好，因爲這是生滅法。現見這一世沒有，所以假使哪天看見一個三明六通大阿羅漢飛過去了，口裡不覺說出來：「哇！好厲害！」那你這一讚歎，他感應到就下來問你：「欸！你要不要學這個？」你說：「不要。」「爲什麼說不要？」「因爲是生滅法。」想想你過去有無量世，無量世以來你都不曾有過神足通嗎？一定有過的。縱使不是在人間，經由修十善業生到天上去，到了欲界天就能夠飛來飛去了。但是在欲界天中飛來飛去時，有沒有人覺得你神聖？沒有！因爲大家都這樣，就像每天日常吃飯一樣。你在人間吃飯時，有沒有人說你神聖？沒有！那你在忉利天或四王天或者其他諸天，想要去哪裡時飛著就去了，卻沒有人說你神聖，因爲大家都是如此。

更何況無量世之前也曾在人間，而且很多世在人間都有神足通，讓人家恭敬供養。但是五通具足而到現在，爲什麼還沒有解脫？每一個人都有往昔的無量世，過去也都是無量的，都曾經有過五通；不但五通，甚至還曾經有過第四禪。無始以來沒有人不曾證過四禪，不曾有人沒有五通，但最後也是丟了，因爲這些都是生滅法，所以才會丟。可是你身上這一個呆呆的──「一個伶俐一個呆」的那個呆──這個「無名相法」如來藏始終不曾斷滅過，無始劫以前一直來到現在不曾中斷，未來還會去到無量劫以後永不中斷，這個才是眞實法，這才是常住的眞我。那你學佛是想要得到生滅性的五通？還是想要得到這個常住法？（大眾答：常住法。）是常住法。所以說你們都是學人，佛門有一句話說：「神通度俗人，智慧度學人。」還眞沒錯。

所以如果有人問：「聽說你們正覺現在是特大號的山頭了，不曉得去你們那邊學法以後能不能得到五種神通？」你就告訴他：「我們這裡有六通，沒有五通。你想要學五通，別處去！」這就是說，眾生無始以來認妄作眞。認妄作眞的情況不是只有一般的世俗人，而是佛門中的大師們都已經如此了。因爲打從像法時期開始，被大家尊稱爲大師的人就已經不是大師了，早把大師這個名詞用壞了。就好像你現在如果生了個女兒、生了千金，絕對不會把她取名蕭金蓮，因爲金蓮兩個字被用壞了。本來金蓮是非常棒的名詞，就是諸佛菩薩來來去去坐著的紫金蓮，所以最初時有人把女兒當作千金寶貝、掌上明珠時，要給她最好的名字，因此從佛經中找到個好名字，就把她取名蕭金蓮。可是現在金蓮二字被跟潘金蓮扯在一起，已經不能用了。所以像法時期開始被稱爲大師，那是倒楣事了，可是現在還有許多人因此洋洋得意。這就是說，由於不如實知眞實我，所以落入心法、心數法之中；他們不曉得八個心法和其他的心數法總合起來成爲一個人時，這裡面七轉識的全部、局部或者極少分，全部都是生滅法，都只是虛妄分別而誤認爲眞實我；就因爲這樣分別的緣故，所以眾生錯誤的認知而執著有所得的法。

那麼這樣的法，世尊面對這樣的人可就有吩咐了，世尊就說：「**是人乃至所有言說心心相續，乃至善不善法，於聖法中名惡不善。**」都不知道這《佛藏經》講完後，將來整理成書流通出去時，會有多少人讀了起煩惱？因爲本來他們讀過，不懂就沒有煩惱；那我現在把它講清楚了，他們讀懂以後就會有煩惱。不過有煩惱也許是好的，因爲痲木不仁久了以後，就是需要針砭。譬如你打他時，他沒感覺；別說是摸他，重重打了他也沒感覺，那時該怎麼辦？要用銀針去扎他，必要時可以左捻、右捻加強刺激。若沒有針時你用什麼？砭啊！是一個石字旁加上缺乏的乏字。那究竟是什麼？就是尖的石頭。

用尖的石頭替代銀針，找出合適的穴道就壓刺下去，讓他覺得會痛，終於有感覺了。如果是你們，只要被砭輕輕一刺就會抱怨說：「好痛！」對他卻要很用力，他才會有感覺：原來被砭了！

這就是說，不瞭解心法與心數法等種種法再藉色法十一個來整合起來，成為一個有情這個五陰的假我，眾生不知道這是虛假的，不斷作出錯誤的分別而認為說：「**我在佛法中，好棒欸！**」或者說：「**我證得初果。**」、「**我證得四果了。**」、「**我證得四地、五地了。**」可是當你問他說：「**那你認為入涅槃是怎麼回事？**」他卻告訴你說：「**我就清清楚楚、明明白白一念不生，就這樣住在涅槃裡面啊！**」原來連初果都沒，初果都沒證的人還能證四地、五地喔？可眞厲害欸！但那叫作空中樓閣，因此他們都是「計有所得」。「計有所得」的人為人家說法，或者不說法而在平常跟人家一起談話時，「**心心相續**」前念後念延續不斷，全都落在身見中；乃至為人家解說如何是善法、如何是惡法時，其實全部都是惡法，因為不離身見。

不離身見的結果，追隨他修學的人就跟著墮入身見中；由於這個緣故，在聖法中「**名惡不善**」。糟了！又罵盡天下大師了。那你說善知識好幹不好幹？啊！眞是困難啊！既要當善知識就必須如實說，可是如實說了以後就得罪天下大師和他們的信徒們。你如果要跟他們和稀泥，都不得罪他們，那又成爲惡知識，眞是進退兩難。在進退兩難中，你總得取其中之一吧？因爲不可能說「我這一世來人間，就這樣白白來了就走了」，如果要白來人間就走了，那你又何必來？處胎十個月不止你辛苦，媽媽也要跟著你辛苦，這不是害人嗎？接著出生之後，母親還要推乾就濕茹苦含辛長養，還要設法教育你；且不說花的錢財，單單說心神就費掉多少！結果你就這麼白來一世，眞沒道理！

所以既然都來了，當然要當善知識。難道還眞的要去當「惡知識」？想通了就說：「好啦！既然要得罪人就得罪了，因爲不能當惡知識，那個果報難思量啊！」當「惡知識」是有果報的，重的果報就不說，只說輕的就好：未來十百千萬世當個愚癡人。明知道還要去當「惡知識」，那可比如來藏還呆了是不是？我們可不要這樣。既然知道其中的道理，千萬別去負那個因果。咱們當善知識，挨罵就這麼一世，下一世他們再來出生，讀了你的書以後，心中感謝說：「這善知識講得眞好！」那麼就感激起來，來世就能得入正法中。這就是說佛法是可以實證的法，我們既然遇到了實證的法，不能夠白白放過。因此在佛法中這是神聖之法，當然就要把誤導眾生「佛法」的「身見」稱為惡法；即使是在人間行善而修善法，若是與「身見」有關的，也叫作惡法。所以跟「身見」有關的心所法——這五利使合起來叫作「惡見」。

世尊接著又作了一個小結論：「何以故？舍利弗！所有樂處中必有苦，如來法者滅是苦樂。」這眞的道出佛法的眞義了！一般人總是把「離苦得樂」世俗化，如果跟初學佛的人說：「你歸依三寶之後，開始學佛了，你會離開痛苦獲得快樂。」大家都接受。所以有的大師開示說：「我們學佛以後，還要再學禪，學禪以後就事業順利、家庭和樂大發財。」因此信徒就很多。對了！信徒當然多啊，因為都是被騙來學習所謂的佛法。可是騙不能長久，甚至於因為是大護法，那大山頭還特地讓他捧著佛牙舍利，眞是無上光榮。最後他說：「佛又沒有保佑我賺錢。」所以他改信基督教去了！可是他自認為很懂佛法：「所有佛法我都懂。」但他看到我寫的那篇序文（註）以後，打電話來出版社，要度我去信基督，說基督是萬能的。這樣的人也叫作懂佛法？《新約》、《舊約》有什麼問題他都讀不出來了，還能讀懂佛法？連那種人間境界的所謂《聖經》他都讀不懂，能懂出三界的佛法？眞懂佛法的話，讀了我那篇序文，就會趕快回歸三寶了。所以他自己說懂佛法，只能給他三個字：才怪咧！（註：《入不二門》自序，二〇〇三年冬。）

所以如果有人講離苦得樂時，他說的是保佑你事業順利、家庭和樂大發財！你就說：「**原來這是個三歲小兒。**」對吧？眞的沒錯，因爲他不曉得佛法中說的離苦得樂是啥？完全誤會。例如佛法中說「**寂滅爲樂**」，爲什麼是「**寂滅爲樂**」？因爲一切法是生滅的，把那些生滅全部都滅了，不再有生滅時是絕對寂滅，這寂滅才是眞實樂，而這樣的樂是無苦也無樂的，是永離生死煩惱的，這樣才叫「**離苦得樂**」。這些經句他們不是不曾讀過，大師們哪個沒讀過？可是不理解。對一切生滅法滅掉以後的境界都不知道，就是不懂「**滅諦**」；不知道的原因是因爲他們沒有如實知什麼是生滅法，總是把生滅法當作常住法，就這樣子誤導眾生，以盲引盲，相繼輪迴生死，好在不是相將入火坑。那我們必須要把這個道理講清楚，不然我們就是濫膺「**善知識**」之名。

既然號稱是「**善知識**」，人家說「**你蕭平實是善知識**」時，我又不曾否認過，就不可以和稀泥，必須把如實理告訴大家。至於當上了「善知識」以後要得罪天下人的事，只好承擔了！不可以說：「我要當『善知識』，但我不想跟人家衝突，不想得罪人家。」那是不可能的事，因爲你不同於流俗。假使身爲「善知識」而所說的法同於流俗，也就是說跟諸方大師說法一樣，那你這個「善知識」善在何處？所以佛法中說的「離苦得樂」，這個「離苦」是離開生滅法的無常苦，這是最主要的部分；至於其他的生老病死、求不得、愛別離、怨憎會，那是其次；這是最基本的離苦得樂，因爲可以使人斷離「分段生死」，得樂時卻沒有樂可言，就只是寂滅。可是如果要講到究竟的「寂滅爲樂」，那不是三明六通大阿羅漢之所能到，要到成佛時才究竟。所以「寂滅爲樂」是要把世間人所以爲的樂也滅掉，才叫作寂滅，無有一絲一毫的樂，才是眞正的「寂滅爲樂」。

世間人在享受快樂時也能寂滅嗎？沒有啦！形容一個人最快樂時有一句成語最傳神，叫作「歡欣踴躍」；甚至於還眞的踴躍起來，叫作手舞足蹈！你們看 世尊講《法華》時正開始授記，那時連阿羅漢都踴躍起來，這時能是寂滅嗎？不可能呀！所以「寂滅爲樂」的前提是「寂滅」，不是寂滅的樂就不是眞正的樂，叫作世俗樂。譬如有個人出去作工賺錢，今天遇到了個好主人給了雙倍的工資，正要踏進家門時，眼睛就張望著大喊：「老婆！老婆！」沒看見老婆就一直喊，看見了就說：「我今天多賺了一倍。」他很快樂啊！他快樂時有沒有寂滅？沒有，是興奮的。

不說那個，把層次拉高一點好了；話說我當年把大法師教的丟了，自己從「明心見性」四個字探究下去，不用二十來分鐘，前面那些錯誤的禪與法，全都一個一個檢查推翻以後，剩下眞如到底是什麼？最後五分鐘探究這問題時，往世的智慧立刻就上來了：「啊！原來是這個。」那佛性呢？因爲覺得眞如沒什麼，繼續探究佛性，「佛性一定就是這個」，然後就看見了，好簡單。接著是面壁時眼睛繼續閉著，繼續聽一切聲音，這時是在聽佛性，很酷，連一絲絲的微笑都沒有，連一絲絲的踴躍都沒有，一點點的歡喜都沒有，算不算寂滅？還不算。那時是很酷的，當時都不知道自己很酷，後來才知道那時眞的有夠酷：心中完全無念，完全沒有任何牽掛，跟隔壁幼稚園的兒童眞是心心相應，所以他們掉淚我就掉，也沒有覺得難過或怎樣；他們笑我就跟著笑，但不知道自己在笑，後來發覺了心想：「奇怪！我到底在笑什麼？」原來是因爲他在笑所以我笑，就這樣完全不動其心而住在佛性的境界中，那時算不算寂滅？依舊不是。

眞正的寂滅是什麼？是無餘涅槃；是把十八界全部滅盡，沒有那八個心法現行可以運作或領受了，五十一個心所法也都不見了，所以後面的二十四個心不相應行法、六個無爲法根本就甭提了，一法亦無，這才叫眞正的寂滅。諸佛如來示現在人間教導大家的也就是這個寂滅，是以證得這個寂滅而不再有分段生死、變易生死的究竟寂滅作爲「得樂」。有人聽到這裡就說：「糟了！你不是叫我們不能入無餘涅槃嗎？現在又說無餘涅槃這個境界叫作快樂？」我說：「不衝突啊！因爲你無妨把五陰繼續留著，依止『無名相法』如來藏，而如來藏自己的境界正是無餘涅槃。」是了，這時你就說：「我世世繼續有五陰，但我無妨也在無餘涅槃中。」咱們把這個涅槃叫作本來性淨涅槃，是因爲如來藏的境界中沒有一法可得，完全是無所得的境界才眞是「無所得法」。這種「無所得」之中沒有苦也沒有樂，這才是究竟的寂滅，這樣的寂滅才是佛法中所要證的快樂境界。

請問，佛法中實證的這個快樂境界中，有沒有微笑？巧笑倩兮、呵呵大笑？統統沒有，因爲無一法可得，這才是眞快樂。那爲什麼世俗人說的快樂不是快樂？世尊說了：「所有樂處中必有苦。」世間法中所有的快樂，不管你說的是哪一種樂，其中一定都有苦。我們也講過苦有八種，可是這八種苦歸納起來不過三種；這三種苦中最難瞭解的是「行苦」，「苦苦」、「壞苦」是很容易理解的，只要吃到苦的東西那孩子馬上就吐掉，只要是不小心撞著了或者被東西砸了，馬上就覺得苦，因爲這個事情本身就是苦。那麼小孩子他也懂得壞苦，何況成人？所以有時會跟媽媽要求：「媽！下回跟我買玩具時，不要那麼快就壞掉了！」因爲他玩沒幾天就壞掉，覺得苦啊。那你們有沒有藉機告訴他說這叫作「壞苦」？都沒有藉機教育，還說是正覺的同修呢！

所以這兩個苦都很容易理解，就只是「行苦」難理解，且不說樂中的行苦，單說行苦的本身就難理解；因爲即使是在不苦不樂受的狀態中繼續安住，譬如見道之前住在二禪等至位中無苦無樂，以爲那樣就是涅槃；或是一般修行人打坐到一念不生時，認爲那就是無餘涅槃，這是大多數學人的認知，但他們不知道這裡面刹那刹那生滅，正是行苦。從二乘菩提來說，不苦不樂的境界不管有多久，即使長久到非非想天不中夭的長壽者，可以有八萬大劫，但其中依舊是念念生滅，不離行苦。不說念念生滅，從二乘菩提來說，也說它終必無常，無常故苦。那外道不曉得這個「行苦」的問題，所以認爲那就是涅槃；而佛弟子知道這裡面有行陰延續不斷，知道這就是行苦。

那麼大乘佛法中不但是如此，在大乘佛法中還告訴你說：當識陰現起時，不管這個識陰是六識具足或者單單只有意識，已經是「剎那生」；《楞伽經》特別說明這個道理，既然是剎那剎那不斷地生，說祂屬於生滅法；意識是生滅法，那就是落在行陰中相續不斷，正在剎那剎那相續不斷時，就表示這是無常之法，終必斷滅，這就是苦，無常就是苦。那麼不苦不樂受之中的這一種行陰的苦，末法時代的大師們都不懂，可是佛在這裡卻告訴你說「所有樂處中必有苦」；假使這一回讓你中了個樂透，幾億元臺幣你一個人獨得，不能說這不快樂吧？是快樂啊！可是這個快樂來時，痛苦跟隨你來了；首先你第一個念頭起來：「我要不要告訴妻子？」第二個念頭：「要不要告訴老爸？」想一想：「都不要。」消息可能會走漏。消息一旦走漏，結果就是「富在深山有遠親」，那時連遠親都來了，這不是煩惱嗎？才開獎還不到一分鐘，馬上就從快樂變成煩惱——「所有樂處中必有苦」。

但是這個快樂的本身，在還沒有生起其他煩惱之前，它就是個行陰。「諸行無常」大家都聽過了，所以這個快樂也是無常的；對了！就是無常，即使是快樂的境界中也是無常之法，無常即是苦；樂未遠離時或未消滅時，也是刹那生滅不住，是每一刹那無常的，無常就是苦。寂滅的境界離開苦與樂，不在苦樂之中，這樣的寂滅境界才是佛法中說的眞正之樂；因爲不再有生滅，永恆如一；這時離開苦樂，不受苦樂之所影響，所以說「寂滅爲樂」。這樣來看 世尊所說：「舍利弗！所有樂處中必有苦，如來法者滅是苦樂。」這樣的寂滅爲樂的境界，不是在「成就身見者」的身上所能證得。必須先把身見滅除，再去證得這個「無名相法」第八識，在「無名相法」如來藏的境界上觀察時，才知道那是眞實的寂滅；而這眞實的寂滅才眞是離苦離樂，這樣的寂滅才是究竟的寂滅樂，而不是世俗樂。

以這樣的智慧境界來看密宗假藏傳佛教的最究竟法——大樂光明、樂空雙運、無上瑜伽，不管他們名稱叫得多麼響亮，誇說他們證的是報身佛境界，其實只是「抱」身佛，那個境界在不在身見裡面？正好在啊！因爲必須有這個色身，以色身的功能爲我，然後一定要有意根、意識加上身識，若沒有身識功能他們什麼都幹不了，沒有意識功能他們也是什麼都幹不了，這表示雙身法是具足身見的境界，身就是功能的意思。他們連我見都斷不了，所以我指控他們四大派歷代法王沒有一個人斷身見，全部都沒有證得初果。而他們到現在沒有一個人敢來向我主張說：「**我們哪一個祖師有證初果。**」為什麼呢？因為他們知道要來跟我爭執時，後果很嚴重，他們要來跟我爭執說誰有證初果時，我一定要問：「**那他幹嘛修雙身法？他又幹嘛傳雙身法？雙身法是什麼境界？**」他們只好把嘴巴蒙起來，因為明知道那是五陰的境界，落在五陰的功能中「**成就身見**」。而且更糟糕的是，他們不懂雙身法的境界不但是五陰的境界，而且是五陰裡的我所，你們說那不叫外道，還有什麼能叫外道？

這表示他們都誤會什麼是「**寂滅為樂**」，這就好像《維摩詰經》講的：「**佛以一音演說法，眾生隨類各得解。**」咱們講的寂滅為樂是這麼回事，他們講的是說正當樂空雙運時專心享樂而一念不生，就是寂滅；無知到這地步，你能跟他們談什麼佛法？真要跟他們談起來，一定就像王大媽的裹腳布又臭又長。因為他們那個雙身法的境界，你幫他們一一條分縷析解析出來時，真的叫作臭不可聞，他們也沒有那個耐心聽。所以「如來法者滅是苦樂」，這個聖教眞的需要好好爲他們講出來；他們眞的很需要詳細理解，否則永遠與佛法無緣的。好！再下一段 世尊又有開示：

經文：【「舍利弗！如來所得，是中無欲亦無非欲，無樂、無苦、無思、無想、無修，乃至亦無空相；何以故？舍利弗！若計空相即是我相衆生相者，是常相者，是斷相者；何以故？舍利弗！隨所有想則生諸相，是皆墮邪。舍利弗！空名無念，是名爲空；空念亦空，是名爲空；舍利弗！空中無善無惡，乃至亦無空相，是故名空。舍利弗！諸有爲法可知可解，空非可知亦非可解，非可思量，是故名空。舍利弗！空相非念得，何以故？空無相故，是故名空。」】

語譯：世尊開示說：【「舍利弗！如來的所得，這裡面沒有欲也沒有非欲，沒有快樂、沒有痛苦、沒有思惟、沒有憶想也沒有修行，乃至於連空相都沒有；是什麼原因而如此呢？舍利弗！如果有人錯誤的認知而執著空相就是我相的全部或局部，就是衆生相的全部或局部，而認爲空相是常的法相，或認爲空相是斷滅的法相，其實他已經落入常相，也落入斷相之中了，這是什麼原因呢？舍利弗！隨著所有各種憶想就會產生各種的法相，就墮入於邪見、邪思之中了。舍利弗！空有一個名稱叫作無念，這樣叫作空；而所謂空的這個念頭也是空，這樣叫作空；舍利弗！在這個空的法之中沒有善沒有惡，乃至也沒有空這個法相，以這個緣故而說爲空。舍利弗！種種的有爲法可以了知可以理解，而空不是可以了知也不是可以理解的，空是不能用思量而了知的，以這樣的緣故而叫作空。舍利弗！空這個法相不是用思惟憶念所得來的，什麼緣故而這麼說呢？因爲空沒有相的緣故，以這個緣故而名之爲空。」】

講義：這一段開示看來好像都是一些名相，好像用一些空的名相堆砌起來成爲一段經文，但是事實不然。換句話說，這一段經文中所說的空，有的是說「空無」，有的是說「不存在」，有的是說「因爲無常而空」，但有的就是在講「空的本身」；而空的本身到底是什麼？沒有明文告訴你。不懂的人就說這《佛藏經》讀到這裡來，有「**無分別法**」，有「**無名相法**」，有「**無所得法**」，這裡又講空，那到底是一樣或者不一樣？所以沒有實證空性如來藏的人，讀不懂時就會像釋印順一樣切割：這是一個法，那是另一個法，所以各不相干。他就這樣的認知，然後這樣切割，又再把它分析得更細，於是佛法就支離破碎了。

所以這大乘經典眞的難死人了，不是爲難死人，是很難讓人理解所以叫作難死人，因此這樣的經典沒有「善知識」願意出來解釋，他們也無法解釋。那我們既然宣稱是實證者，當然得要能夠解釋，而且解釋得絕不牽強；如果解釋得牽強了，那就是思惟所得。佛陀要解釋這個道理了，就呼喚：「舍利弗！」於是先提出來說：「如來所得的法，這個法裡面沒有欲也沒有非欲。」欲就是在世間法中正當獲得各種享受的心態就叫作「欲」，非欲則是違反於世間約定俗成的規矩而去獲得的欲，那種享受便叫作「非欲」。所以非欲大部分屬於利己而損人，那就是非欲；如果是損人又不利己，那不叫作欲，那要叫作造惡。如來所得的這個境界中，沒有欲也沒有非欲。

就如同前一段最後說的「如來法者滅是苦樂」，苦與樂兩邊都滅除，這是告訴大家說，「如來所得」的法中沒有欲或者非欲。「非欲」還有另一個解釋，有人作得非常分明，叫作日中一食、夜不倒單。總不能夠說那叫作欲吧？他持午，過午不食；晚上，他方丈室裡沒有眠床，就只有一張椅子，夜裡不倒單，這也叫作「非欲」；這是貪圖不正當的欲，和一般人又不一樣了，因爲他顯現出來的是離欲的——我與欲隔絕；甚至一般人平常所應該有的睡眠也免除了，這時先不管他是不是坐著睡覺，就算他每天晚上都坐著入定了，也是「非欲」，貪圖清淨。當然他過午不食也是「非欲」，捨離了晚齋。

那麼通常「欲」是求享樂的，但他可能收受供養時，心想：「我一個月只要臺幣兩萬塊錢就夠開支了。」這個月才剛剛初五，人家已經供養滿兩萬元，就宣布截止供養，下個月請早。因爲他修苦行，人家很欽佩，都會來供養，認爲這叫作苦行。那問題來了，這叫作「非欲」，因爲他心中無貪，可是這樣的修行卻不是眞正的佛法；因爲「如來所得，是中無欲亦無非欲」，顯然這樣的修行不正確，因爲還是識陰的境界。所以修苦行磨練心性很好，但了義佛法中用不著；眞正的佛法要修「不苦不樂」行，重要的地方是能斷結以及證眞如，才是最重要的。如果不能斷結、證眞如，修苦行的目的是要幹什麼？只有一樣，就是磨練心性。如果修苦行時不能磨練心性，只是想要藉苦行博得名聞與眷屬，不修也罷，因爲與佛法不相干。

這就是說，佛法的修行重在斷結、重在證眞如；世尊爲了告訴我們這個道理，特地爲我們修六年苦行，然後把它放棄。苦行不能使人證悟眞如，也不能斷結，人天至尊難道不知道這個道理嗎？當然知道啊！可是為了降伏人間五濁惡世的眾生，就故意這樣作；六年苦行的結果是前胸貼後背，肌肉都不見了，只剩下皮包著骨，血管一根一根的清晰可見；但六年之後放棄苦行，去恆河，應該說尼連禪河——恆河上游——沐浴之後，喝了牧牛女供養的用牛奶煮的粥，又接受那個割草人的一把細草，然後去到菩提樹下坐下來鋪好座位，這時不苦不樂，有精神了，把以前所有假名善知識教導的全部捨棄，自己參究，是這樣子成佛的。

苦行無法使人斷結及證悟，更不能使人成佛，所以修苦行而博取名聲或眷屬，其實沒有修行的實質，只是個虛名；而且修苦行難以持久，往往也會因為自己修苦行而瞧不起一切人，反而障道。但如果是為眾生作事修苦行，不管怎麼苦都去作，這樣的苦行累積福德就大；或者為了供佛，不管怎麼辛苦都努力去供養，雖然辛苦當作苦行，但這福德大，也能降伏性障，這就值得修。但是當你福德夠了，或者你有更好的福德，可以不必修那種福田，你可以改修更好的福田，不苦不樂而修得大福德，再藉這個福德來斷結使、證眞如，這有什麼不好？而且貪愛樂行時的覺受，或者貪苦行的名聲，都與眞如不相應；因爲那都是意識的運作，與眞如完全不相應。眞如的境界就是諸佛如來的所得，這個所得卻是完全無所得，世尊說：「如來所得，是中無欲亦無非欲。」所以不應該落於「欲」中，也不該落入「非欲」中。

又說：「如來所得……無樂、無苦、」有苦是誰的境界？是識陰六識的境界；有樂是誰的境界？也是識陰六識的境界，而眞如無苦也無樂。假使你身中的眞如有苦有樂，到底好不好？先別下結論，咱們下回再分解。

（未完，詳後第七輯續說。）

佛菩提二主要道次第概要表——二道並修，以外無別佛法

佛菩提道——大菩提道

遠波羅蜜多

資糧位（外門廣修六度萬行）

十信位修集信心——一劫乃至一萬劫

初住位修集布施功德（以財施爲主）。

二住位修集持戒功德。

三住位修集忍辱功德。

四住位修集精進功德。

五住位修集禪定功德。

六住位修集般若功德（熏習般若中觀及斷我見，加行位也）。

七住位明心般若正觀現前，親證本來自性清淨涅槃。

八住位起於一切法現觀般若中道。漸除性障。

十住位眼見佛性，世界如幻觀成就。

見道位（內門廣修六度萬行）

一至十行位，於廣行六度萬行中，依般若中道慧，現觀陰處界猶如陽焰，至第十行滿心位，陽焰觀成就。

一至十迴向位熏習一切種智；修除性障，唯留最後一分思惑不斷。第十迴向滿心位成就菩薩道如夢觀。

初地：第十迴向位滿心時，成就道種智一分（八識心王一一親證後，領受五法、三自性、七種第一義、七種性自性、二種無我法）復由勇發十無盡願，成通達位菩薩。復又永伏性障而不具斷，能證慧解脫而不取證，由大願故留惑潤生。此地主修法施波羅蜜多及百法明門。證「猶如鏡像」現觀，故滿初地心。

二地：初地功德滿足以後，再成就道種智一分而入二地；主修戒波羅蜜多及一切種智。滿心位成就「猶如光影」現觀，戒行自然清淨。

解脫道：二乘菩提

→ 斷三縛結，成初果解脫

→ 薄貪瞋癡，成二果解脫

→ 斷五下分結，成三果解脫

入地前的四加行令煩惱障現行悉斷，成四果解脫，留惑潤生。分段生死已斷，煩惱障習氣種子開始斷除，兼斷無始無明上煩惱。

近波羅蜜多

修道位

三地：二地滿心再證道種智一分，故入三地。此地主修忍波羅蜜多及四禪八定、四無量心、五神通。能成就俱解脫果而不取證，留惑潤生。滿心位成就「猶如谷響」現觀及無漏妙定意生身。

四地：由三地再證道種智一分故入四地。主修精進波羅蜜多，於此土及他方世界廣度有緣，無有疲倦。進修一切種智，滿心位成就「如水中月」現觀。

五地：由四地再證道種智一分故入五地。主修禪定波羅蜜多及一切種智，斷除下乘涅槃貪。滿心位成就「變化所成」現觀。

六地：由五地再證道種智一分故入六地。此地主修般若波羅蜜多——依道種智現觀十二因緣一一有支及意生身化身，皆自心眞如變化所現，「非有似有」，成就細相觀，不由加行而自然證得滅盡定，成俱解脫大乘無學。

七地：由六地「非有似有」現觀，再證道種智一分故入七地。此地主修一切種智及方便波羅蜜多，由重觀十二有支一一支中之流轉門及還滅門一切細相，成就方便善巧，念念隨入滅盡定。滿心位證得「如犍闥婆城」現觀。

七地滿心斷除故意保留之最後一分思惑時，煩惱障所攝色、受、想三陰有漏習氣種子全部斷盡。

大波羅蜜多

八地：由七地極細相觀成就故再證道種智一分而入八地。此地主修一切種智及願波羅蜜多。至滿心位純無相觀任運恆起，故於相土自在，滿心位復證「如實覺知諸法相意生身」故。

九地：由八地再證道種智一分故入九地。主修力波羅蜜多及一切種智，成就四無礙，滿心位證得「種類俱生無行作意生身」。

十地：由九地再證道種智一分故入此地。此地主修一切種智——智波羅蜜多。滿心位起大法智雲，及現起大法智雲所含藏種種功德，成受職菩薩。

等覺：由十地道種智成就故入此地。此地應修一切種智，圓滿等覺地無生法忍；於百劫中修集極廣大福德，以之圓滿三十二大人相及無量隨形好。

煩惱障所攝行、識二陰無漏習氣種子任運漸斷，所知障所攝上煩惱任運漸斷。

圓滿波羅蜜多

究竟位

妙覺：示現受生人間已斷盡煩惱障一切習氣種子，並斷盡所知障一切隨眠，永斷變易生死無明，成就大般涅槃，四智圓明。人間捨壽後，報身常住色究竟天利樂十方地上菩薩；以諸化身利樂有情，永無盡期，成就究竟佛道。

斷盡變易生死成就大般涅槃

圓滿成就究竟佛果

佛子蕭平實 謹製
（二〇〇九、〇二 修訂）
（二〇一二、〇二 增補）

佛教正覺同修會〈修學佛道次第表〉

第一階段

* 以憶佛及拜佛方式修習動中定力。
* 學第一義佛法及禪法知見。
* 無相拜佛功夫成就。
* 具備一念相續功夫—動靜中皆能看話頭。
* 努力培植福德資糧，勤修三福淨業。

第二階段

* 參話頭，參公案。
* 開悟明心，一片悟境。
* 鍛鍊功夫求見佛性。
* 眼見佛性〈餘五根亦如是〉親見世界如幻，成就如幻觀。
* 學習禪門差別智。
* 深入第一義經典。
* 修除性障及隨分修學禪定。
* 修證十行位陽焰觀。

第三階段

* 學一切種智真實正理—楞伽經、解深密經、成唯識論…。
* 參究末後句。
* 解悟末後句。
* 透牢關—親自體驗所悟末後句境界，親見實相，無得無失。
* 救護一切衆生迴向正道。護持了義正法，修證十迴向位如夢觀。
* 發十無盡願，修習百法明門，親證猶如鏡像現觀。
* 修除五蓋，發起禪定。持一切善法戒。親證猶如光影現觀。
* 進修四禪八定、四無量心、五神通。進修大乘種智，求證猶如谷響現觀。

佛教正覺同修會 共修現況 及 招生公告　2020/05/03

一、共修現況：(請在共修時間來電，以免無人接聽。)

台北正覺講堂 103 台北市承德路三段 277 號九樓 捷運淡水線圓山站旁
Tel..**總機** 02-25957295（晚上）（**分機：九樓**辦公室 10、11；知客櫃檯 12、13。 **十樓**知客櫃檯 15、16；書局櫃檯 14。 **五樓**辦公室 18；知客櫃檯 19。**二樓**辦公室 20；知客櫃檯 21。）
Fax..25954493

第一講堂　台北市承德路三段 277 號九樓

禪淨班：週一晚班、週三晚班、週四晚班、週五晚班、週六下午班、週六上午班（共修期間二年半，全程免費。皆須報名建立學籍後始可參加共修，欲報名者詳見本公告末頁。）

增上班：瑜伽師地論詳解：單週六晚班。雙週六晚班（重播班）。17.50～20.50。平實導師講解，2003 年 2 月開講至今，僅限已明心之會員參加。

禪門差別智：每月第一週日全天　平實導師主講（事冗暫停）。

不退轉法輪經詳解　本經所說妙法極爲甚深難解，時至末法，已然無有知者；而其甚深絕妙之法，流傳至今依舊多人可證，顯示佛法眞是義學而非玄談，其中甚深極妙令人拍案稱絕之第一義諦妙義。已於 2019 年元月底開講，由平實導師詳解。每逢周二晚上開講，第一至第六講堂都可同時聽聞，歡迎菩薩種性學人，攜眷共同參與此殊勝法會現場聞法，不限制聽講資格。本會學員憑上課證進入第一至第四講堂聽講，會外學人請以身分證件換證進入聽講（此爲大樓管理處安全管理規定之要求，敬請諒解）；第五及第六講堂（B1、B2）對外開放，不需出示任何證件，請由大樓側門直接進入。

第二講堂　台北市承德路三段 267 號十樓。

不退轉法輪經詳解：平實導師講解。每週二 18.50~20.50 影像音聲即時傳輸

禪淨班：週一晚班。

進階班：週三晚班、週四晚班、週五晚班、週六早班、週六下午班。禪淨班結業後轉入共修。

第三講堂　台北市承德路三段 277 號五樓。

不退轉法輪經詳解：平實導師講解。每週二 18.50~20.50 影像音聲即時傳輸

禪淨班：週六下午班。

進階班：週一晚班、週三晚班、週四晚班、週五晚班。

第四講堂　台北市承德路三段 267 號二樓。

不退轉法輪經詳解：平實導師講解。每週二 18.50~20.50 影像音聲即時傳輸

進階班：週一晚班、週三晚班、週四晚班（禪淨班結業後轉入共修）。

第五、第六講堂

不退轉法輪經詳解：平實導師講解。每週二 18.50~20.50 影像音聲即時傳

輪。第五、第六講堂爲**開放式講堂**，不需以身分證件換證即可進入聽講，台北市承德路三段 267 號地下一樓、地下二樓。每逢週二晚上講經時段開放給會外人士自由聽經，請由大樓側面梯階逕行進入聽講。**聽講者請尊重講者的著作權及肖像權，請勿錄音錄影，以免違法；若有錄音錄影被查獲者，將依法處理。**

念佛班 每週日晚上，第六講堂共修（B2），一切求生極樂世界的三寶弟子皆可參加，不限制共修資格。

進階班：週一晚班、週三晚班、週四晚班。

正覺祖師堂 桃園市大溪區美華里信義路 650 巷坑底 5 之 6 號（台 3 號省道 34 公里處 妙法寺對面斜坡道進入）電話 03-3886110 傳眞 03-3881692 本堂供奉 克勤圓悟大師，專供會員每年四月、十月各三次精進禪三共修，兼作本會出家菩薩掛單常住之用。開放參訪日期請參見本會公告。教內共修團體或道場，得另申請其餘時間作團體參訪，務請事先與常住確定日期，以便安排常住菩薩接引導覽，亦免妨礙常住菩薩之日常作息及修行。

桃園正覺講堂（第一、第二講堂）：桃園市介壽路 286、288 號 10 樓（陽明運動公園對面）電話：03-3749363(請於共修時聯繫，或與台北聯繫)

禪淨班：週一晚班（1）、週一晚班（2）、週三晚班、週四晚班、週五晚班。

進階班：週四晚班、週五晚班、週六上午班。

增上班：雙週六晚班（增上重播班）。

不退轉法輪經詳解：平實導師講解。每週二晚上，以台北正覺講堂所錄 DVD 放映；歡迎會外學人共同聽講，不需出示身分證件。

新竹正覺講堂 新竹市東光路 55 號二樓之一 電話 03-5724297（晚上）

第一講堂：

禪淨班：週五晚班。

進階班：週三晚班、週四晚班、週六上午班（由禪淨班結業後轉入共修）。

增上班：單週六晚班。雙週六晚班（重播班）。

不退轉法輪經詳解：平實導師講解。每週二晚上，以台北正覺講堂所錄 DVD 放映。歡迎會外學人共同聽講，不需出示身分證件。

第二講堂：

禪淨班：週一晚班、週三晚班、週四晚班、週六上午班。

不退轉法輪經詳解：每週二晚上與第一講堂同步播放講經 DVD。

第三、第四講堂：裝修完畢，即將開放。

台中正覺講堂 04-23816090（晚上）

第一講堂 台中市南屯區五權西路二段 666 號 13 樓之四（國泰世華銀行樓上。鄰近縣市經第一高速公路前來者，由五權西路交流道可以快速到達，大樓旁有停車場，對面有素食館）。

禪淨班：週四晚班、週五晚班。

進階班：週一晚班、週三晚班、週六上午班（由禪淨班結業後轉入共修）。

增上班：單週六晚班。雙週六晚班（重播班）。

不退轉法輪經詳解：平實導師講解。每週二晚上，以台北正覺講堂所錄 DVD 放映。歡迎會外學人共同聽講，不需出示身分證件。

第二講堂　台中市南屯區五權西路二段 666 號 4 樓

禪淨班：週一晚班、週三晚班。

第三講堂台中市南屯區五權西路二段 666 號 4 樓

禪淨班：週一晚班。

第四講堂台中市南屯區五權西路二段 666 號 4 樓。

進階班：週一晚班、週四晚班、週六上午班。由禪淨班結業後轉入共修。

不退轉法輪經詳解：每週二晚上與第一講堂同步播放講經 DVD。

嘉義正覺講堂　嘉義市友愛路 288 號八樓之一　電話：05-2318228

第一講堂：

禪淨班：週四晚班、週五晚班、週六上午班。

進階班：週一晚班、週三晚班（由禪淨班結業後轉入共修）。

增上班：單週六晚班。雙週六晚班（重播班）。

不退轉法輪經詳解：平實導師講解。每週二晚上，以台北正覺講堂所錄 DVD 放映。歡迎會外學人共同聽講，不需出示身分證件。

第二講堂　嘉義市友愛路 288 號八樓之二。

第三講堂　嘉義市友愛路 288 號四樓之七。

禪淨班：週一晚班、週三晚班。

台南正覺講堂

第一講堂　台南市西門路四段 15 號 4 樓。06-2820541（晚上）

禪淨班：週一晚班、週三晚班、週四晚班、週五晚班、週六下午班。

增上班：單週六晚班。雙週六晚班（重播班）。

第二講堂　台南市西門路四段 15 號 3 樓。

不退轉法輪經詳解：每週二晚上與第三講堂同步播放講經 DVD。

第三講堂　台南市西門路四段 15 號 3 樓。

進階班：週一晚班、週三晚班、週四晚班、週五晚班（由禪淨班結業後轉入共修）。

不退轉法輪經詳解：平實導師講解。每週二晚上，以台北正覺講堂所錄 DVD 放映。歡迎會外學人共同聽講，不需出示身分證件。。

高雄正覺講堂　高雄市新興區中正三路 45 號五樓 07-2234248（晚上）

第一講堂（五樓）：

禪淨班：週一晚班、週三晚班、週四晚班、週五晚班、週六上午班。

增上班：單週六晚班。雙週六晚班（重播班）。

不退轉法輪經詳解：平實導師講解。每週二晚上，以台北正覺講堂所錄 DVD 放映。歡迎會外學人共同聽講，不需出示身分證件。

第二講堂（四樓）：

進階班：週三晚班、週四晚班、週六上午班（由禪淨班結業後轉入共修）。

不退轉法輪經詳解：每週二晚上與第一講堂同步播放講經 DVD。

第三講堂（三樓）：

進階班：週四晚班（由禪淨班結業後轉入共修）。

香港正覺講堂

九龍觀塘，成業街 10 號，電訊一代廣場 27 樓 E 室。

（觀塘地鐵站 B1 出口，步行約 4 分鐘）。電話：(852) 23262231

英文地址：Unit E，27th Floor, TG Place, 10 Shing Yip Street, Kwun Tong, Kowloon

禪淨班：雙週六下午班、雙週日下午班、單週六下午班、單週日下午班

進階班：雙週五晚上班、雙週日早上班（由禪淨班結業後轉入共修）。

增上班：每月第一週週日，以台北增上班課程錄成 DVD 放映之。

增上重播班：每月第一週週六，以台北增上班課程錄成 DVD 放映之。

大法鼓經詳解：平實導師講解。每周六、日 19:00～21:00，以台北正覺講堂所錄 DVD 放映;歡迎會外學人共同聽講,不需出示身分證件。

美國洛杉磯正覺講堂　☆已遷移新址☆

825 S. Lemon Ave Diamond Bar, CA 91789 U.S.A.

Tel. (909) 595-5222（請於週六 9:00~18:00 之間聯繫）

Cell. (626) 454-0607

禪淨班：每逢週末 16：00~18：00 上課。

進階班：每逢週末上午 10：00~12：00 上課。

不退轉法輪經詳解：平實導師講解。每週六下午 13：30~15：30 以台北所錄 DVD 放映。歡迎各界人士共享第一義諦無上法益，不需報名。

二、招生公告　**本會台北講堂及全省各講堂、香港講堂，每逢四月、十月下旬開新班，每週共修一次**（每次二小時。開課日起三個月內仍可插班）；**但美國洛杉磯共修處之禪淨班得隨時插班共修。各班共修期間皆為二年半，全程免費，欲參加者請向本會函索報名表**（各共修處皆於共修時間方有人執事，非共修時間請勿電詢或前來洽詢、請書），**或直接從本會官方網站**(http://www.enlighten.org.tw/newsflash/class)**或成佛之道網站下載報名表**。共修期滿時，若經報名禪三審核通過者，可參加四天三夜之禪三精進共修，有機會明心、取證如來藏，發起般若實相智慧，成為實義菩薩，脫離凡夫菩薩位。

三、新春禮佛祈福 農曆**年假**期間停止共修：自農曆新年前七天起停止共修與弘法，正月 8 日起回復共修、弘法事務。新春期間正月初一～初七 9.00～17.00 開放台北講堂、正月初一~初三開放新竹、台中、嘉義、台南、高雄講堂，以及大溪禪三道場（正覺祖師堂），方便會員供佛、祈福及會外人士請書。美國洛杉磯共修處之休假時間，請逕詢該共修處。

密宗四大派修雙身法，是外道性力派的邪法；又以生滅的識陰作為常住法，是常見外道，是假的藏傳佛教。

西藏覺囊巴以他空見弘揚第八識如來藏勝法，才是真藏傳佛教

佛教正覺同修會　弘法行事表　2019/02/18

1、**禪淨班**　以無相念佛及拜佛方式修習動中定力，實證一心不亂功夫。傳授解脫道正理及第一義諦佛法，以及參禪知見。共修期間：二年六個月。每逢四月、十月開新班，詳見招生公告表。

2、**進階班**　禪淨班畢業後得轉入此班，進修更深入的佛法，期能證悟明心。各地講堂各有多班，繼續深入佛法、增長定力，悟後得轉入增上班修學道種智，期能證得無生法忍。

3、**增上班 瑜伽師地論**詳解　詳解論中所言凡夫地至佛地等 17 師之修證境界與理論，從凡夫地、聲聞地……宣演到諸地所證無生法忍、一切種智之眞實正理。由平實導師開講，每逢一、三、五週之週末晚上開示，僅限已明心之會員參加。2003 年二月開講至今，預定 2019 年講畢。

4、**不退轉法輪經**詳解　本經所說妙法極爲甚深難解，時至末法，已然無有知者；而其甚深絕妙之法，流傳至今依舊多人可證，顯示佛法眞是義學而非玄談，其中甚深極妙令人拍案稱絕之第一義諦妙義。已於 2019 年元月底開講，由平實導師詳解。不限制聽講資格。

5、**精進禪三**　主三和尚：平實導師。於四天三夜中，以克勤圓悟大師及大慧宗杲之禪風，施設機鋒與小參、公案密意之開示，幫助會員剋期取證，親證不生不滅之眞實心——人人本有之如來藏。每年四月、十月各舉辦三個梯次；平實導師主持。僅限本會會員參加禪淨班共修期滿，報名審核通過者，方可參加。並選擇會中定力、慧力、福德三條件皆已具足之已明心會員，給以指引，令得眼見自己無形無相之佛性遍佈山河大地，眞實而無障礙，得以肉眼現觀世界身心悉皆如幻，具足成就如幻觀，圓滿十住菩薩之證境。

6、**阿含經**詳解　選擇重要之阿含部經典，依無餘涅槃之實際而加以詳解，令大眾得以現觀諸法緣起性空，亦復不墮斷滅見中，顯示經中所隱說之涅槃實際—如來藏—確實已於四阿含中隱說；令大眾得以聞後觀行，確實斷除我見乃至我執，證得**見到**眞現觀，乃至**身證**……等眞現觀；已得大乘或二乘見道者，亦可由此聞熏及聞後之觀行，除斷我所之貪著，成就慧解脫果。由平實導師詳解。不限制聽講資格。

7、**解深密經**詳解　重講本經之目的，在於令諸已悟之人明解大乘法道之成佛次第，以及悟後進修一切種智之內涵，確實證知三種自性性，並得據此證解七眞如、十眞如等正理。每逢週二 18.50~20.50 開示，由平實導師詳解。將於《**不退轉法輪經**》講畢後開講。不限制聽講資格。

8、**成唯識論**詳解　詳解一切種智眞實正理，詳細剖析一切種智之微細深妙廣大正理；並加以舉例說明，使已悟之會員深入體驗所證如來藏之微密行相；及證驗見分相分與所生一切法，皆由如來藏—阿賴耶識—直接或展轉而生，因此證知一切法無我，證知無餘涅槃之本際。將於增上班《瑜伽師地論》講畢後，由平實導師重講。僅限已明心之會員參加。

9、**精選如來藏系經典**詳解　精選如來藏系經典一部，詳細解說，以此完全印證會員所悟如來藏之眞實，得入不退轉住。另行擇期詳細解說之，由平實導師講解。僅限已明心之會員參加。

10、**禪門差別智**　藉禪宗公案之微細淆訛難知難解之處，加以宣說及剖析，以增進明心、見性之功德，啓發差別智，建立擇法眼。每月第一週日全天，由平實導師開示，僅限破參明心後，復又眼見佛性者參加（事冗暫停）。

11、**枯木禪**　先講智者大師的《小止觀》，後說《釋禪波羅蜜》，詳解四禪八定之修證理論與實修方法，細述一般學人修定之邪見與岔路，及對禪定證境之誤會，消除枉用功夫、浪費生命之現象。已悟般若者，可以藉此而實修初禪，進入大乘通教及聲聞教的三果心解脫境界，配合應有的大福德及後得無分別智、十無盡願，即可進入初地心中。親教師：平實導師。未來緣熟時將於正覺寺開講。不限制聽講資格。

註：本會例行年假，自 2004 年起，改爲每年農曆新年前七天開始停息弘法事務及共修課程，農曆正月 8 日回復所有共修及弘法事務。新春期間（每日 9.00~17.00）開放台北講堂，方便會員禮佛祈福及會外人士請書。大溪區的正覺祖師堂，開放參訪時間，詳見〈正覺電子報〉或成佛之道網站。本表得因時節因緣需要而隨時修改之，不另作通知。

佛教正覺同修會　贈閱書籍 目錄　2018/10/20

1.**無相念佛**　平實導師著　回郵 36 元
2.**念佛三昧修學次第**　平實導師述著　回郵 52 元
3.**正法眼藏—護法集**　平實導師述著　回郵 76 元
4.**真假開悟簡易辨正法&佛子之省思**　平實導師著　回郵 26 元
5.**生命實相之辨正**　平實導師著　回郵 31 元
6.**如何契入念佛法門**（附：印順法師否定極樂世界）平實導師著　回郵 26 元
7.**平實書箋**—答元覽居士書　平實導師著　回郵 52 元
8.**三乘唯識**—如來藏系經律彙編　平實導師編　回郵 80 元
（精裝本　長 27 ㎝　寬 21 ㎝　高 7.5 ㎝　重 2.8 公斤）
9.**三時繫念全集**—修正本　回郵掛號 52 元（長 26.5 ㎝×寬 19 ㎝）
10.**明心與初地**　平實導師述　回郵 31 元
11.**邪見與佛法**　平實導師述著　回郵 36 元
12.**甘露法雨**　平實導師述　回郵 36 元
13.**我與無我**　平實導師述　回郵 36 元
14.**學佛之心態**—修正錯誤之學佛心態始能與正法相應 孫正德老師著 回郵52元
附錄：平實導師著**《略說八、九識並存…等之過失》**
15.**大乘無我觀**—《悟前與悟後》別說　平實導師述著　回郵 36 元
16.**佛教之危機**—中國台灣地區現代佛教之真相（附錄：公案拈提六則）
平實導師著　回郵 52 元
17.**燈　影**—燈下黑（覆「求教後學」來函等）　平實導師著　回郵 76 元
18.**護法與毀法**—覆上平居士與徐恒志居士網站毀法二文
張正圜老師著　回郵 76 元
19.**淨土聖道**—兼評**選擇本願念佛**　正德老師著　**由正覺同修會購贈** 回郵 52 元
20.**辨唯識性相**—對「紫蓮心海《辯唯識性相》書中否定阿賴耶識」之回應
正覺同修會 台南共修處法義組 著　回郵 52 元
21.**假如來藏**—對法蓮法師《如來藏與阿賴耶識》書中否定阿賴耶識之回應
正覺同修會 台南共修處法義組 著　回郵 76 元
22.**入不二門**—公案拈提集錦 第一輯（於平實導師公案拈提諸書中選錄約二十則，
合輯爲一冊流通之）平實導師著　回郵 52 元
23.**真假邪說**—西藏密宗索達吉喇嘛《破除邪說論》真是邪說
釋正安法師著　上、下冊回郵各 52 元
24.**真假開悟**—真如、如來藏、阿賴耶識間之關係　平實導師述著　回郵 76 元
25.**真假禪和**—辨正釋傳聖之謗法謬說　孫正德老師著　回郵 76 元
26.**眼見佛性**—駁慧廣法師眼見佛性的含義文中謬說
游正光老師著　回郵 52 元

27.**普門自在**—公案拈提集錦 第二輯（於平實導師公案拈提諸書中選錄約二十則，合輯爲一冊流通之）平實導師著　回郵 52 元

28.**印順法師的悲哀**—以現代禪的質疑為線索　恒毓博士著　回郵 52 元

29.**識蘊真義**—現觀識蘊內涵、取證初果、親斷三縛結之具體行門。
—依《成唯識論》及《唯識述記》正義，略顯安慧《大乘廣五蘊論》之邪謬
平實導師著　回郵 76 元

30.**正覺電子報** 各期紙版本　免附回郵　每次最多函索三期或三本。
（已無存書之較早各期，不另增印贈閱）

31.**現代人應有的宗教觀**　蔡正禮老師 著　回郵 31 元

32.**遠惑趣道**—正覺電子報般若信箱問答錄　第一輯　回郵 52 元

33.**遠惑趣道**—正覺電子報般若信箱問答錄　第二輯　回郵 52 元

34.**確保您的權益**—器官捐贈應注意自我保護　游正光老師 著　回郵 31 元

35.**正覺教團電視弘法三乘菩提 DVD 光碟（一）**
由正覺教團多位親教師共同講述錄製 DVD 8 片，MP3 一片，共 9 片。有二大講題：一爲「三乘菩提之意涵」，二爲「學佛的正知見」。內容精闢，深入淺出，精彩絕倫，幫助大眾快速建立三乘法道的正知見，免被外道邪見所誤導。有志修學三乘佛法之學人不可不看。（製作工本費 100 元，回郵 52 元）

36.**正覺教團電視弘法 DVD 專輯（二）**
總有二大講題：一爲「三乘菩提之念佛法門」，一爲「學佛正知見（第二篇）」，由正覺教團多位親教師輪番講述，內容詳細闡述如何修學念佛法門、實證念佛三昧，以及學佛應具有的正確知見，可以幫助發願往生西方極樂淨土之學人，得以把握往生，更可令學人快速建立三乘法道的正知見，免於被外道邪見所誤導。有志修學三乘佛法之學人不可不看。（一套 17 片，工本費 160 元。回郵 76 元）

37.**喇嘛性世界**—揭開假藏傳佛教譚崔瑜伽的面紗　張善思 等人合著
由正覺同修會購贈　回郵 52 元

38.**假藏傳佛教的神話**—性、謊言、喇嘛教　張正玄教授編著
由正覺同修會購贈　回郵 52 元

39.**隨　緣**—理隨緣與事隨緣　平實導師述　回郵 52 元。

40.**學佛的覺醒**　正枝居士 著　回郵 52 元

41.**導師之真實義**　蔡正禮老師 著　回郵 31 元

42.**淺談達賴喇嘛之雙身法**—兼論解讀「密續」之達文西密碼
吳明芷居士 著　回郵 31 元

43.**魔界轉世**　張正玄居士 著　回郵 31 元

44.**一貫道與開悟**　蔡正禮老師 著　回郵 31 元

45.**博愛**—愛盡天下女人　正覺教育基金會 編印　回郵 36 元

46.**意識虛妄經教彙編**—實證解脱道的關鍵經文　正覺同修會編印　回郵 36 元

47.**邪箭囈語**—破斥藏密外道多識仁波切《破魔金剛箭雨論》之邪說
陸正元老師著　上、下冊回郵各 52 元

48.**真假沙門**—依 佛聖教闡釋佛教僧寶之定義
蔡正禮老師著　俟正覺電子報連載後結集出版

49.**真假禪宗**—藉評論釋性廣《印順導師對變質禪法之批判
及對禪宗之肯定》以顯示真假禪宗
附論一：凡夫知見 無助於佛法之信解行證
附論二：世間與出世間一切法皆從如來藏實際而生而顯
余正偉老師著　俟正覺電子報連載後結集出版　回郵未定

★ 上列贈書之郵資，係台灣本島地區郵資，大陸、港、澳地區及外國地區，請另計酌增（大陸、港、澳、國外地區之郵票不許通用）。尚未出版之書，請勿先寄來郵資，以免增加作業煩擾。

★ 本目錄若有變動，唯於後印之書籍及「成佛之道」網站上修正公佈之，不另行個別通知。

函索書籍請寄：佛教正覺同修會　103 台北市承德路 3 段 277 號 9 樓
台灣地區函索書籍者請附寄郵票，無時間購買郵票者可以等值現金抵用，但不接受郵政劃撥、支票、匯票。大陸地區得以人民幣計算，國外地區請以美元計算（請勿寄來當地郵票，在台灣地區不能使用）。欲以掛號寄遞者，請另附掛號郵資。

親自索閱：正覺同修會各共修處。　★請於共修時間前往取書，餘時無人在道場，請勿前往索取；共修時間與地點，詳見書末正覺同修會共修現況表（以近期之共修現況表爲準）。

註：正智出版社發售之局版書，請向各大書局購閱。若書局之書架上已經售出而無陳列者，請向書局櫃台指定洽購；若書局不便代購者，請於正覺同修會共修時間前往各共修處請購，正智出版社已派人於共修時間送書前往各共修處流通。 郵政劃撥購書及 大陸地區 購書，請詳別頁正智出版社發售書籍目錄最後頁之說明。

成佛之道 網站：http://www.a202.idv.tw　正覺同修會已出版之結緣書籍，多已登載於 成佛之道 網站，若住外國、或住處遙遠，不便取得正覺同修會贈閱書籍者，可以從本網站閱讀及下載。　書局版之《宗通與說通》亦已上網，台灣讀者可向書局洽購，售價 300 元。《狂密與眞密》第一輯~第四輯，亦於 2003.5.1.全部於本網站登載完畢；台灣地區讀者請向書局洽購，每輯約 400 頁，售價 300 元（網站下載紙張費用較貴，容易散失，難以保存，亦較不精美）。

＊＊假藏傳佛教修雙身法，非佛教＊＊

正智出版社 籌募弘法基金發售書籍目錄 2020/02/22

1.**宗門正眼**—公案拈提 第一輯 重拈 平實導師著 500 元
因重寫內容大幅度增加故，字體必須改小，並增爲 576 頁 主文 546 頁。比初版更精彩、更有內容。初版《禪門摩尼寶聚》之讀者，可寄回本公司免費調換新版書。免附回郵，亦無截止期限。（2007 年起，每冊附贈本公司精製公案拈提〈超意境〉CD 一片。市售價格 280 元，多購多贈。）

2.**禪淨圓融** 平實導師著 200 元（第一版舊書可換新版書。）

3.**真實如來藏** 平實導師著 400 元

4.**禪—悟前與悟後** 平實導師著 上、下冊，每冊 250 元

5.**宗門法眼**—公案拈提 第二輯 平實導師著 500 元
（2007 年起，每冊附贈本公司精製公案拈提〈超意境〉CD 一片）

6.**楞伽經詳解** 平實導師著 全套共 10 輯 每輯 250 元

7.**宗門道眼**—公案拈提 第三輯 平實導師著 500 元
（2007 年起，每冊附贈本公司精製公案拈提〈超意境〉CD 一片）

8.**宗門血脈**—公案拈提 第四輯 平實導師著 500 元
（2007 年起，每冊附贈本公司精製公案拈提〈超意境〉CD 一片）

9.**宗通與說通**—成佛之道 平實導師著 主文 381 頁 全書 400 頁售價 300 元

10.**宗門正道**—公案拈提 第五輯 平實導師著 500 元
（2007 年起，每冊附贈本公司精製公案拈提〈超意境〉CD 一片）

11.**狂密與真密 一～四輯** 平實導師著 西藏密宗是人間最邪淫的宗教，本質不是佛教，只是披著佛教外衣的印度教性力派流毒的喇嘛教。此書中將西藏密宗密傳之男女雙身合修樂空雙運所有祕密與修法，毫無保留完全公開，並將全部喇嘛們所不知道的部分也一併公開。內容比大辣出版社喧騰一時的《西藏慾經》更詳細。並且函蓋藏密的所有祕密及其錯誤的中觀見、如來藏見……等，藏密的所有法義都在書中詳述、分析、辨正。每輯主文三百餘頁 每輯全書約 400 頁 售價每輯 300 元

12.**宗門正義**—公案拈提 第六輯 平實導師著 500 元
（2007 年起，每冊附贈本公司精製公案拈提〈超意境〉CD 一片）

13.**心經密意**—心經與解脫道、佛菩提道、祖師公案之關係與密意 平實導師述 300 元

14.**宗門密意**—公案拈提 第七輯 平實導師著 500 元
（2007 年起，每冊附贈本公司精製公案拈提〈超意境〉CD 一片）

15.**淨土聖道**—兼評「選擇本願念佛」 正德老師著 200 元

16.**起信論講記** 平實導師述著 共六輯 每輯三百餘頁 售價各 250 元

17.**優婆塞戒經講記** 平實導師述著 共八輯 每輯三百餘頁 售價各 250 元

18.**真假活佛**—略論附佛外道盧勝彥之邪說（對前岳靈犀網站主張「盧勝彥是證悟者」之修正） 正犀居士（岳靈犀）著 流通價 140 元

19.**阿含正義**—唯識學探源 平實導師著 共七輯 每輯 300 元

20.**超意境** CD 以平實導師公案拈提書中超越意境之頌詞，加上曲風優美的旋律，錄成令人嚮往的超意境歌曲，其中包括正覺發願文及平實導師親自譜成的黃梅調歌曲一首。詞曲雋永，殊堪翫味，可供學禪者吟詠，有助於見道。內附設計精美的彩色小冊，解說每一首詞的背景本事。每片 280 元。【每購買公案拈提書籍一冊，即贈送一片。】

21.**菩薩底憂鬱** CD 將菩薩情懷及禪宗公案寫成新詞，並製作成超越意境的優美歌曲。 1.主題曲〈菩薩底憂鬱〉，描述地後菩薩能離三界生死而迴向繼續生在人間，但因尚未斷盡習氣種子而有極深沈之憂鬱，非三賢位菩薩及二乘聖者所知，此憂鬱在七地滿心位方才斷盡；本曲之詞中所說義理極深，昔來所未曾見；此曲係以優美的情歌風格寫詞及作曲，聞者得以激發嚮往諸地菩薩境界之大心，詞、曲都非常優美，難得一見；其中勝妙義理之解說，已印在附贈之彩色小冊中。 2.以各輯公案拈提中直示禪門入處之頌文，作成各種不同曲風之超意境歌曲，值得玩味、參究；聆聽公案拈提之優美歌曲時，請同時閱讀內附之印刷精美說明小冊，可以領會超越三界的證悟境界；未悟者可以因此引發求悟之意向及疑情，眞發菩提心而邁向求悟之途，乃至因此眞實悟入般若，成眞菩薩。 3.正覺總持咒新曲，總持佛法大意；總持咒之義理，已加以解說並印在隨附之小冊中。本 CD 共有十首歌曲，長達 63 分鐘。每盒各附贈二張購書優惠券。每片 280 元。

22.**禪意無限** CD 平實導師以公案拈提書中偈頌寫成不同風格曲子，與他人所寫不同風格曲子共同錄製出版，幫助參禪人進入禪門超越意識之境界。盒中附贈彩色印製的精美解說小冊，以供聆聽時閱讀，令參禪人得以發起參禪之疑情，即有機會證悟本來面目而發起實相智慧，實證大乘菩提般若，能如實證知般若經中的眞實意。本 CD 共有十首歌曲，長達 69 分鐘，每盒各附贈二張購書優惠券。每片 280 元。

23.**我的菩提路**第一輯　釋悟圓、釋善藏等人合著　售價 300 元

24.**我的菩提路**第二輯　郭正益、張志成等人合著　售價 300 元

25.**我的菩提路**第三輯　王美伶等人合著　售價 300 元

26.**我的菩提路**第四輯　陳晏平等人合著　售價 300 元

27.**我的菩提路**第五輯　林慈慧等人合著　售價 300 元

28.**鈍鳥與靈龜**—考證後代凡夫對大慧宗杲禪師的無根誹謗。

平實導師著 共 458 頁 售價 350 元

29.**維摩詰經講記** 平實導師述 共六輯 每輯三百餘頁 售價各 250 元

30.**真假外道**—破劉東亮、杜大威、釋證嚴常見外道見 正光老師著 200 元

31.**勝鬘經講記**—兼論印順《勝鬘經講記》對於《勝鬘經》之誤解。

平實導師述　共六輯 每輯三百餘頁 售價250 元

32.**楞嚴經講記** 平實導師述 共 **15** 輯，每輯三百餘頁 售價 300 元

33.**明心與眼見佛性**—駁慧廣〈蕭氏「眼見佛性」與「明心」之非〉文中謬說
正光老師著　共448頁　售價300元
34.**見性與看話頭**　黃正倖老師 著，本書是禪宗參禪的方法論。
內文375頁，全書416頁，售價300元。
35.**達賴真面目**—玩盡天下女人 白正偉老師 等著 中英對照彩色精裝大本 800元
36.**喇嘛性世界**—揭開假藏傳佛教譚崔瑜伽的面紗　張善思 等人著　200元
37.**假藏傳佛教的神話**—性、謊言、喇嘛教　正玄教授編著　200元
38.**金剛經宗通**　平實導師述　共九輯　每輯售價250元。
39.**空行母**—性別、身分定位，以及藏傳佛教。
珍妮·坎貝爾著 呂艾倫 中譯 售價250元
40.**末代達賴**—性交教主的悲歌　張善思、呂艾倫、辛燕編著 售價250元
41.**霧峰無霧**—給哥哥的信　辨正釋印順對佛法的無量誤解
游宗明 老師著　售價250元
42.**霧峰無霧**—第二輯—救護佛子向正道　細說釋印順對佛法的各類誤解
游宗明 老師著　售價250元
43.**第七意識與第八意識？**—穿越時空「超意識」
平實導師述　每冊300元
44.**黯淡的達賴**—失去光彩的諾貝爾和平獎
正覺教育基金會編著　每冊250元
45.**童女迦葉考**—論呂凱文〈佛教輪迴思想的論述分析〉之謬。
平實導師 著 定價180元
46.**人間佛教**—實證者必定不悖三乘菩提
平實導師 述，定價400元
47.**實相經宗通**　平實導師述　共八輯　每輯250元
48.**真心告訴您(一)**—達賴喇嘛在幹什麼？
正覺教育基金會編著　售價250元
49.**中觀金鑑**—詳述應成派中觀的起源與其破法本質
孫正德老師著　分為上、中、下三冊，每冊250元
50.**藏傳佛教要義**—《狂密與真密》之簡體字版　平實導師 著 上、下冊
僅在大陸流通　每冊300元
51.**法華經講義**　平實導師述　共二十五輯　每輯300元
已於2015/05/31起開始出版，每二個月出版一輯
52.**西藏「活佛轉世」制度**—附佛、造神、世俗法
許正豐、張正玄老師合著　定價150元
53.**廣論三部曲**　郭正益老師著　定價150元
54.**真心告訴您(二)**—達賴喇嘛是佛教僧侶嗎？
—補祝達賴喇嘛八十大壽
正覺教育基金會編著　售價300元
55.**次法**—實證佛法前應有的條件
張善思居士著　分為上、下二冊，每冊250元

56.**涅槃**—解說四種涅槃之實證及內涵　平實導師著 上、下冊 各350元
57.**山法**—西藏關於他空與佛藏之根本論
篤補巴·喜饒堅贊著　　傑弗里·霍普金斯英譯
張火慶教授、張志成、呂艾倫等中譯　精裝大本 1200元
58.**假鋒虛焰金剛乘**—揭示顯密正理，兼破索達吉師徒《般若鋒兮金剛焰》
釋正安法師著 簡體字版 即將出版 售價未定
59.**廣論之平議**—宗喀巴《菩提道次第廣論》之平議　正雄居士著
約二或三輯　俟正覺電子報連載後結集出版　書價未定
60.**救護佛子向正道**—對印順法師中心思想之綜合判攝
游宗明老師著　書價未定
61.**菩薩學處**—菩薩四攝六度之要義　陸正元老師著　出版日期未定。
62.**八識規矩頌**詳解　○○居士 註解　出版日期另訂　書價未定。
63.**印度佛教史**—法義與考證。依法義史實評論印順《印度佛教思想史、佛教史地考論》之謬說　正偉老師著　出版日期未定　書價未定
64.**中國佛教史**—依中國佛教正法史實而論。○○老師 著　書價未定。
65.**中論正義**—釋龍樹菩薩《中論》頌正理。
孫正德老師著　出版日期未定　書價未定
66.**中觀正義**—註解平實導師《中論正義頌》。
○○法師（居士）著　出版日期未定　書價未定
67.**佛藏經講記**　平實導師述　已於2019年7月31日出版　共21輯，每二個月出版一輯，每輯300元。
68.**阿含經講記**—將選錄四阿含中數部重要經典全經講解之，講後整理出版。
平實導師述　約二輯　每輯300元　出版日期未定
69.**寶積經講記**　平實導師述　每輯三百餘頁 優惠價300元 出版日期未定
70.**解深密經講記**　平實導師述 約四輯　將於重講後整理出版
71.**成唯識論略解**　平實導師著　五～六輯　每輯300元　出版日期未定
72.**修習止觀坐禪法要講記**　平實導師述　每輯三百餘頁
將於正覺寺建成後重講、以講記逐輯出版　出版日期未定
73.**無門關**—《無門關》公案拈提　平實導師著　出版日期未定
74.**中觀再論**—兼述印順《中觀今論》謬誤之平議。正光老師著 出版日期未定
75.**輪迴與超度**—佛教超度法會之真義。
○○法師（居士）著　出版日期未定　書價未定
76.《**釋摩訶衍論**》**平議**—對偽稱龍樹所造《釋摩訶衍論》之平議
○○法師（居士）著　出版日期未定　書價未定
77.**正覺發願文**註解—以真實大願為因 得證菩提
正德老師著　出版日期未定　書價未定
78.**正覺總持咒**—佛法之總持　正圜老師著　出版日期未定　書價未定
79.**三自性**—依四食、五蘊、十二因緣、十八界法，說三性三無性。
作者未定　出版日期未定

80.**道品**—從三自性說大小乘三十七道品　作者未定　出版日期未定
81.**大乘緣起觀**—依四聖諦七真如現觀十二緣起 作者未定　出版日期未定
82.**三德**—論解脫德、法身德、般若德。　作者未定　出版日期未定
83.**真假如來藏**—對印順《如來藏之研究》謬說之平議　作者未定 出版日期未定
84.**大乘道次第**　作者未定　出版日期未定　書價未定
85.**四緣**—依如來藏故有四緣。　作者未定　出版日期未定
86.**空之探究**—印順《空之探究》謬誤之平議　作者未定 出版日期未定
87.**十法義**—論阿含經中十法之正義　作者未定　出版日期未定
88.**外道見**—論述外道六十二見　作者未定　出版日期未定

正智出版社有限公司 書籍介紹

禪淨圓融：言淨土諸祖所未曾言，示諸宗祖師所未曾示；禪淨圓融，另闢成佛捷徑，兼顧自力他力，闡釋淨土門之速行易行道，亦同時揭櫫聖教門之速行易行道；令廣大淨土行者得免緩行難證之苦，亦令聖道門行者得以藉著淨土速行道而加快成佛之時劫。乃前無古人之超勝見地，非一般弘揚禪淨法門典籍也，先讀為快。平實導師著 200元。

宗門正眼—公案拈提第一輯：繼承克勤圜悟大師碧巖錄宗旨之禪門鉅作。先則舉示當代大法師之邪說，消弭當代禪門大師鄉愿之心態，摧破當今禪門「世俗禪」之妄談；次則旁通教法，表顯宗門正理；繼以道之次第，消弭古今狂禪；後藉言語及文字機鋒，直示宗門入處。悲智雙運，禪味十足，數百年來難得一睹之禪門鉅著也。平實導師著 500元（原初版書《禪門摩尼寶聚》，改版後補充為五百餘頁新書，總計多達二十四萬字，內容更精彩，並改名為《宗門正眼》，讀者原購初版《禪門摩尼寶聚》皆可寄回本公司免費換新，免附回郵，亦無截止期限）（2007年起，凡購買公案拈提第一輯至第七輯，每購一輯皆贈送本公司精製公案拈提〈超意境〉CD一片，市售價格280元，多購多贈）。

禪—悟前與悟後：本書能建立學人悟道之信心與正確知見，圓滿具足而有次第地詳述禪悟之功夫與禪悟之內容，指陳參禪中細微淆訛之處，能使學人明自真心、見自本性。若未能悟入，亦能以正確知見辨別古今中外一切大師究係真悟？或屬錯悟？便有能力揀擇，捨名師而選明師，後時必有悟道之緣。一旦悟道，遲者七次人天往返，便出三界，速者一生取辦。學人欲求開悟者，不可不讀。　平實導師著。上、下冊共500元，單冊250元。

眞實如來藏：如來藏眞實存在，乃宇宙萬有之本體，並非印順法師、達賴喇嘛等人所說之「唯有名相、無此心體」。如來藏是涅槃之本際，是一切有智之人竭盡心智、不斷探索而不能得之生命實相；是古今中外許多大師自以爲悟而當面錯過之生命實相。如來藏即是阿賴耶識，乃是一切有情本自具足、不生不滅之眞實心。當代中外大師於此書出版之前所未能言者，作者於本書中盡情流露、詳細闡釋。眞悟者讀之，必能增益悟境、智慧增上；錯悟者讀之，必能檢討自己之錯誤，免犯大妄語業；未悟者讀之，能知參禪之理路，亦能以之檢查一切名師是否眞悟。此書是一切哲學家、宗教家、學佛者及欲昇華心智之人必讀之鉅著。　平實導師著　售價400元。

宗門法眼—公案拈提第二輯：列舉實例，闡釋土城廣欽老和尚之悟處；並直示這位不識字的老和尚妙智橫生之根由，繼而剖析禪宗歷代大德之開悟公案，解析當代密宗高僧卡盧仁波切之錯悟證據，並例舉當代顯宗高僧、大居士之錯悟證據（凡健在者，爲免影響其名聞利養，皆隱其名）。藉辨正當代名師之邪見，向廣大佛子指陳禪悟之正道，彰顯宗門法眼。悲勇兼出，強捋虎鬚；慈智雙運，巧探驪龍；摩尼寶珠在手，直示宗門入處，禪味十足；若非大悟徹底，不能爲之。禪門精奇人物，允宜人手一冊，供作參究及悟後印證之圭臬。本書於2008年4月改版，增寫爲大約500頁篇幅，以利學人研讀參究時更易悟入宗門正法，以前所購初版首刷及初版二刷舊書，皆可免費換取新書。平實導師著　500元（2007年起，凡購買公案拈提第一輯至第七輯，每購一輯皆贈送本公司精製公案拈提〈超意境〉CD一片，市售價格280元，多購多贈）。

宗門道眼—公案拈提第三輯：繼宗門法眼之後，再以金剛之作略、慈悲之胸懷、犀利之筆觸，舉示寒山、拾得、布袋三大士之悟處，消弭當代錯悟者對於寒山大士……等之誤會及誹謗。　亦舉出民初以來與虛雲和尚齊名之蜀郡鹽亭袁煥仙夫子——南懷瑾老師之師，其「悟處」何在？並蒐羅許多眞悟祖師之證悟公案，顯示禪宗歷代祖師之睿智，指陳部分祖師、奧修及當代顯密大師之謬悟，作爲殷鑑，幫助禪子建立及修正參禪之方向及知見。假使讀者閱此書已，一時尚未能悟，亦可一面加功用行，一面以此宗門道眼辨別眞假善知識，避開錯誤之印證及歧路，可免大妄語業之長劫慘痛果報。欲修禪宗之禪者，務請細讀。平實導師著　售價500元（2007年起，凡購買公案拈提第一輯至第七輯，每購一輯皆贈送本公司精製公案拈提〈超意境〉CD一片，市售價格280元，多購多贈）。

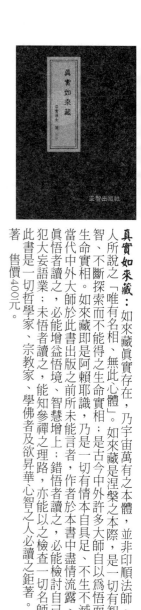

楞伽經詳解：本經是禪宗見道者印證所悟眞僞之根本經典，亦是禪宗見道者悟後起修之依據經典；故達摩祖師於印證二祖慧可大師之後，將此經典連同佛缽祖衣一併交付二祖，令其依此經典佛示金言、進入修道位，修學一切種智。由此可知此經對於眞悟之人修學佛道，是非常重要之一部經典。此經能破外道邪說，亦破佛門中錯悟名師之謬說，亦破禪宗部分祖師之狂禪：不讀經典、一向主張「一悟即成究竟佛」之謬執。並開示愚夫所行禪、觀察義禪、攀緣如禪、如來禪等差別，令行者對於三乘禪法差異有所分辨；亦糾正禪宗祖師古來對於如來禪之誤解，嗣後可免以訛傳訛之弊。此經亦是法相唯識宗之根本經典，禪者悟後欲修一切種智而入初地者，必須詳讀。　平實導師著，全套共十輯，已全部出版完畢，每輯主文約320頁，每冊約352頁，定價250元。

宗門血脈—公案拈提第四輯：末法怪象—許多修行人自以爲悟，每將無念靈知認作眞實；崇尚二乘法諸師及其徒眾，則將外於如來藏之緣起性空—無因論之無常空、斷滅空、一切法空—錯認爲 佛所說之般若空性。這兩種現象已於當今海峽兩岸及美加地區顯密大師之中普遍存在；人人自以爲悟，心高氣壯，便敢寫書解釋祖師證悟之公案，大多出於意識思惟所得，言不及義，錯誤百出，因此誤導廣大佛子同陷大妄語之地獄業中而不能自知。彼等書中所說之悟處，其實處處違背第一義經典之聖言量。彼等諸人不論是否身披袈裟，都非佛法宗門血脈，或雖有禪宗法脈之傳承，亦只徒具形式；猶如螟蛉，非眞血脈，未悟得根本眞實故。禪子欲知 佛、祖之眞血脈者，請讀此書，便知分曉。平實導師著，主文452頁，全書464頁，定價500元（2007年起，凡購買公案拈提第一輯至第七輯，每購一輯皆贈送本公司精製公案拈提〈超意境〉CD一片，市售價格280元，多購多贈）。

宗通與說通：古今中外，錯誤之人如麻似粟，每以常見外道所說之靈知心，認作眞心；或妄想虛空之勝性能量爲眞如，或錯認物質四大元素藉冥性（靈知心本體）能成就吾人色身及知覺，或認初禪至四禪中之了知心爲不生不滅之涅槃心。此等皆非通宗者之見地。復有錯悟之人一向主張「宗門與教門不相干」，此即尚未通達宗門之人也。其實宗門與教門互通不二，宗門所證者乃是眞如與佛性，教門所說者乃說宗門證悟之眞如佛性，故教門與宗門不二。本書作者以宗教二門互通之見地，細說「宗通與說通」，從初見道至悟後起修之道、細說分明；並將諸宗諸派在整體佛教中之地位與次第，加以明確之教判，學人讀之即可了知佛法之梗概也。欲擇明師學法之前，允宜先讀。平實導師著，主文共381頁，全書392頁，只售成本價300元。

宗門正道—公案拈提第五輯：修學大乘佛法有二果須證—解脫果及大菩提果。二乘人不證大菩提果，唯證解脫果；此果之智慧，名爲聲聞菩提、緣覺菩提。大乘佛子所證二果之菩提果爲佛菩提，故名大菩提果，其慧名爲一切種智—函蓋二乘解脫果。然此大乘二果修證，須經由禪宗之宗門證悟方能相應。而宗門證悟極難，自古已然；其所以難者，咎在古今佛教界普遍存在三種邪見：1.以修定認作佛法， 2.以無因論之緣起性空—否定涅槃本際如來藏以後之一切法空作爲佛法，3.以常見外道邪見（離語言妄念之靈知性）作爲佛法。 如是邪見，或因自身正見未立所致，或因邪師之邪教導所致，或因無始劫來虛妄熏習所致。若不破除此三種邪見，永劫不悟宗門眞義、不入大乘正道，唯能外門廣修菩薩行。 平實導師於此書中，有極爲詳細之說明，有志佛子欲摧邪見、入於內門修菩薩行者，當閱此書。主文共496頁，全書512頁。售價500元（2007年起，凡購買公案拈提第一輯至第七輯，每購一輯皆贈送本公司精製公案拈提〈超意境〉CD一片，市售價格280元，多購多贈）。

狂密與眞密：密教之修學，皆由有相之觀行法門而入，其最終目標仍不離顯教經典所說第一義諦之修證；若離顯教第一義經典、或違背顯教第一義經典，即非佛教。西藏密教之觀行法，如灌頂、觀想、遷識法、寶瓶氣、大聖歡喜雙身修法、喜金剛、無上瑜伽、大樂光明、樂空雙運等，皆是印度教兩性生生不息思想之轉化，自始至終皆以如何能運用交合淫樂之法達到全身受樂爲其中心思想，純屬欲界五欲的貪愛，不能令人超出欲界輪迴，更不能令人斷除我見；何況大乘之明心與見性，更無論矣！故密宗之法絕非佛法也。而其明光大手印、大圓滿法教，又皆同以常見外道所說離語言妄念之無念靈知心錯認爲佛地之眞如，不能直指不生不滅之眞如。西藏密宗所有法王與徒眾，都尚未開頂門眼，不能辨別眞僞，以依人不依法、依密續不依經典故，不肯將其上師喇嘛所說對照第一義經典，純依密續之藏密祖師所說爲準，因此而誇大其證德與證量，動輒謂彼祖師上師爲究竟佛、爲地上菩薩；如今台海兩岸亦有自謂其師證量高於 釋迦文佛者，然觀其師所述，猶未見道，仍在觀行即佛階段，尚未到禪宗相似即佛、分證即佛階位，竟敢標榜爲究竟佛及地上法王，誑惑初機學人。凡此怪象皆是狂密，不同於眞密之修行者。近年狂密盛行，密宗行者被誤導者極眾，動輒自謂已證佛地眞如，自視爲究竟佛，陷於大妄語業中而不知自省，反謗顯宗眞修實證者之證量粗淺；或如義雲高與釋性圓…等人，於報紙上公然誹謗眞實證道者爲「騙子、無道人、人妖、癩蛤蟆…」等，造下誹謗大乘勝義僧之大惡業；或以外道法中有爲有作之甘露、魔術……等法，誑騙初機學人，狂言彼外道法爲眞佛法。如是怪象，在西藏密宗及附藏密之外道中，不一而足，舉之不盡，學人宜應愼思明辨，以免上當後又犯毀破菩薩戒之重罪。密宗學人若欲遠離邪知邪見者，請閱此書，即能了知密宗之邪謬，從此遠離邪見與邪修，轉入眞正之佛道。 平實導師著 共四輯 每輯約400頁（主文約340頁）每輯售價300元。

宗門正義—公案拈提第六輯：佛教有六大危機，乃是藏密化、世俗化、膚淺化、學術化、宗門密意失傳、悟後進修諸地之次第混淆；其中尤以宗門密意之失傳，爲當代佛教最大之危機。由宗門密意失傳故，易令 世尊本懷普被錯解，易令 世尊正法被轉易爲外道法，以及加以淺化、世俗化，是故宗門密意之廣泛弘傳與具緣佛弟子，極爲重要。然而欲令宗門密意之廣泛弘傳予具緣之佛弟子者，必須同時配合錯誤知見之解析、普令佛弟子知之，然後輔以公案解析之直示入處，方能令具緣之佛弟子悟入。而此二者，皆須以公案拈提之方式爲之，方易成其功、竟其業，是故平實導師續作宗門正義一書，以利學人。 全書500餘頁，售價500元（2007年起，凡購買公案拈提第一輯至第七輯，每購一輯皆贈送本公司精製公案拈提〈超意境〉CD一片，市售價格280元，多購多贈）。

心經密意—心經與解脫道、佛菩提道、祖師公案之關係與密意。 二乘菩提所證之解脫道，實依第八識心之斷除煩惱障現行而立解脫之名；大乘菩提所證之佛菩提道，實依親證第八識如來藏之涅槃性、清淨自性、及其中道性而立般若之名；禪宗祖師公案所證之眞心，即是此第八識如來藏；是故三乘佛法所修所證之三乘菩提，皆依此如來藏心而立名也。此第八識心，即是《心經》所說之心也。證得此如來藏已，即能漸入大乘佛菩提道，亦可因證知此心而了知二乘無學所不能知之無餘涅槃本際，是故《心經》之密意，與三乘佛菩提之關係極爲密切、不可分割，三乘佛法皆依此心而立名故。今者平實導師以其所證解脫道之無生智及佛菩提之般若種智，將《心經》與解脫道、佛菩提道、祖師公案之關係與密意，以演講之方式，用淺顯之語句和盤托出，發前人所未言，呈三乘菩提之眞義，令人藉此《心經密意》一舉而窺三乘菩提之堂奧，迥異諸方言不及義之說；欲求眞實佛智者、不可不讀！ 主文317頁，連同跋文及序文…等共384頁，售價300元。

宗門密意—公案拈提第七輯：佛教之世俗化，將導致學人以信仰作爲學佛，則將以感應及世間法之庇祐，作爲學佛之主要目標，不能了知學佛之主要目標爲親證三乘菩提。大乘菩提則以般若實相智慧爲主要修習目標，以二乘菩提解脫道爲附帶修習之標的；是故學習大乘法者，應以禪宗之證悟爲要務，能親入大乘菩提之實相般若智慧中故，般若實相智慧非二乘聖人所能知故。此書則以台灣世俗化佛教之三大法師，說法似是而非之實例，配合眞悟祖師之公案解析，提示證悟般若之關節，令學人易得悟入。平實導師著，全書五百餘頁，售價500元（2007年起，凡購買公案拈提第一輯至第七輯，每購一輯皆贈送本公司精製公案拈提〈超意境〉CD一片，市售價格280元，多購多贈）。

淨土聖道—兼評選擇本願念佛：佛法甚深極廣，般若玄微，非諸二乘聖僧所能知之，一切凡夫更無論矣！所謂一切證量皆歸淨土是也！是故大乘法中「聖道之淨土、淨土之聖道」，其義甚深，難可了知；乃至眞悟之人，初心亦難知也。今有正德老師眞實證悟後，復能深探淨土與聖道之緊密關係，憐憫衆生之誤會淨土實義，亦欲利益廣大淨土行人同入聖道，同獲淨土中之聖道門要義，乃振奮心神、書以成文，今得刊行天下。主文279頁，連同序文等共301頁，總有十一萬六千餘字，正德老師著，成本價200元。

起信論講記：詳解大乘起信論心生滅門與心眞如門之眞實意旨，消除以往大師與學人對起信論所說心生滅門之誤解，由是而得了知眞心如來藏之非常非斷中道正理；亦因此一講解，令此論以往隱晦而被誤解之眞實義，得以如實顯示，令大乘佛菩提道之正理得以顯揚光大；初機學者亦可藉此正論所顯示之法義，對大乘法理生起正信，從此得以眞發菩提心，眞入大乘法中修學，世世常修菩薩正行。平實導師演述，共六輯，都已出版，每輯三百餘頁，售價各250元。

優婆塞戒經講記：本經詳述在家菩薩修學大乘佛法，應如何受持菩薩戒？對人間善行應如何看待？對三寶應如何護持？應如何正確地修集此世後世證法之福德？應如何修集後世「行菩薩道之資糧」？並詳述第一義諦之正義：五蘊非我非異我、自作自受、異作異受、不作不受……等深妙法義，乃是修學大乘佛法、行菩薩行之在家菩薩所應當了知者。出家菩薩今世或未來世登地已，捨報之後多數將如華嚴經中諸大菩薩，以在家菩薩身而修行菩薩行，故亦應以此經所述正理而修之，配合《楞伽經、解深密經、楞嚴經、華嚴經》等道次第正理，方得漸次成就佛道；故此經是一切大乘行者皆應證知之正法。平實導師講述，每輯三百餘頁，售價各250元；共八輯，已全部出版。

真假活佛—略論附佛外道盧勝彥之邪說：人人身中都有眞活佛，永生不滅而有大神用，但衆生都不了知，所以常被身外的西藏密宗假活佛籠罩欺瞞。本來就眞實存在的眞活佛，才是眞正的密宗無上密！諾那活佛因此而說禪宗是大密宗，但藏密的所有活佛都不知道、也不曾實證自身中的眞活佛。本書詳實宣示眞活佛的道理，舉證盧勝彥的「佛法」不是眞佛法，也顯示盧勝彥是假活佛，直接的闡釋第一義佛法見道的眞實正理。眞佛宗的所有上師與學人們，都應該詳細閱讀，包括盧勝彥個人在內。正犀居士著，優惠價140元。

阿含正義—唯識學探源：廣說四大部《阿含經》諸經中隱說之眞正義理，一一舉示佛陀本懷，令阿含時期初轉法輪根本經典之眞義，如實顯現於佛子眼前。並提示末法大師對於阿含眞義誤解之實例，一一比對之，證實唯識增上慧學確於原始佛法之阿含諸經中已隱覆密意而略說之，證實 世尊確於原始佛法中已曾密意而說第八識如來藏之總相；亦證實 世尊在四阿含中已說此藏識是名色十八界之因、之本—證明如來藏是能生萬法之根本心。佛子可據此修正以往受諸大師（譬如西藏密宗應成派中觀師：印順、昭慧、性廣、大願、達賴、宗喀巴、寂天、月稱、……等人）誤導之邪見，建立正見，轉入正道乃至親證初果而無困難；書中並詳說三果所證的心解脫，以及四果慧解脫的親證，都是如實可行的具體知見與行門。全書共七輯，已出版完畢。平實導師著，每輯三百餘頁，售價300元。

超意境CD：以平實導師公案拈提書中超越意境之頌詞，加上曲風優美的旋律，錄成令人嚮往的超意境歌曲，其中包括正覺發願文及平實導師親自譜成的黃梅調歌曲一首。詞曲雋永，殊堪翫味，可供學禪者吟詠，有助於見道。內附設計精美的彩色小冊，解說每一首詞的背景本事。每片280元。【每購買公案拈提書籍一冊，即贈送一片。】

我的菩提路第一輯：凡夫及二乘聖人不能實證的佛菩提證悟，末法時代的今天仍然有人能得實證，由正覺同修會釋悟圓、釋善藏法師等二十餘位實證如來藏者所寫的見道報告，已爲當代學人見證宗門正法之絲縷不絕，證明大乘義學的法脈仍然存在，爲末法時代求悟般若之學人照耀出光明的坦途。由二十餘位大乘見道者所繕，敘述各種不同的學法、見道因緣與過程，參禪求悟者必讀。全書三百餘頁，售價300元。

我的菩提路第二輯：由郭正益老師等人合著，書中詳述彼等諸人歷經各處道場學法，一一修學而加以檢擇之不同過程以後，因閱讀正覺同修會、正智出版社書籍而發起抉擇分，轉入正覺同修會中修學；乃至學法及見道之過程，都一一詳述之。其中張志成等人係由前現代禪轉進正覺同修會，張志成原爲現代禪副宗長，以前未閱本會書籍時，曾被人藉其名義著文評論 平實導師（詳見《宗通與說通》辨正及《眼見佛性》書末附錄…等）；後因偶然接觸正覺同修會書籍，深覺以前聽人評論平實導師之語不實，於是投入極多時間閱讀本會書籍、深入思辨，詳細探索中觀與唯識之關聯與異同，認爲正覺之法義方是正法，深覺相應；亦解開多年來對佛法的迷雲，確定應依八識論正理修學方是正法。乃不顧面子，毅然前往正覺同修會面見平實導師懺悔，並正式學法求悟。今已與其同修王美伶（亦爲前現代禪傳法老師），同樣證悟如來藏而證得法界實相，生起實相般若眞智。此書中尚有七年來本會第一位眼見佛性者之見性報告一篇，一同供養大乘佛弟子。全書四百頁，售價300元。

我的菩提路第三輯：由王美伶老師等人合著。自從正覺同修會成立以來，每年夏初、冬初都舉辦精進禪三共修，藉以助益會中同修們得以證悟明心發起般若實相智慧；凡已實證而被平實導師印證者，皆書具見道報告用以證明佛法之眞實可證而非玄學，證明佛法並非純屬思想、理論而無實質，是故每年都能有人證明正覺同修會的「實證佛教」主張並非虛語。特別是眼見佛性一法，自古以來中國禪宗祖師實證者極寡，較之明心開悟的證境更難令人信受；至2017年初，正覺同修會中的證悟明心者已近五百人，然而其中眼見佛性者至今唯十餘人爾，可謂難能可貴，是故明心後欲冀眼見佛性者實屬不易。黃正倖老師是懸絕七年無人見性後的第一人，她於2009年的見性報告刊於本書的第一輯中，爲大眾證明佛性確實可以眼見；其後七年之中求見性者都屬解悟佛性而無人眼見，幸而又經七年後的2016冬初，以及2017夏初的禪三，復有三人眼見佛性，希冀鼓舞四眾佛子求見佛性之大心，今則具載一則於書末，顯示求見佛性之事實經歷，供養現代佛教界欲得見性之四眾弟子。全書四百頁，售價300元，已於2017年6月30日發行。

我的菩提路第四輯：由陳晏平等人著。中國禪宗祖師往往有所謂「見性」之言，所言多屬看見如來藏具有能令人發起成佛之自性，並非《大般涅槃經》中　如來所說之眼見佛性。眼見佛性者，於親見佛性之時，即能於山河大地眼見自己佛性，亦能於他人身上眼見自己佛性及對方之佛性，如是境界無法為尚未實證者解釋；勉強說之，縱使眞實明心證悟之人聞之，亦只能以自身明心之境界想像之，但不論如何想像多屬非量，能有正確之比量者亦是稀有，故說眼見佛性極為困難。眼見佛性之人若所見極分明時，在所見佛性之境界下所眼見之山河大地、自己五蘊身心皆是虛幻，自有異於明心者之解脫功德受用，此後永不思證二乘涅槃，必定邁向成佛之道而進入第十住位中，已超第一阿僧祇劫三分有一，可謂之為超劫精進也。今又有明心之後眼見佛性之人出於人間，將其明心及後來見性之報告，連同其餘證悟明心者之精彩報告一同收錄於此書中，供養眞求佛法實證之四眾佛子。全書380頁，售價300元，已於2018年6月30日發行。

我的菩提路第五輯：林慈慧老師等人著，本輯中所舉學人從相似正法中來到正覺同修會的過程，各人都有不同，發生的因緣亦是各有差別，然而都會指向同一個目標——證實生命實相的源底，確證自己生從何來、死往何去的事實，所以最後都證明佛法眞實而可親證，絕非玄學；本書將彼等諸人的始修及末後證悟之實例，羅列出來以供學人參考。本期亦有一位會裡的老師，是從1995年即開始追隨　平實導師修學，1997年明心後持續進修不斷，直到2017年眼見佛性之實例，足可證明《大般涅槃經》中世尊開示眼見佛性之法正眞無訛，第十住位的實證在末法時代的今天仍有可能，如今一併具載於書中以供學人參考，並供養現代佛教界欲得見性之四眾弟子。全書四百頁，售價300元，已於2019年12月31日發行。

鈍鳥與靈龜：鈍鳥及靈龜二物，被宗門證悟者說為二種人：前者是精修禪定而無智慧者，也是以定為禪的愚癡禪人；後者是或有禪定、或無禪定的宗門證悟者，凡已證悟者皆是靈龜。但後者被人虛造事實，用以嘲笑大慧宗杲禪師，說他雖是靈龜，卻不免被天童禪師預記「患背」痛苦而亡：「鈍鳥離巢易，靈龜脫殼難。」藉以貶低大慧宗杲的證量。同時將天童禪師實證如來藏的證量，曲解為意識境界的離念靈知。自從大慧禪師入滅以後，錯悟凡夫對他的不實毀謗就一直存在著，不曾止息，並且捏造的假事實也隨著年月的增加而越來越多，終至編成「鈍鳥與靈龜」的假公案、假故事。本書是考證大慧與天童之間的不朽情誼，顯現這件假公案的虛妄不實；更見大慧宗杲面對惡勢力時的正直不阿，亦顯示大慧對天童禪師的至情深義，將使後人對大慧宗杲的誣謗至此而止，不再有人誤犯毀謗賢聖的惡業。書中亦舉證宗門的所悟確以第八識如來藏為標的，詳讀之後必可改正以前被錯悟大師誤導的參禪知見，日後必定有助於實證禪宗的開悟境界，得階大乘眞見道位中，即是實證般若之賢聖。全書459頁，售價350元。

維摩詰經講記：本經係 世尊在世時，由等覺菩薩維摩詰居士藉疾病而演說之大乘菩提無上妙義，所說函蓋甚廣，然極簡略，是故今時諸方大師與學人讀之悉皆錯解，何況能知其中隱含之深妙正義，是故普遍無法為人解說；若強為人說，則成依文解義而有諸多過失。今由平實導師公開宣講之後，詳實解釋其中密意，令維摩詰菩薩所說大乘不可思議解脫之深妙正法得以正確宣流於人間，利益當代學人及與諸方大師。書中詳實演述大乘佛法深妙不共二乘之智慧境界，顯示諸法之中絕待之實相境界，建立大乘菩薩妙道於永遠不敗不壞之地，以此成就護法偉功，欲冀永利娑婆人天。已經宣講圓滿整理成書流通，以利諸方大師及諸學人。全書共六輯，每輯三百餘頁，售價各250元。

真假外道：本書具體舉證佛門中的常見外道知見實例，並加以教證及理證上的辨正，幫助讀者輕鬆而快速的了知常見外道的錯誤知見，進而遠離佛門內外的常見外道知見，因此即能改正修學方向而快速實證佛法。 游正光老師著 。成本價200元。

勝鬘經講記：如來藏為三乘菩提之所依，若離如來藏心體及其含藏之一切種子，即無三界有情及一切世間法，亦無二乘菩提緣起性空之出世間法；本經詳說無始無明、一念無明皆依如來藏而有之正理，藉著詳解煩惱障與所知障間之關係，令學人深入了知二乘菩提與佛菩提相異之妙理；聞後即可了知佛菩提之特勝處及三乘修道之方向與原理，邁向攝受正法而速成佛道的境界中。平實導師講述，共六輯，每輯三百餘頁，售價各250元。

楞嚴經講記：楞嚴經係密教部之重要經典，亦是顯教中普受重視之經典；經中宣說明心與見性之內涵極為詳細，將一切法都會歸如來藏及佛性—妙真如性；亦闡釋佛菩提道修學過程中之種種魔境，以及外道誤會涅槃之狀況，旁及三界世間之起源。然因言句深澀難解，法義亦復深妙寬廣，學人讀之普難通達，是故讀者大多誤會，不能如實理解佛所說之明心與見性內涵，亦因是故多有悟錯之人引為開悟之證言，成就大妄語罪。今由平實導師詳細講解之後，整理成文，以易讀易懂之語體文刊行天下，以利學人。全書十五輯，全部出版完畢。每輯三百餘頁，售價每輯300元。

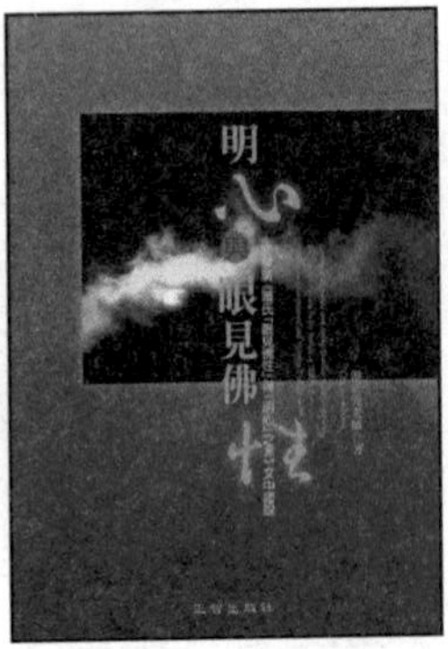

明心與眼見佛性：本書細述明心與眼見佛性之異同，同時顯示了中國禪宗破初參明心與重關眼見佛性二關之間的關聯；書中又藉法義辨正而旁述其他許多勝妙法義，讀後必能遠離佛門長久以來積非成是的錯誤知見，令讀者在佛法的實證上有極大助益。也藉慧廣法師的謬論來教導佛門學人回歸正知正見，遠離古今禪門錯悟者所墮的意識境界，非唯有助於斷我見，也對未來的開悟明心實證第八識如來藏有所助益，是故學禪者都應細讀之。　游正光老師著　共448頁　售價300元。

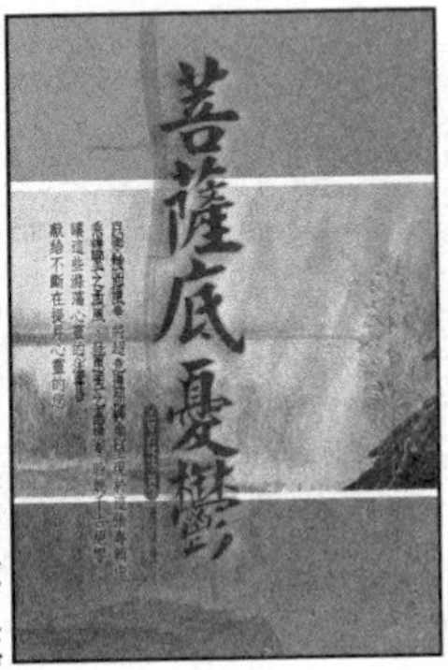

菩薩底憂鬱CD：將菩薩情懷及禪宗公案寫成新詞，並製作成超越意境的優美歌曲。　1.主題曲〈菩薩底憂鬱〉，描述地後菩薩能離三界生死而迴向繼續生在人間，但因尚未斷盡習氣種子而有極深沈之憂鬱，非三賢位菩薩及二乘聖者所知，此憂鬱在七地滿心位方才斷盡；本曲之詞中所說義理極深，昔來所未曾見；此曲係以優美的情歌風格寫詞及作曲，聞者得以激發嚮往諸地菩薩境界之大心，詞、曲都非常優美，難得一見；其中勝妙義理之解說，已印在附贈之彩色小冊中。　2.以各輯公案拈提中直示禪門入處之頌文，作成各種不同曲風之超意境歌曲，值得玩味、參究；聆聽公案拈提之優美歌曲時，請同時閱讀內附之印刷精美說明小冊，可以領會超越三界的證悟境界；未悟者可以因此引發求悟之意向及疑情，真發菩提心而邁向求悟之途，乃至因此真實悟入般若，成真菩薩。　3.正覺總持咒新曲，總持佛法大意；總持咒之義理，已加以解說並印在隨附之小冊中。本CD共有十首歌曲，長達63分鐘，附贈二張購書優惠券。每片280元。

禪意無限CD：平實導師以公案拈提書中偈頌寫成不同風格曲子，與他人所寫不同風格曲子共同錄製出版，幫助參禪人進入禪門超越意識之境界。盒中附贈彩色印製的精美解說小冊，以供聆聽時閱讀，令參禪人得以發起參禪之疑情，即有機會證悟本來面目，實證大乘菩提般若。本CD共有十首歌曲，長達69分鐘，每盒各附贈二張購書優惠券。每片280元。

金剛經宗通：三界唯心，萬法唯識，是成佛之修證內容，是諸地菩薩之所修；般若則是成佛之道（實證三界唯心、萬法唯識）的入門，若未證悟實相般若，即無成佛之可能，必將永在外門廣行菩薩六度，永在凡夫位中。然而實相般若的發起，全賴實證萬法的實相；若欲證知萬法的眞相，則必須探究萬法之所從來，則須實證自心如來—金剛心如來藏，然後現觀這個金剛心的金剛性、眞實性、如如性、清淨性、涅槃性、能生萬法的自性性、本住性，名爲證眞如；進而現觀三界六道唯是此金剛心所成，人間萬法須藉八識心王和合運作方能現起。如是實證《華嚴經》的「三界唯心、萬法唯識」以後，由此等現觀而發起實相般若智慧，繼續進修第十住位的如幻觀、第十行位的陽焰觀、第十迴向位的如夢觀，再生起增上意樂而勇發十無盡願，方能滿足三賢位的實證，轉入初地；自知成佛之道而無偏倚，從此按部就班、次第進修乃至成佛。第八識自心如來是般若智慧之所依，般若智慧的修證則要從實證金剛心自心如來開始；《金剛經》則是解說自心如來之經典，是一切三賢位菩薩所應進修之實相般若經典。這一套書，是將平實導師宣講的《金剛經宗通》內容，整理成文字而流通之；書中所說義理，迴異古今諸家依文解義之說，指出大乘見道方向與理路，有益於禪宗學人求開悟見道，及轉入內門廣修六度萬行。已於2013年9月出版完畢，總共9輯，每輯約三百餘頁，售價各250元。

空行母—性別、身分定位，以及藏傳佛教：本書作者爲蘇格蘭哲學家，因爲嚮往佛教深妙的哲學內涵，於是進入當年盛行於歐美的假藏傳佛教密宗，擔任卡盧仁波切的翻譯工作多年以後，被邀請成爲卡盧的空行母（又名佛母、明妃），開始了她在密宗裡的實修過程；後來發覺在密宗雙身法中的修行，其實無法使自己成佛，也發覺密宗對女性岐視而處處貶抑，並剝奪女性在雙身法中擔任一半角色時應有的身分定位。當她發覺自己只是雙身法中被喇嘛利用的工具，沒有獲得絲毫應有的尊重與基本定位時，發現了密宗的父權社會控制女性的本質；於是作者傷心地離開了卡盧仁波切與密宗，但是卻被恐嚇不許講出她在密宗裡的經歷，也不許她說出自己對密宗的教義與教制下對女性剝削的本質，否則將被咒殺死亡。後來她去加拿大定居，十餘年後方才擺脫這個恐嚇陰影，下定決心將親身經歷的實情及觀察到的事實寫下來並且出版，公諸於世。出版之後，她被流亡的達賴集團人士大力攻訐，誣指她爲精神狀態失常、說謊……等。但有智之士並未被達賴集團的政治操作及各國政府政治運作吹捧達賴的表相所欺，使她的書銷售無阻而又再版。正智出版社鑑於作者此書是親身經歷的事實，所說具有針對「藏傳佛教」而作學術研究的價值，也有使人認清假藏傳佛教剝削佛母、明妃的男性本位實質，因此洽請作者同意中譯而出版於華人地區。珍妮·坎貝爾女士著，呂艾倫 中譯，每冊250元。

霧峰無霧—給哥哥的信 本書作者藉兄弟之間信件往來論義，略述佛法大義；並以多篇短文辨義，舉出釋印順對佛法的無量誤解證據，並一一給予簡單而清晰的辨正，令人一讀即知。久讀、多讀之後即能認清楚釋印順的六識論見解，與眞實佛法之牴觸是多麼嚴重；於是在久讀、多讀之後，於不知不覺之間提升了對佛法的極深入理解，正知正見就在不知不覺間建立起來了。當三乘佛法的正知見建立起來之後，對於三乘菩提的見道條件便將隨之具足，於是聲聞解脫道的見道也就水到渠成；接著大乘見道的因緣也將次第成熟，未來自然也會有親見大乘菩提之道的因緣，悟入大乘實相般若也將自然成功，自能通達般若系列諸經而成實義菩薩。作者居住於南投縣霧峰鄉，自喻見道之後不復再見霧峰之霧，故鄉原野美景一一明見，於是立此書名爲《霧峰無霧》；讀者若欲撥霧見月，可以此書爲緣。游宗明 老師著 已於2015年出版 售價250元。

霧峰無霧—第二輯—救護佛子向正道　本書作者藉釋印順著作中之各種錯謬法義提出辨正，以詳實的文義一一提出理論上及實證上之解析，列舉釋印順對佛法的無量誤解證據，藉此教導佛門大師與學人釐清佛法義理，遠離岐途轉入正道，然後知所進修，久之便能見道明心而入大乘勝義僧數。被釋印順誤導的大師與學人極多，很難救轉，是故作者大發悲心深入解說其錯謬之所在，佐以各種義理辨正而令讀者在不知不覺之間轉歸正道。如是久讀之後欲得斷身見、證初果，即不爲難事；乃至久之亦得大乘見道而得證眞如，脫離空有二邊而住中道，實相般若智慧生起，於佛法不再茫然，漸漸亦知悟後進修之道。屆此之時，對於大乘般若等深妙法之迷雲暗霧亦將一掃而空，生命及宇宙萬物之故鄉原野美景一一明見，是故本書仍名《霧峰無霧》，爲第二輯；讀者若欲撥雲見日、離霧見月，可以此書爲緣。游宗明　老師著　已於2019年出版　售價250元。

假藏傳佛教的神話—性、謊言、喇嘛教：本書編著者是由一首名爲「阿姊鼓」的歌曲爲緣起，展開了序幕，揭開假藏傳佛教—喇嘛教—的神秘面紗。其重點是蒐集、摘錄網路上質疑「喇嘛教」的帖子，以揭穿「假藏傳佛教的神話」爲主題，串聯成書，並附加彩色插圖以及說明，讓讀者們瞭解西藏密宗及相關人事如何被操作爲「神話」的過程，以及神話背後的眞相。作者：張正玄教授。售價200元。

達賴真面目—玩盡天下女人：假使您不想戴綠帽子，請記得詳細閱讀此書；假使您不想讓好朋友戴綠帽子，請您將此書介紹給您的好朋友。假使您想保護家中的女性，也想要保護好朋友的女眷，請記得將此書送給家中的女性和好友的女眷都來閱讀。本書爲印刷精美的大本彩色中英對照精裝本，爲您揭開達賴喇嘛的眞面目，內容精彩不容錯過，爲利益社會大衆，特別以優惠價格嘉惠所有讀者。編著者：白志偉等。大開版雪銅紙彩色精裝本。售價800元。

童女迦葉考—論呂凱文〈佛教輪迴思想的論述分析〉之謬：童女迦葉是佛世率領五百大比丘遊行於人間的歷史事實，是以童貞行而依止菩薩戒弘化於人間的大菩薩，不依別解脫戒（聲聞戒）來弘化於人間。這是大乘佛教與聲聞佛教同時存在於佛世的歷史明證，證明大乘佛教不是從聲聞法中分裂出來的部派佛教的產物，卻是聲聞佛教分裂出來的部派佛教聲聞凡夫僧所不樂見的史實；於是古今聲聞法中的凡夫都欲加以扭曲而作詭說，更是末法時代高聲大呼「大乘非佛說」的六識論聲聞凡夫極力想要扭曲的佛教史實之一，於是想方設法扭曲迦葉菩薩爲聲聞僧，以及扭曲迦葉童女爲比丘僧等荒謬不實之論著便陸續出現，古時聲聞僧寫作的《分別功德論》是最具體之事例，現代之代表作則是呂凱文先生的〈佛教輪迴思想的論述分析〉論文。鑑於如是假藉學術考證以籠罩大眾之不實謬論，未來仍將繼續造作及流竄於佛教界，繼續扼殺大乘佛教學人法身慧命，必須舉證辨正之，遂成此書。平實導師 著，每冊180元。

末代達賴—性交教主的悲歌：簡介從藏傳僞佛教（喇嘛教）的修行核心—性力派男女雙修，探討達賴喇嘛及藏傳僞佛教的修行內涵。書中引用外國知名學者著作、世界各地新聞報導，包含：歷代達賴喇嘛的祕史、達賴六世修雙身法的事蹟，以及《時輪續》中的性交灌頂儀式……等；達賴喇嘛書中開示的雙修法、達賴喇嘛的黑暗政治手段；達賴喇嘛所領導的寺院爆發喇嘛性侵兒童；新聞報導《西藏生死書》作者索甲仁波切性侵女信徒、澳洲喇嘛秋達公開道歉、美國最大假藏傳佛教組織領導人邱陽創巴仁波切的性氾濫，等等事件背後眞相的揭露。作者：張善思、呂艾倫、辛燕。售價250元。

黯淡的達賴—失去光彩的諾貝爾和平獎：本書舉出很多證據與論述，詳述達賴喇嘛不爲世人所知的一面，顯示達賴喇嘛並不是眞正的和平使者，而是假借諾貝爾和平獎的光環來欺騙世人；透過本書的說明與舉證，讀者可以更清楚的瞭解，達賴喇嘛是結合暴力、黑暗、淫欲於喇嘛教裡的集團首領，其政治行爲與宗教主張，早已讓諾貝爾和平獎的光環染污了。本書由財團法人正覺教育基金會寫作、編輯，由正覺出版社印行，每冊250元。

第七意識與第八意識？——穿越時空「超意識」：「三界唯心，萬法唯識」是佛教中應該實證的聖教，也是《華嚴經》中明載而可以實證的法界實相。唯心者，三界一切境界、一切諸法唯是一心所成就，即是每一個有情的第八識如來藏，不是意識心。唯識者，即是人類各各都具足的八識心王——眼識、耳鼻舌身意識、意根、阿賴耶識，第八阿賴耶識又名如來藏，人類五陰相應的萬法，莫不由八識心王共同運作而成就，故說萬法唯識。依聖教量及現量、比量，都可以證明意識是二法因緣生，是由第八識藉意根與法塵二法為因緣而出生，又是夜夜斷滅不存之生滅心，即無可能反過來出生第七識意根、第八識如來藏，當知不可能從生滅性的意識心中，細分出恆審思量的第七識意根，更無可能細分出恆而不審的第八識如來藏。本書是將演講內容整理成文字，細說如是內容，並已在〈正覺電子報〉連載完畢，今彙集成書以廣流通，欲幫助佛門有緣人斷除意識我見，跳脫於識陰之外而取證聲聞初果；嗣後修學禪宗時即得不墮外道神我之中，得以求證第八識金剛心而發起般若實智。平實導師 述，每冊300元。

中觀金鑑——詳述應成派中觀的起源與其破法本質：學佛人往往迷於中觀學派之不同學說，被應成派與自續派所迷惑；修學般若中觀二十年後自以為實證般若中觀了，卻仍不曾入門，甫聞實證般若中觀者之所說，則茫無所知，迷惑不解；隨後信心盡失，不知如何實證佛法；凡此，皆因惑於這二派中觀學說所致。自續派中觀所說同於常見，以意識境界立為第八識如來藏之境界，應成派所說則同於斷見，但又同立意識為常住法，故亦具足斷常二見。今者孫正德老師有鑑於此，乃將起源於密宗的應成派中觀學說，追本溯源，詳考其來源之外，亦一一舉證其立論內容，詳加辨正，令密宗雙身法祖師以識陰境界而造之應成派中觀學說本質，詳細呈現於學人眼前，令其維護雙身法之目的無所遁形。若欲遠離密宗此二大派中觀謬說，欲於三乘菩提有所進道者，允宜具足閱讀並細加思惟，反覆讀之以後將可捨棄邪道返歸正道，則於般若之實證即有可能，證後自能現觀如來藏之中道境界而成就中觀。本書分上、中、下三冊，每冊250元，全部出版完畢。

人間佛教—實證者必定不悖三乘菩提：「大乘非佛說」的講法似乎流傳已久，卻只是日本人企圖擺脫中國正統佛教的影響，而在明治維新時期才開始提出來的說法；台灣佛教、大陸佛教的淺學無智之人，由於未曾實證佛法而迷信日本人錯誤的學術考證，錯認爲這些別有用心的日本佛學考證的講法爲天竺佛教的眞實歷史；甚至還有更激進的反對佛教者提出「釋迦牟尼佛並非眞實存在，只是後人捏造的假歷史人物」，竟然也有少數人願意跟著「學術」的假光環而信受不疑，於是開始有一些佛教界人士造作了反對中國佛教而推崇南洋小乘佛教的行爲，使佛教的信仰者難以檢擇，導致一般大陸人士開始轉入基督教的盲目迷信中。在這些佛教及外教人士之中，也就有一分人根據此邪說而大聲主張「大乘非佛說」的謬論，這些人以「人間佛教」的名義來抵制中國正統佛教，公然宣稱中國的大乘佛教是由聲聞部派佛教的凡夫僧所創造出來的。這樣的說法流傳於台灣及大陸佛教界凡夫僧之中已久，卻非眞正的佛教歷史中曾經發生過的事，只是繼承六識論的聲聞法中凡夫僧依自己的意識境界立場，純憑臆想而編造出來的妄想說法，卻已經影響許多無智之凡夫僧俗信受不移。本書則是從佛教的經藏法義實質及實證的現量內涵本質立論，證明大乘佛法本是佛說，是從《阿含正義》尚未說過的不同面向來討論「人間佛教」的議題，證明「大乘眞佛說」。閱讀本書可以斷除六識論邪見，迴入三乘菩提正道發起實證的因緣；也能斷除禪宗學人學禪時普遍存在之錯誤知見，對於建立參禪時的正知見有很深的著墨。 平實導師 述，內文488頁，全書528頁，定價400元。

喇嘛性世界—揭開假藏傳佛教譚崔瑜伽的面紗：這個世界中的喇嘛，號稱來自世外桃源的香格里拉，穿著或紅或黃的喇嘛長袍，散布於我們的身邊傳教灌頂，吸引了無數的人嚮往學習；這些喇嘛虔誠地爲大眾祈福，手中拿著寶杵（金剛）與寶鈴（蓮花），口中唸著咒語：「唵．嘛呢．叭咪．吽……」，咒語的意思是說：「我至誠歸命金剛杵上的寶珠伸向蓮花寶穴之中」！ 「喇嘛性世界」是什麼樣的「世界」呢？ 本書將爲您呈現喇嘛世界的面貌。 當您發現眞相以後，您將會唸：「噢！喇嘛．性．世界，譚崔性交嘛！」 作者：張善思、呂艾倫。售價200元。

見性與看話頭：黃正倖老師的《見性與看話頭》於《正覺電子報》連載完畢，今結集出版。書中詳說禪宗看話頭的詳細方法，並細說看話頭與眼見佛性的關係，以及眼見佛性者求見佛性前必須具備的條件。本書是禪宗實修者追求明心開悟時參禪的方法書，也是求見佛性者作功夫時必讀的方法書，內容兼顧眼見佛性的理論與實修之方法，是依實修之體驗配合理論而詳述，條理分明而且極爲詳實、周全、深入。本書內文375頁，全書416頁，售價300元。

實相經宗通：學佛之目的在於實證一切法界背後之實相，禪宗稱之爲本來面目或本地風光，佛菩提道中稱之爲實相法界；此實相法界即是金剛藏，又名佛法之祕密藏，即是能生有情五陰、十八界及宇宙萬有（山河大地、諸天、三惡道世間）的第八識如來藏，又名阿賴耶識心，即是禪宗祖師所說的眞如心，此心即是三界萬有背後的實相。證得此第八識心時，自能瞭解般若諸經中隱說的種種密意，即得發起實相般若——實相智慧。每見學佛人修學佛法二十年後仍對實相般若茫然無知，亦不知如何入門，茫無所趣；更因不知三乘菩提的互異互同，是故越是久學者對佛法越覺茫然，都肇因於尚未瞭解佛法的全貌，亦未瞭解佛法的修證內容即是第八識心所致。本書對於修學佛法者所應實證的實相境界提出明確解析，並提示趣入佛菩提道的入手處，有心親證實相般若的佛法實修者，宜詳讀之，於佛菩提道之實證即有下手處。平實導師述著，共八輯，已於2016年出版完畢，每輯成本價250元。

真心告訴您(一)——達賴喇嘛在幹什麼？這是一本報導篇章的選集，更是「破邪顯正」的暮鼓晨鐘。「破邪」是戳破假象，說明達賴喇嘛及其所率領的密宗四大派法王、喇嘛們，弘傳的佛法是仿冒的佛法；他們是假藏傳佛教，是坦特羅（譚崔性交）外道法和藏地崇奉鬼神的苯教混合成的「喇嘛教」，推廣的是以所謂「無上瑜伽」的男女雙身法冒充佛法的假佛教，詐財騙色誤導眾生，常常造成信徒家庭破碎、家中兒少失怙的嚴重後果。「顯正」是揭櫫眞相，指出眞正的藏傳佛教只有一個，就是覺囊巴，傳的是 釋迦牟尼佛演繹的第八識如來藏妙法，稱爲他空見大中觀。正覺教育基金會即以此古今輝映的如來藏正法正知見，在眞心新聞網中逐次報導出來，將箇中原委「眞心告訴您」，如今結集成書，與想要知道密宗眞相的您分享。售價250元。

法華經講義：此書爲平實導師始從2009/7/21演述至2014/1/14之講經錄音整理所成。世尊一代時教，總分五時三教，即是華嚴時、聲聞緣覺教、般若教、種智唯識教、法華時；依此五時三教區分爲藏、通、別、圓四教。本經是最後一時的圓教經典，圓滿收攝一切法教於本經中，是故最後的圓教聖訓中，特地指出無有三乘菩提，其實唯有一佛乘；皆因眾生愚迷故，方便區分爲三乘菩提以助眾生證道。世尊於此經中特地說明如來示現於人間的唯一大事因緣，便是爲有緣眾生「開、示、悟、入」諸佛的所知所見——第八識如來藏妙眞如心，並於諸品中隱說「妙法蓮花」如來藏心的密意。然因此經所說甚深難解，眞義隱晦，古來難得有人能窺堂奧；平實導師以知如是密意故，特爲末法佛門四眾演述《妙法蓮華經》中各品蘊含之密意，使古來未曾被古德註解出來的「此經」密意，如實顯示於當代學人眼前。乃至〈藥王菩薩本事品〉、〈妙音菩薩品〉、〈觀世音菩薩普門品〉、〈普賢菩薩勸發品〉中的微細密意，亦皆一併詳述之，開前人所未曾言之密意，示前人所未見之妙法。最後乃至以〈法華大義〉而總其成，全經妙旨貫通始終，而依佛旨圓攝於一心如來藏妙心，厥爲曠古未有之大說也。平實導師述，共有25輯，已於2019/05/31出版完畢。每輯300元。

西藏「活佛轉世」制度——附佛、造神、世俗法：歷來關於喇嘛教活佛轉世的研究，多針對歷史及文化兩部分，於其所以成立的理論基礎，較少系統化的探討。尤其是此制度是否依據「佛法」而施設？是否合乎佛法眞實義？現有的文獻大多含糊其詞，或人云亦云，不曾有明確的闡釋與如實的見解。因此本文先從活佛轉世的由來，探索此制度的起源、背景與功能，並進而從活佛的尋訪與認證之過程，發掘活佛轉世的特徵，以確認「活佛轉世」在佛法中應具足何種果德。定價150元。

真心告訴您(二)—達賴喇嘛是佛教僧侶嗎？補祝達賴喇嘛八十大壽：這是一本針對當今達賴喇嘛所領導的喇嘛教，冒用佛教名相、於師徒間或師兄姊間，實修男女邪淫，而從佛法三乘菩提的現量與聖教量，揭發其謊言與邪術，證明達賴及其喇嘛教是仿冒佛教的外道，是「假藏傳佛教」。藏密四大派教義雖有「八識論」與「六識論」的表面差異，然其實修之內容，皆共許「無上瑜伽」四部灌頂爲究竟「成佛」之法門，也就是共以男女雙修之邪淫法爲「即身成佛」之密要，雖美其名曰「欲貪爲道」之「金剛乘」，並誇稱其成就超越於（應身佛）釋迦牟尼佛所傳之顯教般若乘之上；然詳考其理論，則或以意識離念時之粗細心爲第八識如來藏，或以中脈裡的明點爲第八識如來藏，或如宗喀巴與達賴堅決主張第六意識爲常恆不變之眞心者，分別墮於外道之常見與斷見中；全然違背 佛說能生五蘊之如來藏的實質。售價300元。

涅槃—解說四種涅槃之實證及內涵：眞正學佛之人，首要即是見道，由見道故方有涅槃之實證，證涅槃者方能出生死，但涅槃有四種：二乘聖者的有餘涅槃、無餘涅槃，以及大乘聖者的本來自性清淨涅槃、佛地的無住處涅槃。大乘聖者實證本來自性清淨涅槃，入地前再取證二乘涅槃，然後起惑潤生捨離二乘涅槃，繼續進修而在七地心前斷盡三界愛之習氣種子，依七地無生法忍之具足而證得念念入滅盡定；八地後進斷異熟生死，直至妙覺地下生人間成佛，具足四種涅槃，方是眞正成佛。此理古來少人言，以致誤會涅槃正理者比比皆是，今於此書中廣說四種涅槃、如何實證之理、實證前應有之條件，實屬本世紀佛教界極重要之著作，令人對涅槃有正確無訛之認識，然後可以依之實行而得實證。本書共有上下二冊，每冊各四百餘頁，對涅槃詳加解說，每冊各350元。

佛藏經講義：本經說明爲何佛菩提難以實證之原因，都因往昔無數阿僧祇劫前的邪見，引生此世求證時之業障而難以實證。即以諸法實相詳細解說，繼之以念佛品、念法品、念僧品，說明諸佛與法之實質；然後以淨戒品之說明，期待佛弟子四眾堅持清淨戒而轉化心性，並以往古品的實例說明，教導四眾務必滅除邪見轉入正見中，然後以了戒品的說明和囑累品的付囑，期望末法時代的佛門四眾弟子皆能清淨知見而得以實證。平實導師於此經中有極深入的解說，總共21輯，每輯300元，於2019/07/31開始發行。

我的菩提路第六輯：劉正莉老師等人著。書中詳敘學佛路程之辛苦萬端，直至得遇正法之後如何修行終能實證，現觀眞如而入勝義菩薩僧數。本輯亦錄入一位1990年明心後追隨平實導師學法弘法的老師，不數年後又再眼見佛性的實證者，文中詳述見性之過程，欲令學人深信眼見佛性其實不難，冀得奮力向前而得實證。然古來能得明心又得見性之祖師極寡，禪師們所謂見性者往往屬於明心時親見第八識如來藏具備能使人成佛之自性，即名見性，例如六祖等人，是明心時看見了如來藏具有能使人成佛的自性，當作見性，其實只是明心而階眞見道位，尚非眼見佛性。但非《大般涅槃經》中所說之「眼見佛性」之實證。今本書提供十幾篇明心見道報告及眼見佛性者的見性報告一篇，以饗讀者，預定2020年8月31日出版。全書384頁，300元。

修習止觀坐禪法要講記：修學四禪八定之人，往往錯會禪定之修學知見，欲以無止盡之坐禪而證禪定境界，卻不知修除性障之行門才是修證四禪八定不可或缺之要素，故智者大師云「性障初禪」；性障不除，初禪永不現前，云何修證二禪等？又：行者學定，若唯知數息，而不解六妙門之方便善巧者，欲求一心入定，未到地定極難可得，智者大師名之爲「事障未來」：障礙未到地定之修證。又禪定之修證，不可違背二乘菩提及第一義法，否則縱使具足四禪八定，亦不能實證涅槃而出三界。此諸知見，智者大師於《修習止觀坐禪法要》中皆有闡釋。作者平實導師以其第一義之見地及禪定之實證證量，曾加以詳細解析。將俟正覺寺竣工啓用後重講，不限制聽講者資格；講後將以語體文整理出版。欲修習世間定及增上定之學者，宜細讀之。平實導師述著。

解深密經講記：本經係 世尊晚年第三轉法輪，宣說地上菩薩所應熏修之唯識正義經典，經中所說義理乃是大乘一切種智增上慧學，以阿陀那識—如來藏—阿賴耶識爲主體。禪宗之證悟者，若欲修證初地無生法忍乃至八地無生法忍者，必須修學《楞伽經、解深密經》所說之八識心王一切種智；此二經所說正法，方是眞正成佛之道；印順法師否定第八識如來藏之後所說萬法緣起性空之法，是以誤會後之二乘解脫道取代大乘眞正成佛之道，尚且不符二乘解脫道正理，亦已墮於斷滅見中，不可謂爲成佛之道也。平實導師曾於本會郭故理事長往生時，於喪宅中從首七開始宣講，於每一七各宣講三小時，至第十七而快速略講圓滿，作爲郭老之往生佛事功德，迴向郭老早證八地、速返娑婆住持正法。茲爲今時後世學人故，將擇期重講《解深密經》，以淺顯之語句講畢後，將會整理成文，用供證悟者進道；亦令諸方未悟者，據此經中佛語正義，修正邪見，依之速能入道。平實導師述著，全書輯數未定，每輯三百餘頁，將於未來重講完畢後逐輯出版。

阿含經講記—小乘解脫道之修證：數百年來，南傳佛法所說證果之不實，所說解脫道之虛妄，所弘解脫道法義之世俗化，皆已少人知之；從南洋傳入台灣與大陸之後，所說法義虛謬之事，亦復少人知之；今時台灣全島印順系統之法師居士，多不知南傳佛法數百年來所說解脫道之義理已然偏斜、已然世俗化、已非眞正之二乘解脫正道，猶極力推崇與弘揚。彼等南傳佛法近代所謂之證果者皆非眞實證果者，譬如阿迦曼、葛印卡、帕奧禪師、一行禪師……等人，悉皆未斷我見故。近年更有台灣南部大願法師，高抬南傳佛法之二乘修證行門爲「捷徑究竟解脫之道」者，然而南傳佛法縱使眞修實證，得成阿羅漢，至高唯是二乘菩提解脫之道，絕非究竟解脫，無餘涅槃中之實際尚未得證故，法界之實相尚未了知故，習氣種子待除故，一切種智未實證故，焉得謂爲「究竟解脫」？即使南傳佛法近代眞有實證之阿羅漢，尚且不及三賢位中之七住明心菩薩本來自性清淨涅槃智慧境界，則不能知此賢位菩薩所證之無餘涅槃實際，仍非大乘佛法中之見道者，何況普未實證聲聞果乃至未斷我見之人？謬充證果已屬逾越，更何況是誤會二乘菩提之後，以未斷我見之凡夫知見所說之二乘菩提解脫偏斜法道，焉可高抬爲「究竟解脫」？而且自稱「捷徑之道」？又妄言解脫之道即是成佛之道，完全否定般若實智、否定三乘菩提所依之如來藏心體，此理大大不通也！平實導師爲令修學二乘菩提欲證解脫果者，普得迴入二乘菩提正見、正道中，是故選錄四阿含諸經中，對於二乘解脫道法義有具足圓滿說明之經典，預定未來十年內將會加以詳細講解，令學佛人得以了知二乘解脫道之修證理路與行門，庶免被人誤導之後，未證言證，梵行未立，干犯道禁自稱阿羅漢或成佛，成大妄語，欲升反墮。本書首重斷除我見，以助行者斷除我見而實證初果爲著眼之目標，若能根據此書內容，配合平實導師所著《識蘊眞義》《阿含正義》內涵而作實地觀行，實證初果非爲難事，行者可以藉此三書自行確認聲聞初果爲實際可得現觀成就之事。此書中除依二乘經典所說加以宣示外，亦依斷除我見等之證量，及大乘法中道種智之證量，對於意識心之體性加以細述，令諸二乘學人必定得斷我見、常見，免除三縛結之繫縛。次則宣示斷除我執之理，欲令升進而得薄貪瞋痴，乃至斷五下分結…等。平實導師將擇期講述，然後整理成書。共二冊，每冊三百餘頁。每輯300元。

喇嘛教修外道雙身法，墮識陰境界，非佛教

弘揚如來藏他空見的覺囊派才是眞正藏傳佛教

總經銷： 聯合發行股份有限公司

231 新北市新店區寶橋路 235 巷 6 弄 6 號 4F

Tel.02－2917-8022（代表號） Fax.02－2915-6275（代表號）

零售：1.**全台連鎖經銷書局：**

三民書局、誠品書局、何嘉仁書店

敦煌書店、紀伊國屋、金石堂書局、建宏書局

諾貝爾圖書城、墊腳石圖書文化廣場

2.**台北市：**佛化人生 **大安區**羅斯福路 3 段 325 號 6 樓之 4　台電大樓對面

3.**新北市：**春大地書店 **蘆洲區**中正路 117 號

4.**桃園市：**御書堂 **龍潭區**中正路 123 號

5.**新竹市：**大學書局 **東區**建功路 10 號

6.**台中市：**瑞成書局 **東區**雙十路 1 段 4 之 33 號

佛教詠春書局 **南屯區**永春東路 884 號

文春書店 **霧峰區**中正路 1087 號

7.**彰化市：**心泉佛教文化中心 南瑤路 286 號

8.**高雄市：**政大書城 **前鎮區**中華五路 789 號 2 樓（高雄夢時代店）

明儀書局 **三民區**明福街 2 號

青年書局 **苓雅區**青年一路 141 號

9.**台東市：**東普佛教文物流通處 博愛路 282 號

10.**其餘鄉鎮市經銷書局：**請電詢總經銷**聯合**公司。

11.**大陸地區請洽：**

香港：樂文書店

旺角店 :香港九龍旺角西洋菜街 62 號 3 樓

電話 : (852) 2390 3723　email: luckwinbooks@gmail.com

銅鑼灣店 :香港銅鑼灣駱克道 506 號 2 樓

電話 : (852) 2881 1150　email: luckwinbs@gmail.com

廈門：廈門外圖臺灣書店有限公司

地址：廈門市思明區湖濱南路809 號 廈門外圖書城3 樓 郵編：361004

電話：0592-5061658（臺灣地區請撥打 86-592-5061658）

E-mail：JKB118＠188.COM

12.**美國：世界日報圖書部：**紐約圖書部　電話 7187468889#6262

洛杉磯圖書部　電話 3232616972#202

13.**國內外地區網路購書：**

正智出版社 書香園地　http://books.enlighten.org.tw/

（書籍簡介、經銷書局可直接聯結下列網路書局購書）

三民 網路書局　http://www.sanmin.com.tw

誠品 網路書局　http://www.eslitebooks.com

博客來 網路書局　http://www.books.com.tw

金石堂 網路書局　http://www.kingstone.com.tw

聯合 網路書局　http:// www.nh.com.tw

附註：1.請儘量向各經銷書局購買：郵政劃撥需要八天才能寄到（本公司在您劃撥後第四天才能接到劃撥單，次日寄出後第二天您才能收到書籍，此六天中可能會遇到週休二日，是故共需八天才能收到書籍）若想要早日收到書籍者，請劃撥完畢後，將劃撥收據貼在紙上，旁邊寫上您的姓名、住址、郵區、電話、買書詳細內容，直接傳眞到本公司 02-28344822，並來電 02-28316727、28327495 確認是否已收到您的傳眞，即可提前收到書籍。 2.因台灣每月皆有五十餘種宗教類書籍上架，書局書架空間有限，故唯有新書方有機會上架，通常每次只能有一本新書上架；本公司出版新書，大多上架不久便已售出，若書局未再叫貨補充者，書架上即無新書陳列，則請直接向書局櫃台訂購。 3.若書局不便代購時，可於晚上共修時間向正覺同修會各共修處請購（共修時間及地點，詳閱**共修現況表**。每年例行年假期間請勿前往請書，年假期間請見共修現況表）。 4.郵購：郵政劃撥帳號 19068241。 5.正覺同修會會員購書都以八折計價（戶籍台北市者爲一般會員，外縣市爲護持會員）都可獲得優待，欲一次購買全部書籍者，可以考慮入會，節省書費。入會費一千元（第一年初加入時才需要繳），年費二千元。**6.尚未出版之書籍，請勿預先郵寄書款與本公司，謝謝您！** 7.若欲一次購齊本公司書籍，或同時取得正覺同修會贈閱之全部書籍者，請於正覺同修會共修時間，親到各共修處請購及索取；**台北市讀者**請洽：103 台北市承德路三段 267 號 10 樓（捷運淡水線 圓山站旁）請書時間：週一至週五爲 18.00~21.00，第一、三、五週週六爲 10.00~21.00，雙週之週六爲 10.00~18.00 請購處專線電話：25957295-分機 14（於請書時間方有人接聽）。

敬告大陸讀者：

大陸讀者購書、索書捷徑（尚未在大陸出版的書籍，以下二個途徑都可以購得，電子書另包括結緣書籍）：

1.廈門外國圖書公司：廈門市思明區湖濱南路 809 號 廈門外圖書城 3F
郵編：361004 電話：0592-5061658 網址：http://www.xibc.com.cn/

2.電子書：正智出版社有限公司及正覺同修會在台灣印行的各種局版書、結緣書，已有『**正覺電子書**』陸續上線中，提供讀者於手機、平板電腦上購書、下載、閱讀正智出版社、正覺同修會及正覺教育基金會所出版之電子書，詳細訊息敬請參閱『正覺電子書』專頁：http://books.enlighten.org.tw/ebook

關於平實導師的書訊，請上網查閱：
成佛之道 http://www.a202.idv.tw
正智出版社 書香園地 http://books.enlighten.org.tw/

中國網採訪佛教正覺同修會、正覺教育基金會訊息：

http://big5.china.com.cn/gate/big5/fangtan.china.com.cn/2014-06/19/content_32714638.htm

http://pinpai.china.com.cn/

★ 正智出版社有限公司售書之稅後盈餘，全部捐助財團法人正覺寺籌備處、佛教正覺同修會、正覺教育基金會，供作弘法及購建道場之用；懇請諸方大德支持，功德無量。

★ 聲 明 ★

本社於 2015/01/01 開始調整本目錄中部分書籍之售價，以因應各項成本的持續增加。

＊ 喇嘛教修外道雙身法、墮識陰境界，非佛教 ＊

＊ 弘揚如來藏他空見的覺囊派才是真正藏傳佛教 ＊

售後服務—換書啓事（免附回郵）　2017/12/05

《楞伽經詳解》第三輯初版免費調換新書啓事：茲因 平實導師弘法早期尚未回復往世全部證量，有些法義接受他人的說法，寫書當時並未察覺而有二處（同一種法義）跟著誤說，如今發現已將之修正。茲爲顧及讀者權益，已開始免費調換新書；敬請所有讀者將以前所購第三輯（不論第幾刷），攜回或寄回本公司免費換新；郵寄者之回郵由本公司負擔，不需寄來郵票。因此而造成讀者閱讀、以及換書的不便，在此向所有讀者致上萬分的歉意，祈請讀者大眾見諒！

《楞嚴經講記》第 14 輯初版首刷本免費調換新書啓事：本講記第 14 輯出版前因 平實導師諸事繁忙，未將之重新閱讀而只改正校對時發現的錯別字，故未能發覺十年前所說法義有部分錯誤，於第 15 輯付印前重閱時才發覺第 14 輯中有部分錯誤尚未改正。今已重新審閱修改並已重印完成，煩請所有讀者將以前所購第 14 輯初版首刷本，寄回本公司免費換新（初版二刷本無錯誤），本公司將於寄回新書時同時附上您寄書來換新時的郵資，並在此向所有讀者致上最誠懇的歉意。

《心經密意》初版書免費調換二版新書啓事：本書係演講錄音整理成書，講時因時間所限，省略部分段落未講。後於再版時補寫增加 13 頁，維持原價流通之。茲爲顧及初版讀者權益，自 2003/9/30 開始免費調換新書，原有初版一刷、二刷書籍，皆可寄來本公司換書。

《宗門法眼》已經增寫改版爲 464 頁新書，2008 年 6 月中旬出版。讀者原有初版之第一刷、第二刷書本，都可以寄回本公司免費調換改版新書。改版後之公案及錯悟事例維持不變，但將內容加以增說，較改版前更具有廣度與深度，將更能助益讀者參究實相。

換書者**免附回郵**，亦無截止期限；舊書請寄：111 台北郵政 73-151 號信箱 或 103 台北市承德路三段 267 號 10 樓 正智出版社有限公司。舊書若有塗鴨、殘缺、破損者，仍可換取新書；但缺頁之舊書至少應仍有五分之三頁數，方可換書。所有讀者不必顧念本公司是否有盈餘之問題，都請踴躍寄來換書；本公司成立之目的不是營利，只要能眞實利益學人，即已達到成立及運作之目的。若以郵寄方式換書者，免附回郵；並於寄回新書時，由本公司附上您寄來書籍時耗用的郵資。造成您不便之處，再次致上萬分的歉意。

正智出版社有限公司 啓

換書及道歉公告

《法華經講義》第十三輯，因謄稿、印製等相關人員作業疏失，導致該書中的經文及內文用字將「**親近**」誤植成「清淨」。茲爲顧及讀者權益，自 2017/8/30 開始免費調換新書；敬請所有讀者將以前所購第十三輯初版首刷及二刷本，攜回或寄回本社免費換新，或請自行更正其中的錯誤之處；郵寄者之回郵由本社負擔，不需寄來郵票。同時對因此而造成讀者閱讀、以及換書的困擾及不便，在此向所有讀者致上最誠懇的歉意，祈請讀者大眾見諒！錯誤更正說明如下：

一、第 256 頁第 10 行~第 14 行：【就是先要具備「**法親近處**」、「**眾生親近處**」；法**親近**處就是在實相之法有所實證，如果在實相法上有所實證，他在二乘菩提中自然也能有所實證，以這個作爲第一個**親近**處——第一個基礎。然後還要有第二個基礎，就是瞭解應該如何善待眾生；對於眾生不要有排斥或者是貪取之心，平等觀待而攝受、親近一切有情。以這兩個**親近**處作爲基礎，來實行其他三個安樂行法。】。

二、第 268 頁第 13 行：【具足了那兩個「**親近處**」，使你能夠在末法時代，如實而圓滿的演述《法華經》時，那麼你作這個夢，它就是如理作意的，完全符合邏輯去完成這個過程，就表示你那個晚上，在那短短的一場夢中，已經度了不少眾生了。】

正智出版社有限公司 敬啓

國家圖書館出版品預行編目(CIP)資料

佛藏經講義 / 平實導師述著. -- 初版.
-- 臺北市 : 正智, 2019.07
面 ; 公分
ISBN 978-986-97233-8-1(第一輯;平裝)
ISBN 978-986-98038-1-6(第二輯;平裝)
ISBN 978-986-98038-5-4(第三輯;平裝)
ISBN 978-986-98038-8-5(第四輯;平裝)
ISBN 978-986-98038-9-2(第五輯;平裝)
ISBN 978-986-98891-3-1(第六輯;平裝)
1. 經集部

221.733 108011014

佛藏經講義——第六輯

著述者：平實導師
音文轉換：蔡正利 黃昇金
校 對：章乃鈞 陳介源 孫淑貞 傅素嫻 王美伶
出版者：正智出版社有限公司
電話：〇二 28327495 28316727（白天）
傳真：〇二 28344822
111 台北郵政 73-151 號信箱
郵政劃撥帳號：一九〇六八二四一
正覺講堂：總機〇二 25957295（**夜間**）
總經銷：聯合發行股份有限公司
231 新北市新店區寶橋路 235 巷 6 弄 6 號 4 樓
電話：〇二 29178022（代表號）
傳真：〇二 29156275
初版首刷：二〇二〇年五月三十一日 二千冊
定 價：三〇〇元